JN201222

世界最高のアドバイザーが贈る
後悔しない人生の法則

The Earned Life
Lose Regret,
Choose Fulfillment

Marshall Goldsmith
and Mark Reiter

よい人生は「結果」ではない

著｜マーシャル・ゴールドスミス
＆マーク・ライター
訳｜斎藤聖美

日本経済新聞出版

よい人生は「結果」ではない

世界最高のアドバイザーが贈る
後悔しない人生の法則

The Earned Life: Lose Regret, Choose Fulfillment
by
Marshall Goldsmith and Mark Reiter

This edition published by arrangement with Currency,
an imprint of Random House, a division of Penguin Random House LLC,
through Japan UNI Agency, Inc., Tokyo.

R・ルーズベルト・トーマス・ジュニア博士
（1944〜2013年）に捧げる
その本質を見抜く力、そしてご支援に感謝して

また

アニーク・ラファージュに捧げる
私たちを結びつけてくれたことに感謝して

過去の私を今の私と思ってはならない

――ウィリアム・シェークスピア『ヘンリー5世』

よい人生は「結果」ではない　目次

パート

Ⅱ 自分の人生を築く

はじめに

何年か前、ジョージ・W・ブッシュ政権時代に、私はリーダーシップをテーマにしたカンファレンスでリチャードという男性に紹介された。リチャードはアーティストや作家、音楽家のビジネス・マネジャーをしていた。私たちの共通の友人の何人かがリチャードと私には共通点が多いと言っていた。彼はニューヨークに住んでいて、私はちょうどニューヨークにマンションを購入したところだった。次回私がニューヨークに行くときに一緒に食事をしようという話になった。だが、何の理由もなしに彼はドタキャンした。ま、そういうこともあるさ。

それから数年経ったオバマ政権のときに、私たちはようやく一緒に食事をすることになった。友人たちが言っていた通り、私たちはすぐさま意気投合した。話が盛り上がり、大いに笑いあった。リチャードはだいぶ前に食事をする約束をキャンセルしたことが悔やまれると言った。その間、素晴らしい時間、楽しい食事を何回持てたことだろう。「失われた年月」と彼は言った。もちろん冗談で「失われた」と言ったのだが、やるせない思いがにじみ出ていた。へまな人生の決断をして謝罪しなければならないような言いぶりだった。

ニューヨークで年に2、3回彼と会うのだが、彼は繰り返しこのことを持ち出す。そのたびに私は、「もういいじゃないか。気になんかしていないよ」と言う。そしてある日のディナーで、彼は次のような昔話をしてくれた。

彼はメリーランド州郊外の高校を卒業したばかりだった。これといって関心を持つものもなく、大学にもまだ興味がなかったので、彼は軍隊に入った。ベトナム戦争に派遣されず、ドイツの米軍基地で3年間勤務した後、彼はメリーランドに戻り、大学に行こうと決めた。それは彼が21歳のときで、ようやく将来をきちんと考えるようになっていた。大学に入学する前の夏に、彼はワシントンＤＣでタクシー運転手をした。ある日彼は空港からベセスダに行く若い女性を乗せた。彼女はブラウン大学の学生で、ドイツに1年間留学して戻ってきたところだった。「交通渋滞に巻き込まれて、1時間ほどドイツのことをあれこれしゃべった。それまでの人生でいちばん素敵な時間だった。タクシーの中で2人はとても気が合った。彼女の両親のとても大きな家に着き、彼女のバッグを持ってあげて玄関先に置くと、次に何をしたらいいかと考えた。もう一度彼女に会いたいと思ったけれど、タクシー運転手が乗客にデートを申し込むなんて、顰蹙(ひんしゅく)を買うに決まっている。次善の策として、私はタクシー会社の名刺に私の名前を書き、『空港に行くときは、この番号に電話して私を指名してください』とすらすらと言った。

彼女は、もうデートの約束をしたような調子で、『そうね』と言った。そのことを考えながら、私は浮かれてタクシーに戻った。彼女は私の連絡先を知っている。私は彼女がどこに住んでいるか知っている。ささやかながら私たちはつながった」

リチャードの話を聞きながら、この話の結末はわかっていると思った。たいていのラブロマンスとほぼ同じだ。若い男女が出合う。一方が名前か電話番号か住所を書いた紙をなくしてしまい、もう一方は連絡があるのをひたすら待つ。何年も経ってから、2人はまったくの偶然で再会してよりを戻す。多少のバリエーションはあるだろうが。

「彼女が数日後電話してきて、私たちは次の週末にデートすることになった」とリチャードは続けた。

「彼女の家まで運転していった。心を落ち着かせるために彼女の家の3ブロック手前で停まった。それは私にとって重要な夕方だった。彼女と一生を過ごすことが目に浮かんだ。彼女は私よりもずっと裕福な家で育っていたけれど。それから、説明できないことが起きた。私は固まってしまった。家が大きかったから、隣近所に素敵な家が並んでいたから、あるいは私がタクシー運転手でしかなかったからかもしれない。彼女の家まで歩いていく勇気が出なかったんだ。彼女と再び会うことはなかった。40年間というもの、自分の臆病さを忘れることができなかった。ずっと独身でいるのはそれが大きな理由だと思う」

リチャードは、突然の不可解な結末のところにくると、声を詰まらせ、激しく顔を歪めた。私は顔をそらさずにはいられなかった。最初のデートがうまくいって、その後も何度もデートを重ねる心温まる話か、何回か会ううちに、彼も若い彼女も、求める相手ではなかったことに互いに気づくといった話を私は想像していた。その代わりに、とてつもなく大きな後悔の念を聞かされたのだった。それは、空虚で孤独な感情の吐露だった。2人の会話は途切れ、悲劇的な重い塊が2人の間に横たわった。慰めの言葉もなく、救いの言葉もなかった。後悔は誰にとってもあって欲しくない感情だ。

自己啓発の本は、読者が長年の課題を克服できるようなアドバイスを書く。すぐに思い浮かぶのは、痩せる、金持ちになる、愛する人を見つけるという三大テーマだ。私は今まで、仕事の成功とプライベートの幸福が交わるところで重要となる行動について書いてきた。『コーチングの神様が教える「できる人」の法則』では、職場における自滅的な行動を根絶させるにはどうしたらよいかに取り組んだ。『コーチングの神様が教える「前向き思考」の見つけ方』では、モメンタムを止めてしまうキャリアの挫折にどう対応するかを書いた。『トリガー　6つの質問で理想の行動習慣をつくる』では、好ましくない反応や選択を引き起こす日々の出来事をどう認識したらよいかを扱った。

本書で取り組むのは、**後悔**だ。

私たちの人生は両極端の感情の間を行ったり来たりするものだと私は考える。1つの極には、「充足感・達成感」といった感情がある。私たちの「充足感・達成感」を決めるのは6つの要因で、私はそれを「**充足要素**」と呼ぶ。それは次の6つだ。

・人生の目的（パーパス）
・人生の意義
・達成すること
・人間関係
・エンゲージメント
・幸福

この要素はどれも、努力をしようという気にさせてくれる。* 人生の目的と意義を見つけようとする。達成したことを認めてもらおうとする。人間関係を保とうとする。何であれ、やっていることに没頭して頑張ろうとする。幸せになろうとする。私たちは多大な時間とエネルギーをこの6つに投入する。この6つの要素は壊れやすく、変わりやすく、儚（はかな）いものだから、私たちはしょっちゅう注意し、努力し続けなくてはならない。

心の満足度を測るのに、幸福は誰もが使う温度計だ。だから、私たちはいつも、私は幸せだろうかと自問し、他の人から幸せかと聞かれてもとやかく言わない。だが、幸福は夢のように

*この要素のリストから、健康と財産を意図的に除外した。たしかに努力の大きな対象となるものだが、本書の読者であれば、この2つはもう人生で大きなウエイトを占め、それぞれコントロールしていると想定して外した。鏡の中の自分を見て、銀行の預金通帳を見て、「いい線いっている」と思っているのではないか。ダイエット、健康増進、金持ちになりたいと思っているのなら、本書以外にアドバイスを求めたほうがいい。

儚い心の状態だ。鼻が痒くなって、かく。治まってやれやれと思うと、部屋の中を１匹のハエが飛び回っていて気になって仕方ない。窓から冷たい風が急に吹き込む。どこかで水道の蛇口の栓が緩んで、水のポタポタ落ちる音がする。１日中、こういったことが絶えず起きてくる。幸せな気分はいつも、一瞬にして消えていく。人生の意義、パーパス、エンゲージメント、人間関係、達成も同じくもろいものだ。手を伸ばして手に入れるが、恐ろしいほど急速に指の間からこぼれ落ちてしまう。

もし、（a）選択、リスク、６つの充足要素を手に入れる努力と、（b）それによって得られるものが同等の価値になるのなら、世界は公平で公正だと発見したような気になって、充足感が長く続くのではないかと思う。**それが欲しかったから手に入れる努力をした。それを入手したことによって私が得たものとそのための努力とは同じ価値だ。言い換えれば、私は自分でそれを勝ち取ったんだ、**と自分に言い聞かせる。私たちが人生で努力するのは、たいていがこの単純な流れで説明がつく。だが、これから見ていくが、それは人生の完璧な姿ではない。

後悔は、充足感の対極にある。

キャスリン・シュルツが２０１１年のＴＥＤトークで後悔について素晴らしい話をしている。その言葉を借りれば、後悔とは、「過去に何かを別の形でしていれば今はもっとよくなっていたのに、もっと幸せになっていたのにと思うときの感情」である。後悔は、**行為主体性**（後悔は自分が作るもので他人のせいにはできない）と**想像**（過去に異なる選択をしていたら今もっと好ましい結果になっていたことを想像しなければならない）の悪魔のカクテルだ。後悔は自分が100％コントロールできるものだ。少なくとも、人生でどのくらいの頻度でするか、どのくらい長くこだわるかという点はコントロールできる。ずっと苦しみ、途方に暮れたままでいることもできる（友人のリチャードの例のように）。あるいは、後悔で人生が終わるわけではないし、きっとこの先もまた後悔するだろうと思って乗り越えていくこともできる。

後悔はワンパターンではない。男性のシャツにS、M、L、XL、XXL、それ以上に大きいサイズがあるのと同じだ。はっきりしておきたいのだが、ちょっと口がすべって同僚の気を害してしまったとかいったような些細な後悔や、たまたま起きてしまった失敗などは本書で扱うつもりはない。こういった残念な失策は、心から謝罪することでたいていは解決できる。タトゥーのような中低度の後悔のことも考えない。キャスリン・シュルツのTEDトークはタトゥーがきっかけだった。タトゥーの店を出たとたん彼女は猛烈に後悔した。「私、何を考えていたのかしら？」。後悔するような選択をしたことから、彼女は「無防備」で「無保険状態」について教訓を得て、これからはもっと上手にやっていこうと自分に誓い、やがて彼女はそれを乗り越えるのだが。

本書で見ていくのは、桁外れの存亡をかけるような後悔だ。運命の行く末を変えてしまうような、何十年と記憶に残って私たちを苦しめるものだ。子供を持たないと決めていたが、気が変わったときにはもう遅すぎた。大切な人が自分から離れていくようにさせてしまった。採用側は問題ないと思っているのに自分で自信が持てなくて最高の職を断ってしまった。学校で真剣に勉強をしなかった。定年退職してから、もっと自由な時間を作って仕事以外で関心事を見つけておくべきだったと思う。こういった類の後悔だ。

難しいことだが、充足することにフォーカスしていれば、存亡をかけるような後悔を回避するのは不可能ではない。現在もう十分幸せで満ち足りていると思っても、目の前に現れたチャンスを喜んで受け入れていけば、後悔は回避できる。

私が今まで書いた本をお読みくださった読者なら、私が我が友人アラン・ムラーリに溢れんばかりの敬意を抱いていることをご存知だろう。アランは充足に満ちた後悔ゼロの人生を生み出すロールモデルだと思っている。

2006年、アランはボーイングのCEOだったときに、フォード・モーターのCEOの座を打診された。彼はボーイング以外で働いたことがなかった。会社を辞めることの是非について彼は私にアドバイスを求めてきた。私にコーチングを受けた経験から、私にしかできない客観的なアドバイスをしてもらえるのではと思ったのだ。彼が比類のないリーダーであり、どんな企業の経営に当たっても成功できると私は信じていた。彼がいくつもの会社からトップとして迎えたいと誘われていることを私は知っていた。だが、どれもボーイングを離れるほどには、魅力的でも、チャレンジングでもなかった。とてつもない機会をもたらすものでなければ彼は動かない。フォード再生の手助けをするのはまさにその機会だった。私は以前彼に与えたキャリアのアドバイスを思い出すようにと言った。**「オープンに臨むこと」**

アランは当初フォードの誘いを断った。だが、彼はオープンに臨み、自動車業界の巨人を再生するには何が必要か、情報を集め続け、その仕事をあらゆる角度から再考した（これは彼の才能の1つだ）。何日か後、彼はフォードのCEOを引き受けた。そうすることで、彼はさらに大きな充足を得ることにフォーカスし、後悔をしないように、オープンなままでいたのだ。*

だが、後悔は本書では第二のテーマだ。本書のタイトルを「後悔治療法」にしようかとも考えたが、それだと誤解を招くだろうと考え直した。後悔は、よい選択ができず、すべてがうまくいかなくなったときに現れてドアをノックするよそ者だ。避けて通りたいものだが、すっかり消し去ることはできない（後悔は「二度とするんじゃないぞ！」という自戒の念を教えてくれることを考えると、なくすべきでもないだろう）。

本書の公式ポリシーは、**後悔は回避できないものと受け入れ、その頻度を減らすように**、というものだ。後悔は、この複雑な世界で充足感を得ようとする気持ちを落ち込ませてしまう対抗勢力だ。本書の第一のテーマは、充足した人生を達成すること――私はそれを、**自分が築い**

*アランがCEOを務めた7年間にフォードの株価は1837％上昇した。もっと重要なことだが、労働組合のあるフォードで97％の従業員から支持された。

後悔　　　　　　　　　　　　　　　　　　　　　　　　　　　　充足

た人生と呼ぶ。

本書に流れるコンセプトは、私たちの人生は後悔と充足の間を絶え間なく行ったり来たりするものだということ。それは**上の図**のようなものだ。

選べるものなら、誰もが左側よりも右側の極で多くの時間を費やしたいと思うだろう。本書を執筆するにあたり、仕事の関係で知る多くの人にこの線上のどこにいるかと尋ねてみた。厳密な科学的研究とは到底言えないが、好奇心から、どういうときに後悔ではなく充足のほうに印をつけるのか、どのくらいの位置につけるのか知りたいと思った。質問に応じてくれた人はみな、私たちが普通に使う基準から見て成功した人たちだ。彼らは健康だ。仕事で業績を積み重ね、その成功によって地位、富、尊敬を勝ち得ている人たちだ。大半の人はこの線のいちばん右に近いところを指すと予想していた。どこから見ても彼らは完璧な充足感を得てしかるべき人たちだ。

私は浅はかだった。ほんとうのところ、他人がどんなに大きい志を抱いているかを誰も知らない。だから、彼らの失望や後悔の深さはわからない。よく知っていると思っている人ですら、満ち足りているか、

後悔　　　　充足

後悔しているか推定することも予想することもできない。ヨーロッパの会社でＣＥＯを務めるギュンターは**上の図**のように回答した。彼は業界トップの地位にいる。だが、彼はキャリアを優先させて家族を大切にしなかったことに強い後悔の念を抱いていた。

どのくらい満ち足りているか測るように強く言われて、ギュンターは、世間一般の成功の尺度では素晴らしい成功を収めたが、親として夫として失敗したという思いは消し去ることができないと思った。間違った見返りを求めて人生を無駄にしたかのように、彼は失敗が成功をはるかに上回ったと感じていた。

私のコーチングの顧客であるアーリンも同じだった。桁外れの成功を収めた女性だから、十分に満足していて後悔などほとんどないかと思っていた。アーリンは11歳のときにナイジェリアからアメリカに移住してきた。土木工学で大学院に進み、超高層ビル、橋、トンネルなど大型建造物のコンサルタントとして引っ張りだこの専門家となった。50代前半、幸せな結婚をしていて、大学に通う子供が２人いる。アフリカからの移民は、この業界ではごく稀（まれ）であり、たぶん彼女ただ１人だろう。つまり彼女は自らキャリアを切り開いたのだ。それに対して

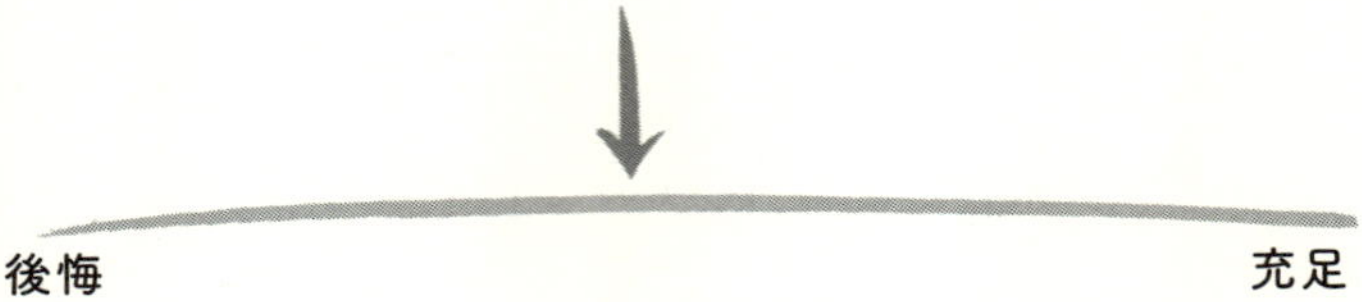

後悔　充足

私は彼女に敬意を表している。6年間コーチングしてきて私は彼女の夢も不満も知っていると思っていた。だから彼女がかなり暗い回答をしたことに私はびっくりした（**上の図**）。

他でもない彼女ともあろう人が、充足感よりも後悔の気持ちのほうが強いなんて、ありえない！　彼女は人生に「基本的には満足」していると言った。「文句を言う筋合いはないわ」と彼女は言う。それでも、彼女は強い後悔の念に捉われていた。

彼女は、ここまで成功してきたことではなく、やれると思っていたことに比べて達成したことがいかに少ないかで後悔をしていた。何をしても、彼女は可能性を出し切っていないという思いを振り払うことができなかった。あるプロジェクトを引き受け、会社の経費や社員の給与の心配がなくなった。そこで彼女は新規ビジネス獲得の手を緩めて、ちょっと楽をしてしまった。どうして、複数のプロジェクトを同時にこなすために人を採用して、収益の上がる仕事を取ってくるように時間を使わなかったのだろう、と彼女は思った。「みんなは、私が猪突猛進のタイプＡ型の人間だと思っている。でも、実際にはタイプＡの衣を被った羊なの。いつも私は、なりすましの詐欺師で、いただ

後悔　　　　　　　　　　充足

くお金やお褒めの言葉には値しないと感じています。そのことがばれてしまう瞬間のことを始終ビクビクと恐れているのです」

明らかに、もっとコーチングをしておくべきだった。

私の調査が恣意的で非科学的なものだということは認めるが、それに対する回答が、どれもギュンターやアーリンのものに類似していることに私は驚いた。充足感に満ちたお手本のように見られている人がしつこい後悔の念にさいなまれているなんて。

彼ら全員がレナードのようだろうと私は想定していたのだ。彼はウォール・ストリートのトレーダーだった。得意とするレバレッジを大きく利かせた取引が２０１０年に制定された金融規制改革法（ドッド・フランク法）の犠牲になり、彼は46歳で強制的にリタイアさせられた。

上の図はレナードの回答だ。

レナードはキャリアが早すぎる終わりを迎えたことに苦々しい思いでいて、それが深い後悔の思いとなっているに違いないと私は考えたのだが、明らかにそうではなかった。まだまだ若くて、多くのことができただろうに、どうしてこのように感じたのかと尋ねた。

彼は、こう言った。「私はラッキーな男です。統計学の教授が私にはちょっとした才能があると話してくれました。利回りや金利の変化を頭の中で見ることができたんです。そこで私は債券トレーディングをキャリアに選びました。この分野なら私のささやかな才能で給料が得られるからです。私は１００％成功報酬制の会社に就職しました。利益を上げれば、契約で決められた率にしたがって１セント単位に至るまで計算して歩合が支払われる。利益を上げなければ、会社を去る。私は毎年利益を上げ、支払いが少ないとか、会社にだまされたとか感じたことはありません。きっちり仕事をした分だけ支払いを受け、しっかり稼ぎだしたと感じることができました。振り返ってみると、満足しただけではない。私はまだお金を持っていますからね。有難いことです」。こう言いながら彼は笑った。見るからにこの幸運に驚きつつ喜んでいる様子だった。

彼の説明を聞いて私はほっとした。長い間、私はウォール・ストリートの人間に偏見を抱いていた。彼らは賢い人たちで、市場に魅せられたからではなく、手っ取り早くたっぷりとお金を稼げるから渋々金融の世界に入り、早々と辞めて、人生の残りの時間をほんとうにしたいことに費やすのだと信じていた。人生のいちばんよい時を犠牲にして、必ずしも好きではないが儲かる仕事を厭わずにして、最後に独立と快適さを手に入れるのだと思っていた。彼は私が間違っていたことを教えてくれた。彼は債券トレーディングが大好きだった。それは彼にとっては楽な仕事で、だからこそどこから見ても優れた仕事をするチャンスが大きくなったのだ。優秀な成績を挙げるとてつもない報酬が支払われる分野にいたが、そのこと自体は彼が求める対価ではなかった。それは目的達成のための手段でしかなかった。彼は仕事でスターであることを実証できれば充足感を得られていた。結果として、家族がよい生活を送れるようになった。

私は彼に定期健康診断をする医者のように、6つの充足要素に評点をつけるように頼んだ。どのカテゴリーも彼がコントロールできるものだ。彼はつねに身近な家族、親戚が経済的な安定を得られるようにと心がけていた。そこで人生の目的、達成、人生の意義にチェックがつけられた。彼はエンゲージメントに満点をつけた。「ちょっと多すぎるかも」と彼は認めた。

彼は債券トレーディングが大好きだったのだ。妻や成人した子供たちとの関係は安定していた。「子供たちがいまだに私と一緒に時間を過ごしたいと思ってくれるのは驚きです」と彼は言った。トレーディングの仕事を辞めて10年ほど経つが、彼は財産の大半を寄附し、それまでの経験を活かしてボランティアで金融のアドバイスをしている。

彼に幸せかどうかわざわざ尋ねることはしなかった。その答えは彼の顔に書かれていた。

レッド・ヘイズは1950年代にカントリー・ミュージックでクラシックとなった「サティスファイド・マインド」を書いた。レッドはその歌の発想を義父から得たという。ある日義父は世界でいちばん豊かな人は誰だと思うかと彼に尋ねた。レッドはいくつか名前を挙げた。義父はこう答えた。「違うよ。それは、満足する心を持っている人だ」

レナードは満足する心を持つ、豊かな男だと思った。彼は充足感を最大化し、後悔を最小化した。どうすればそうなれるのか?

実践的に自分の人生を築くことを定義すれば、次のように言えるだろう。

瞬間瞬間の選択、リスク、努力が総合的な人生の目的に沿っていれば、結果がどうであれ、自分の人生を築いている。

この定義の厄介なところは、「**結果がどうであれ**」という部分だ。現代社会では、目標を設定し、一生懸命働き、その見返りを手に入れる——それが目標達成だと教えられる。この定義は、それに反することになる。

私たちは誰もが心の中で、大なり小なりどのような成功でも、努力の成果が奏功して評価されるときと、神様のお情けでたまたま成功するときとを見分けられる。それぞれのケースでその結果を受け止める感情が異なることも知っている。

努力の結果得た成功は、当然で公平なものに感じられる。最後の瞬間に悲惨なことが起きて勝利が消えてしまわなかったことにちょっとほっとしたりする。

まぐれで手にした成功だと、最初はやれやれと思い、なぜだろうと思う。単なる幸運のおかげであることに言いようのない罪の意識を感じる。心から喜べず、どこか曇りがある。勝ち誇ってガッツポーズを取るのではなく、ばつが悪く、ため息をつくような感じだ。時間の経過とともに、たんに運のおかげだったのに、スキルをうまく使い、一生懸命働いたおかげで達成したことにしてしまって、自分の心の中の歴史を書き換えてしまうのはそのためだ。実際には、野手のエラーで一塁から三塁に進めただけなのに、三塁打を打って三塁に立っていると思い込む。不当な「成功」を隠すために、私たちはこうやって書き換えてしまう。E・B・ホワイトの「たたき上げで成功した人の前で幸運だと言ってはいけない」という辛辣な警句はまさにその通りということだ。

対照的に、まさに自らの手で獲得するには、3つのシンプルな必須要件がある。

- 事実で裏付けをし、明確な目的をもってベストの**選択**をする。言い換えれば、何を望んでいて、どこまでやる必要があるかがわかっているということだ。
- つきものの**リスク**を受け入れる。
- 最大限の**努力**をする。

選択・リスク・最大限の努力の魔法のミックスで得られる成果物は、「自ら勝ち得るご褒美」という輝かしいものだ。それは文句なくぴったりな言葉だ。とりあえずは。自ら手に入れたご褒美は、追求している目的、完璧に身に付けたいと思っている好ましい行動に対する理想的な解だ。私たちは、収入、大学の学位、人からの信頼を努力して手に入れなければ、と言われる。健康は努力して手に入れなくてはならない。敬意は努力して得るものだ。何もしなければ手に入らない。といった具合に、努力するものを並べれば長いリストになる。会社で重要なポジションを得ることから子供たちの愛情を得ること、熟睡すること、評判や品性に至るまで、すべて、選択・リスク・最大限の努力を通じて勝ち得るものだ。だから私たちは、努力の結果勝ち得た成功に価値を置く。最大限のエネルギーを費やし、知恵を絞り、欲しいと思うものを手に入れようという意志を持つのは、英雄的なことだ。

だが、この努力して勝ち得たご褒美は、いかに英雄的であろうと、私の目的には十分ではない。ヨーロッパの会社のCEO、ギュンターの充足感を得る助けにはならなかった。彼のキャリアは、大きな目標を追求し達成して勝ち得たご褒美の連続だった。だが、このご褒美はすべて仕事の場であり、家庭ではなかった。家族との生活に失敗したと後悔せずに済ませる力はなかった。それでは、自分の人生を築いたとはいえない。アーリンも同様だ。見事な業績の数々を挙げても彼女は充足感を得ていなかった。大きな成功をするたびに、彼女は自分のモチベーションとコミットの度合いに疑問を投げかけた。もっと一生懸命努力できたはずだし、すべきだったと彼女は思う。

多くの場合、選択・リスク・最大限の努力は、「公平・公正」な結果を生まない。バカバカしいほどの強運の持ち主でもない限り、人生はいつも公平ではないことはわかっているだろう。

生まれたときからそうだ。親、育つ環境、教育の機会など多くの要因があるが、その大半は自分でコントロールできるものではない。裕福な家に生まれる人もいれば赤貧の家に生まれる人もいる。持って生まれた不利な条件を賢い決断や多大な努力で克服できることもある。それでも人生の不平等さが骨身に応える。その仕事なら私が最適だと思っていたのに、誰かの甥っ子が代わりにその職を得てしまったとか。正しいことをきちんとやっても、その結果が公平・公正である保証はない。憤慨し、腹を立て、「不公平だ」と愚痴ってもいい。あるいは、品位をもって失望を受け入れてもいい。

だが、目標を「努力して得よう」としても見合った報奨を得られるとは期待しないこと。結果は、望むほど、あるいは受けて当然と思うほどにはならないものだ。

私が「努力してご褒美を手に入れる」という概念をあまり評価しないもう1つの理由、そしてもっとダメージを与えると思う理由は、自分の人生を築きたいという願い、願望とするには、**あまりにも一過性で脆弱に過ぎる**という点だ。努力の末得たご褒美で感情が高揚するのは一瞬のこと。幸福は感じた瞬間から徐々に消えていく。長い間求めていた昇進を手に入れる。一生懸命頑張って手に入れたのにもう満足できないかのように、恐ろしいほどすぐに私たちは次のレベルに目をやってしまう。何カ月も選挙活動をして当選しても、ちょっとお祝いをすると、すぐさま選挙民のために仕事をしなくてはならない。1つ努力が終わると新しく努力することが出てくる。多額の昇給を得る、パートナーに昇進する、有頂天になるような書評を得る。どんな報奨を得たとしても、私たちの勝利のダンスはすぐに終わってしまう。

達成感と幸福は長続きしないのだ。

努力して勝ち得る見返り、そしてそのために注ぐエネルギーの価値にけちをつけているわけではない。目標を設定し、求める結果を勝ち得ることは、何であれ成功の第一歩に必須のことだ。ただ、それが人生のさらに大きな目的から逸(そ)れていると、自分の人生を築くのにどんな効果があるのかと疑問を投げかけているのだ。

ウォール・ストリートのトレーダー、レナードが人生に充足感を持ち、彼よりも運がよく、もっと成功した人が彼の足元にも及ばない理由はそこにある。彼はたんにお金を稼ぐためにマネー・ゲームをしていたのではない。彼は彼の家族を守り、よい生活が送れるようにしたいというさらに高い目的を目指して努力していた。より高い目的に結びつかない報奨を勝ち得ても、それは虚(うつ)ろな成功である。接戦に勝ち、優勝するためにさまざまな犠牲を払う（たとえば、体当たりする、こぼれ球めがけてダイブする、敵の最強のプレイヤーのガードをするなど）ことをせず、平均スコアを高く保つことにだけ関心のあるバスケット選手のようなものだ。

自分の人生を築くには、ほんのいくつかのことをすればいいことが本書でわかってもらえると思う。

・**自分の人生を生きる。**他の人の描く人生ではない。

・毎日「**自分の人生を築こう**」とする。それを習慣にする。
・「築く」ことを個人的な願望以上の**何か大きなもの**に結びつける。

自分の人生を築いても、トロフィーを授与されることはない。
自分の人生を築くご褒美は、つねにそのプロセスに没頭することそのものだ。

本書は新型コロナウイルスのパンデミックの最中に書かれた。私は妻のリダと南カリフォルニアの太平洋を望むワンルームを借りていた。私たちは30年以上住み続けたサンディエゴの北、ランチョ・サンタフェの家を売ったばかりで、双子の孫、エイバリーとオースティンが住むナッシュビルに引っ越す前だった。そのアパートから出るのには15カ月かかった。

今まで書いた本と違い、本書は、コーチングのクライアントの人生に触発され、彼らの実例を素材としただけでなく、私自身の人生も素材にしている。したいと思っていたことをすべてやり終えてはいないが、残り時間が迫ってきたときに執筆した。だから私は選択を迫られた。若い頃から温めていた夢を諦めざるを得ない。時間に迫られているからというだけではなく、その夢が今の私には意味を持たなくなったからだ。

本書は私の今後をじっくり考えて書いた。**じっくり考えるのに遅きに失することはない**と私は学んだ。息をしている間は、時間があるのだ。早すぎるということもない。早ければ早いほうがいい。読者の皆さんが、年齢にかかわらず自分自身の人生を築こうとじっくり考え、それに基づいて選択をするとき、本書から得るところがあってほしいと願っている。

本書では私を助けてくれた人、そして彼らが教えてくれた多くのことを深く考え、分析して書いた。パンデミックのおかげだ。その間は、私にとって、経済的な意味ではなく「得るもの」のあった18カ月だった。内省するところが多くあったが、それは自分という存在で後悔することが増える人生のステージにやってきたからにほかならない。予想通りのことだ。時間が限りなく思えたその昔、10年、20年のスパンで人生の方向性を定めたが、それは、もはや私にとって合理的なオプションではなくなった。私はあと30年生きて１００歳になるかもしれない。だが、それはあてにできない。健康でいられるかどうか、友達や同僚が周りにいてくれるかどうかもわからない。地球上における私に残された時間が少なくなってきたから、**人生のリストでまだチェックが付いていないことの行動順位を決めていかなくてはならない**。どれは、やれそうもないか？　どれはもう重要ではなくなっているか？　達成しなかったら深く後悔する絶対にしなくてはいけない２つか３つのものは何だろう？　充足感を最大限にし、後悔を最小限にするように残りの時間を使いたい。

本書はその絶対にすべきことの１つだ。本書がお役に立ち、時間を幸運な形で使うことを教え、あなたが後悔なく人生を終えられればと願っている。

入門編の演習

「自分の人生を築く」というのはあなたにとってどういう意味を持つだろう？

やるぞ、と思って始めて、実際に結果が出たのは、間違いなく自分が努力したからだという時を考えてみてほしい。

代数でＡの成績を取りたいと思って何時間も勉強し、達成するような単純なもの。すごいアイデアを思いつき、同僚がみんな頭を悩ましていたことを一瞬にして解決し、みんなが大いにあなたのことを見直したとき。不確実な要素が多いなか何かを達成したこと。起業する、脚本を書いて採用される、製品を開発・製造して市場で売るなど。どれも決めた目標を「努力して勝ち得た」出来事だ。成功したときの嬉しい思いは、繰り返し味わいたいと思うようなものだったら素晴らしい。

このように、目標を達成するごとに勝ち得たご褒美が積み上げられていく。

だが、その合計が１つひとつの合計より大きくなるとは限らない。手に入れた一連のご褒美が人生を築く結果につながるとは限らない。

●こうしてみよう

努力して勝ち得たときの喜びを膨らませてみよう。一時的な目標よりも大きい何か、残りの人生を使って追い求めたいような何かに結びつけるように。

そして、人生で最も重要な目的を1つ選んでみよう。

精神的修養に結びつけて、より深い悟りを開いた人間に着実に近づきたいということを目的としてもいい。死後にも人の役に立つようなレガシーを生み出したいという遠い将来を見据えたものでもいい。誰かのお手本に刺激されてもっとよい人間になろうと思ってもいい（例：映画「プライベート・ライアン」の有名な最後のシーンではライアン一等兵を救うために命を賭けたトム・ハンクスが演じたジョン・ミラー大尉は、死の間際にこうささやく。「命を活かしてくれ」）。

人生に選択肢は無限にある。だが、人生を築くプロセスはみな同じだ。

（a）選択をする。
（b）リスクを受け入れる。
（c）力を振り絞ってやり通す。

唯一の違いは、努力を物質的な報奨に結びつけるのではなく、人生のもっとも重要な使命に結びつける点だ。

これは大仕事の前の準備運動のような演習だが、易しいものではない。私たちはみな、年齢に関係なく人生の大きな目的を見つける難関に挑んだことはない。私たちの頭はいつも日々の日常生活の雑事に占領されている。

覚えておいてほしいのだが、このテストで点数が付けられるわけではない。あなたの答えが永遠に正しいというわけでもない（あなたが変わるにつれて変わる）。重要なのは、簡単にできても苦労してでもいい、答えを出そうとすることだ。

さあ、これで準備ができた。

パート
I

あなたの人生を選択する

第1章 息をするたびパラダイム

釈迦牟尼は「人の命は一呼吸の間にある」と言ったが、彼は比喩的に言ったのではない。文字通りの意味で言っている。

仏陀は、人生は過去から現在へとつねに生まれ変わる個々の瞬間の連続だと教えている。ある瞬間、あなたの選択と行動の結果、あなたは喜び、幸せ、悲しみ、不安を感じる。だが、その感情は、長続きはしない。息をするたびに、その感情は変わっていき、やがて消えていく。その感情はそれまでのあなたが経験したことだ。こうなってほしいと望むことは、次の呼吸、あるいは明日、来年の今とは違うあなた、将来のあなたに起こることだ。繰り返す中で唯一重要なのは、今ちょうど息をした現在のあなただ。

仏陀が正しいと想定して始めよう。

仏教に改宗しなければならないと言っているわけではない。* 新たなパラダイムで時の経過、人生を築いていくことを考えるのに仏陀の教えを考えてみてほしいと言っているだけだ。

仏教の柱となるのは、**無常**という考え方だ。感情、思考、今所有している物質的な財産はいつまでも続くものではない。次の息をするまでのわずかな時間、一瞬のうちに消え去りうる。私たちはこれが真実だと経験から知っている。自制心、やる気、ユーモア。なんでもいい。何も長続きしない。現れたときと同じくらい突然、それらは消え去ってしまう。

それにもかかわらず、人生を理解する理性的な考え方として「無常」をうまく受け入れられ

*私が仏教に触れたのは19歳のときだった。改宗を考えていたからではない。好奇心に溢れた10代の頭の中のもやもやとした考えを明確にしてくれたからだった。仏教に求めたのは確認と明確化であり、改宗したわけではなかった。「息をするたびパラダイム」(私が命名したので、仏陀がそう呼んだわけではない)は何年も学習した末にわかるようになった。クライアントとそれについて議論するようになったのは後のことで、職場で行動に問題を抱える扱いの難しい上司に対処するのに、西洋的なアプローチがうまくいかなかったときだった。彼らは異様なほど西洋的パラダイムに染まっていた。過去の勝利を証拠として、新たな勝利を得るために行動を変更する必要はないとしていた。「もし私がそんなにひどい人間なら、なぜ私はここまで成功しているのだ？」と彼らは異議を唱える。落ち度があったにもかかわらず成功した可能性を無視し、そのままの自分が成功を収めたと考える。次の勝利を手にするのは、技術的でも知的なことでもなく、行動の問題だと話し、仏陀の教えに沿って過去の自分と現在の自分を区別することを教えたのだが、それはアメフトのヘイル・メアリーのような最後の賭けのようなものだった。

ない。ほんとうのところ、私たちのアイデンティティや性格は不変な1つのものだというのは幻想に過ぎない。だが、子供のときから深く刻み込まれている西洋のパラダイムは、「無常」に逆らい、「そして2人はそれからずっと幸せに暮らしました、とさ」という、いつも同じ終わり方をするお伽噺（とぎばなし）に過ぎないものを信じさせる。

　西洋のパラダイムには、将来がさらによいものになるように努力することで、2つの結果が得られるという信念がある。**（a）どんなに改善したとしても、私たちは基本的にはそれまでと同じ人間だ（たんに前よりよくなるだけだ）**、そして、**（b）どんなに反証があっても、今回は長続きすると信じる**。ある物を手に入れれば、心の悩みが永遠に取り除かれると思ってしまう。一生懸命勉強して数学でAの成績を取れば、一生成績Aの学生になれると思ってしまう。自分の性格は定まっていて、変えられないと思うのも、住宅価格は上昇の一途で値下がりすることはないと思うのも同じことだ。

　これは、深刻な西洋病だ。「私は●●になったら幸せになれる」と思う病気が蔓延している。この昇進を手に入れれば幸せになれる、テスラを買って運転できれば幸せになれる、ピザをもう一切れ食べられたら幸せになれる。何かしら短期・長期の願望の象徴を手に入れれば幸せになれると思う。もちろん、その象徴するものがついに自分の手中に入ると、何かが出てきてその価値を引き下げ、次の象徴的なものを欲しいと思うようになる。そして、また次。組織のヒエラルキーで次の昇進を遂げたいと思う。もっとよいテスラが欲しいと思う。もう一切れ持ち帰り用のピザを注文する。私たちは仏陀が「餓鬼（がき）」と呼ぶ世界で生活している。つねに食べているのに満足することがない。

これは苛立たしい生き方だ。だから世界を違う目で見ることを強くお勧めしているのだ。今の前や後の瞬間ではなく、今現在の瞬間を大切に扱う見方だ。

私のクライアントは目標を設定し、大きな成果を目指すことに慣れている。彼らに「息をするたびパラダイム」を説明して、過去の成功を思い出す喜びや野心的な目標を追求する将来のスリルを味わうのではなく、現在を最も大切にするようにと話しても、彼らにはなかなか受け入れられない。先を見据えたり、過去の実績に誇りを持ったりすることは彼らにとって第二の天性となっている。驚くべきことだが、現在の瞬間は後回しになっているのだ。

私は少しずつ彼らの態度を崩していく。現在であろうと大昔のことであろうと、クライアントが重大な失態を犯して打ちのめされていたら、私はこう言う。「ストップ」。そして次の言葉を繰り返すように促す。「それは以前の私だ。今の私がそんな失敗を犯したわけではない。だったら、現在の私がどうして自分がやってもいない過去の過ちで自分を責めるんだ？」

それから、問題を追い払う誰もがする仕草をするように言い、私の後について言うようにさせる。「忘れてしまえ」。この一連の動きは馬鹿げて聞こえるかもしれないが、うまくいくのだ。クライアントは過去をくよくよ思い悩むことの無意味さを理解するようになる。それだけでなく、過去の失態は誰かほかの人――過去の自分が犯したことだという心理的に痛みを和らげる考え方を受け入れるようになる。彼らは過去の自分を許して前に進むことができるようになる。クライアントとの最初のミーティングで、1時間の間にこの一連のプロセスを5、6回繰り返す。やがて彼らは理解する。「息をするたびパラダイム」をついに認める瞬間がやってくる。それが、キャリアだけでなく日々の暮らしにも効用があることに気づく。通常は、極めて重大な、あるいは緊迫した瞬間にそれが起きる。

10年前、あるメディア企業の次期CEOに指名された40代前半のエグゼクティブにコーチングを始めた。仮にマイクと呼ぼう。彼は天与のリーダーシップのスキルを持ち、聡明でやる気に溢れ、大言を吐かず、期待以上の成果を挙げ、標準的なチーフ・オフィサータイプの中でも群を抜いていた。だが、彼は粗削りなところがあり、それに対処する必要があった。そこで私の登場となった。

マイクは彼の役に立つ人に対しては魅力的なのだが、彼の役に立たない人には無神経だったり、軽蔑したりした。彼はものすごく説得力がある。だが、すぐさま彼が正しく自分たちが間違っていたと譲歩しないと、攻撃的になる。また、自分の成功に気をよくしているのが明らかで、特別な待遇を受けて当然という、いやな雰囲気を醸し出していた。彼は特別であることを周りに忘れないようにさせていた。

無神経、間違いを認めない、特権をちらつかせる。それはキャリアを台無しにするほどの欠点ではない。私が行った彼の同僚や部下の360度評価の中で出てきたものだ。それを私は彼に見せた。彼は、批判を潔く認めた。そして2年も経たないうちに（1対1のコーチングに不可欠なプロセスを踏んで）、自分が納得するほど、そしてもっと重要なことだが、彼の同僚たちの満足がいくほど、行動を変えた（人にちょっとでも気づいてもらうには、ものすごく変わる必要がある）。彼がCEOになった後も私たちは友達付き合いを続けた。少なくとも1カ月に一度は仕事や家族の話をした。やがて家族のことを話す機会が増えた。彼と彼の妻は大学で出会った。4人の子供はみな独立して家から出ている。2人の結婚は安定しているが、マイクがキャリアに集中し、妻のシェリーが育児に専念した時期、マイクが自分のことばかり考えて、思いやりがないとしてシェリーは消すことのできない恨みを募らせていた。

「君の奥さんが悪いの？」。思いやりがなく、偉そうにしていると職場で見られていたのなら、自宅でも同じだったのじゃないかと指摘しながら、私は尋ねた。

「だけど、僕は変わったんだ」と彼は言った。「彼女だってそれを認めている。僕たちは前よりずっと幸せなんだ。それなのに、彼女はなぜそれを忘れようとしないのだろう？」

私は、「息をするたびパラダイム」を説明し、西洋人にとってはなかなか理解できないことだが、私たちは肉と骨、感情と記憶でできているのではなく、つねに1人の人の中で多数の人が大きくなっていくのだ、息をするそのたびに動き、生まれ変わるのだということを話した。

私はマイクにこう言った。「君の奥さんはご自分の結婚生活について考えるとき、以前のマイクと今のマイクとを切り離すことができないんだね。彼女にとっては１人の人間、永遠の人格なんだ。気を付けないと私たちはみなそのように考えてしまう」

マイクはその考え方を理解しようと苦労した。私たちの会話の中に時折出てきたが、彼は彼自身がたくさんの新しいマイクの連続だと考えることはできなかった。１年間に息をする回数から推定すると、１年に８００万のマイクが生じることになる。それは世界に向けてマイクが発信している、素晴らしい成功したマイクという固定されたイメージとは相容れなかった。私はそれを責めるつもりはない。私は新しいパラダイムを受け入れるようにと話した。軽い提案ではない。私たちはそれぞれのペースで理解を進める。

私たちはいまだに定期的に話している。彼はいまもＣＥＯだ。２０１９年の夏、彼は突然私に電話をしてきて、興奮しながらこう言った。「**それ**が、わかったよ！」。彼が何を話しているのか私には皆目見当がつかなかった。だが、やがて「**それ**」が何かがわかった。「息をするたびパラダイム」のことだった。彼は前日のシェリーとの会話を話してくれた。彼らは7月4日に子供、その配偶者、友人たちと集まって、別荘から車で戻っているところだった。大勢が集まったが楽しい週末で、シェリーとマイクは楽しかったことを2時間のドライブの間話し合った。子供たちがうまく育ってくれたこと、友達が快く、手助けしてくれる人たちだったこと、主に子供たちが料理し、後片付けをしてくれたことなどを話した。つまり、彼らは恵まれている、親の責任をうまく果たしたことを有難いと互いに話したのだ。すると、シェリーがしらけるようなことを言って現実に引き戻した。

「あの子たちが子供の時にあなたがもっと手を貸してくれたらよかったのにね」と彼女は言った。「私はいつも1人ぼっちだったのよ」

「彼女の言葉に傷ついたわけでも、腹を立てたわけでもないんだ」とマイクは話した。

「私は彼女に向かって、とても冷静にこう言ったんだ。『10年前のその男について君の言うことはまったく正しい。彼は多くのことをわかっていなかった。だけど、この車に今いる男はその男じゃないよ。ずっといい男だ。明日は、もう少しよくなろうとして別の人になる。それからもう1つ。当時苦しんだ女性は今日の同じ女性じゃない。君は存在しない人の行動で僕を責めている。それはよくないよ』」

車内は10秒ほど静かになった。長く感じられた10秒だった。それからシェリーは謝罪し、「あなたの言う通りだわ。私はそれに対応するようにしなくちゃいけないわね」

マイクの場合「息をするたびパラダイム」を理解するのに何年もの年月を要した。そして、気持ちの昂った状況で、仏陀の教えを完璧に適用した。彼の妻は10秒のうちに理解した。

どちらの時間軸でも私はかまわない。他の人がひらめきを得る瞬間を共感できるのはいつでも嬉しいことだ。


人が変わるお手伝いをする仕事をしていると、無常を受け入れるのは容易だ。それなしでは、私は目的を持てないし、キャリアもない。盛者必衰の理(ことわり)は、世界的な成功やステータスだけのものではない。個人の成長にもぴったり当てはまる。それまでのあなたは今日、そして将来にわたっても、同じ人物のままでいるようにという終身刑を受けたわけではない。過去の罪を忘れて、前進すればいい。

もういい、わかった、と思っているのではないか。ほわっとした精神的なことはもうたくさんだよ、マーシャル。この「息をするたびパラダイム」は自分の人生を築くこととどうつながるんだ？と思っているかもしれない。

そのつながりは、暗い部屋の照明のスイッチを入れるように、すぐさまはっきりと現れる。先生に褒められたといったささやかなものから、よい評判を得るとか、愛する人から愛されるような大きなものまで、価値あるものを勝ち得ることは重要だ。だが永遠ではない。世界の気まぐれ、無関心次第で、これら「手に入れたもの」はつねにまた手に入れる努力が必要だ。毎日、毎時間、いや息をするたびに努力する必要がある。

クライアントに、「それは以前のあなたです。もう忘れるときです」と言って、過去の失敗で自分を責めるのは止めるようにと言うことは、私が彼らにしてあげられることの中でも、とくに価値あることだと思う。だが、同様に価値があるのは、逆のときだと思う。キャリアのハイライトを私に繰り返して語るときだ。優れたスポーツ選手やＣＥＯだった人たちが、次の人生設計に苦労しているとき、もっともはっきりと出てくる。それが15年前のオリンピック水泳競技で金メダルをとったことや2万人の組織の指導的立場に6カ月早く就いたとか、昔の偉業を懐かしそうに話すとき、もう尊敬を集めたスポーツ選手でも、指揮を執るCEOでもないことを思い出させて、現在に引き戻すのが私の仕事だ。それはもう別の人なのだ。それは、ソーシャル・メディアでまめにフォローしている有名人の人生を自分の人生に重ねて生きるのと変わりない。その有名人はあなたが存在していることを知らないし気にもしない。互いに見知らぬ存在だ。以前の輝かしいあなたにつねに戻るのは同じことだ。当時手に入れた栄誉・注目・尊敬が現実ではなかったということではない。だが、それはもう消えてしまったのだ。それを思い出すのは、もはや充足感を表現することではない。それが永久に続かず、瞬く間にあっさりと消えたことを嘆く後悔の念というのがほんとうのところだ。

充足した感覚を思い出すことは、自分がどうだったか、何を達成したかの記憶にふけってでも達成できない。それがきちんとできるのは、今この瞬間にいる人間だけだ。そして、新たな自分になるたび、その瞬間に何度も何度も手に入れられるものだ。バスケット・コーチのフィル・ジャクソンは仏陀の教えを学んでいるが、彼は1990年代半ば、シカゴ・ブルズで2回連続してNBA優勝を遂げた。1998年に3回目の優勝を狙っていた時に、彼はこう言った。「成功する行動をとったときにだけ成功する。だから、またその行動をしなくちゃならない」

実際のところ、自分の人生を築くのには終わりがない。「十分に達成したよ。もう十分だ」と言えるような、きっかりとした終わりはない。それなら、息をするのを止めたほうがいい。

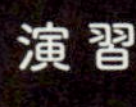

2通の手紙

この演習は、「息をするたびパダイム」を頭では理解しているが、生活の中で、自然に直感的に動くように身体で覚えていない人のためのものだ。彼らはまだ過去の自分と現在の自分の間に心理的な壁を作って、その区別が新たな信条となるところまではいっていない。彼らは彼らの本質、精神、魂といった、見えない、触ることのできない何かが、固定され、変えることができないといまだに信じている。そしてそれが自分だ、と定義している。過去と現在の自分は取り換え可能であると考え、2つを混同している。

この2通の手紙の演習は混同をなくしてくれる。1通目は感謝について、2通目は将来に投資をすることについてだ。

●1通目

過去の自分に感謝の気持ちを表す手紙を書く。クリエイティブな行動、よく働いたこと、自制心など具体的にとった行動を書く。できれば、天与のものではなく、自ら努力して得たもので、今日のあなたを作り出したものが望ましい。最近のことでも、かなり前のことでもいい。

唯一の基準は、その行動があなたの生活に違いをもたらしたものであること。

この過去の自分に感謝をする演習を多くの人にやってきた。ある人は、8年前に菜食主義者になった自分に感謝した。そのおかげで健康になり、今日彼は活力に溢れているという。ある著述業を営む女性は、辞書を引く習慣をつけてくれたことを10歳の自分に感謝した。わからない言葉が出てくるたびに辞書で調べ、小さなノートに書き記すことを、彼女は初等教育の時代から大学院に行くまで続けた。「このノートがなかったら、執筆生活はなかった」と彼女は言う。1人の女性は6歳の自分が水泳を覚えたことに感謝した。そのおかげで彼女は少なくとも2回命拾いしている。

別の男性は今の妻と出会った大学を18歳の自分が選んだことに感謝した。

この演習は、当時のあなたと現在のあなたを切り離すだけではなく、記憶が薄らぐにつれ見えなくなってくる過去と現在の因果関係を明らかにしてくれる。ものすごく感謝して謙虚になっているとき、「先人のおかげで今の私がある」というお決まりのセリフを口にするものだ。

この手紙は、あなたが忘れていた先人、すなわち過去のあなたをはっきりとさせてくれる。

深呼吸をして。今この本を読んでいるあなたに対して、過去のあなたが与えてくれたすべての貴重な贈り物について考えてみよう。

これだけ多くの素晴らしい贈り物をしてくれた素敵な人に、あなたは何と言うだろう？　この演習は、「ありがとう」というチャンスだ。

●2通目

さて、現在のあなたから1年後、5年後、10年後の将来のあなたに手紙を書こう。この手紙を受け取る人のために、犠牲、努力、教育、人間関係、自己抑制といった今あなたがしている投資も書き出そう。投資はどういう自己啓発の形でもかまわない。健康になる、修士の学位を取る、毎月の給与から一定の金額を割引短期国債購入に回すなど。それを慈善活動だと考えるように。ただ、誰がその恩恵を受けるかはわからない。今のところはまだ。

私はNFLの名選手、ランニング・バックのカーティス・マーティンからこのアイデアのヒントを得た。カーティスは私たちが出会う前から、「息をするたびパラダイム」の生活を送っていた。彼はたまたまアメフトをやることになった。高校2年生まではやっていなかったのだが、コーチが、チームに入ればピッツバーグの危険地域から1日3時間離れることができると言って説得した。彼は一度誰かと間違われて、顔に銃を突き付けられたことがある。引き金は引かれたが、銃弾が詰まっていて出てこなかった。3年生になるとどの有名大学も彼をリクルートしようとした。彼は近くのピッツバーグ大学を選んだ。大学時代は怪我が多かったのだが、光る才能があり、ニュー・イングランド・ペイトリオッツがドラフト3巡目で彼を指名した。1995年のことだ。

若いスポーツ選手はたいていがドラフト会議の日を宝くじの抽選日のように考えていたが、カーティスが最初に思ったのは、「こんなこと、やりたくないな」ということだった。カーティスは他人に奉仕する人生を望んでいたが、ある牧師がNFLは今後の人生を作る手段になると話して、カーティスにアメフトを続けるよう説得した。それがカーティスに人生の目的とモチベーションを与えるイメージとなった。

彼はNFLでプレイした後の自分に投資するためにアメフトをプレイすることにした。それは通常のエリートスポーツ選手が抱くモチベーションではない。彼らは競争するのが大好きだ。彼らは今勝利することに頭がいっぱいだ。将来は何とかなると考える。

だが、カーティスは長期戦を戦っていた。彼はNFL11季目の怪我が原因で引退を余儀なくされたが、現役中に当時歴代4位となるラッシングヤードを記録した（エミット・スミス、ウォルター・ペイトン、バリー・サンダースの次だ）。現役選手時代に彼はカーティス・マーティン職業財団を設立して、シングル・マザー、障害を持つ人、非行や虐待の危険にさらされた青少年を支援した。引退初日から、カーティスは準備万端、意欲に満ちて12年前に自分が投資をした将来に臨んだ。彼は新しい人生を生きていった。*
カーティス・マーティンの話は将来の自分に投資するポジティブな例だ。後悔の念に捉われていたCEO、ギュンターをちょっと前に紹介したが、それはネガティブな例だ。ギュンターは彼の3人の子供が彼ほど一生懸命働かなくてもいいようにお金を稼ぐことに人生を捧げてきた。それはとんでもない間違いだった。お金があることで子供たちが感謝することも生産的になることもなかった。ただ何もしない口実にするばかりだった。

彼の失敗は、将来の自分にも、父親としての思いが長く残るようにすることにも投資をしなかったことだった。彼はたんにギフトをあげただけだった。この違いは実に大きい。投資はリターンを期待してするものだ。ギフトには何もついてこない。

彼は子供たちにギフトを与えたが、子供たちはそれを努力して得たわけでもなく、彼らには与えられる価値もなかった。彼らに対して望むことはあっても、彼はそれをはっきりと言うこともなかった。結局、彼は彼の払った犠牲に感謝を受け取ることもなく、子供たちが自身で生産的な生活を送るのを見る喜びも得られなかった。

彼は「戦場にかける橋」の鉄橋爆破の結末に彼の後悔をなぞらえた。英国人捕虜のニコルソン大佐は、連合軍が橋にダイナマイトを仕掛けたことを発見する。その橋は日本軍が利用する橋だったが、捕虜となった彼の軍隊の士気を保つために彼は建てた。完成した橋にプライドを持ち、最初は、橋を破壊する動きを妨害しようと試みた。最後に彼は愚行に気づき、「私は何をしてきたんだ」と言い、自ら橋を破壊しようと向かっていく。

もし、ギュンターが将来の自分に手紙を書いていたら、子供たちの人生は違ったものになっていたかもしれない。２通目の手紙は目標を書くだけのことではない。今日よかれと思って努力していることは、あなたが責任を持つ人、すなわちあなた自身とあなたが愛する人たちが生産的で幸せな人生を送るための投資として考えなくてはならない。それはギフトではない。リターンを期待して行うものだ。

＊カーティスは２０１２年ＮＦＬの殿堂入りのセレモニーでスピーチをして、このことをすべて説明した。これほど率直で力強いスピーチはそれまでになかったと一般に言われている。これは、将来の自分への手紙のモデルだ。

第2章 自分自身の人生を築くことを阻むものは何か？

2000年代のはじめ、私は1年に8日間、ゴールドマン・サックスのエグゼクティブとその大口顧客に対してリーダーシップ・コースを教えるようになった。ウォール・ストリートのこのパワフルな会社で私の窓口になったのは、マーク・ターセックだった。彼は40代のパートナーで、教育業界の投資担当であると同時に、ゴールドマン・サックスの研修プログラムを担当していた。マークは典型的なウォール・ストリート・タイプだった。聡明、カリスマ的、エネルギッシュ、そして会社のためにお金を活かすことに熱心に取り組んでいた。だが、彼はまた穏健で、控えめな、恐ろしいほど多才な人だった。彼はヨガを行い、厳格な菜食主義者で、トライアスロンの競技に出ていた。そして熱心な環境保護主義者だった。２００５年、彼はゴールドマン・サックスに環境業界担当グループの創設・運営を指名された。３年後のこと、マークがこの分野に人脈があったため、人材紹介会社に勤める彼の友人が、彼にアメリカ最大の環境問題ＮＰＯ、ザ・ネイチャー・コンサーバンシーのＣＥＯに誰か推薦してくれないかと声をかけてきた。誰がいるだろう、どういう資質の人がいいだろう、と考えているうちに、予想もしない考えがマークの頭に浮かんだ。「僕はどうだろう？」。彼はその職に完璧だった。ザ・ネイチャー・コンサーバンシーは実質的に慈善「銀行」で、その寄贈財産と年間の寄附金で保護の必要な広大な土地を購入している。金融分野における専門性は求められる要件の中で重要なものだった。それに、心の奥底で、彼はほんとうにそれをやってみたいと思っていた。彼の妻、エイミーも同じく熱心な環境保護主義者で、彼が動くことを後押しした。

マークと私はその頃には強い信頼の絆を築いていた。そこで私は彼をサンタフェの我が家に招待して、２、３日間過ごし、会社の雑事から離れて彼の次のステップを考えることとした。マークはゴールドマン・サックスでの重要なキャリアを終わらせ、４人の子供をニューヨークからワシントンに移して非営利企業の経営をするべきか？　話せば話すほど、マイナスよりもプラスのほうが圧倒的に多いことがはっきりしてきた。それでもマークは躊躇していた。一緒にいられる時間が少なくなり、ニューヨークに戻る飛行機の出発時間が数時間後に迫っても、彼はまだ決めかねていた。私は彼を散歩に誘い、近所の森と乗馬道を長い時間歩いた。私はクライアントとこうすることがよくある。自然の中で自分を忘れると、頭がクリアになる。

納得のいく理由なしに彼がまだ決めかねていたとき、私は彼に尋ねた。「ちょっと試してみたらどうだい？　正式なオファーじゃなくて、たんなる面接だよ？」

「その職に就いたら、ゴールドマン・サックスのパートナーたちがどう思うか、不安なんだ」と彼は言った。

私は、ありえない、と思った。私たちは何時間も費やして彼のキャリア、スキル、知的関心、成功したこと、失望したことを話してきた。彼は成人してからの24年間の人生を会社に捧げてきた。彼は次の仕事に完璧な人物だった。それに彼は給与が下がっても問題なかった（9年前にゴールドマン・サックスがIPOをして経済的には保障されていた）。そのポジションを試さない口実は何もない。それなのに、彼を引き留めていたのは「これ」か？　キャリアを諦めるんだ、タフじゃないからウォール・ストリートの厳しさに耐えられなくなったんだと同僚が考えるのではというバカバカしい不安か？

散歩道で彼の腕をつかんで立ち止まらせ、彼をまっすぐ見た。私の口から出てくる言葉に集中してもらいたかったからだ。

「おい、マーク。君はいったいいつになったら自分自身の人生を始めるつもりなんだ？」

私はエグゼクティブに大きな仕事を去る適切なタイミングについて何年もアドバイスをして

きている。そのポジションに留まろうとするあらゆる言い訳を聞いてきた。たいていは次の3つのバリエーションだ。

・代われる人がいない：**この組織は私が必要なんだ。**
・勝者の論理：**私たちは連戦連勝中だ。辞めるのは早すぎる。**
・他に行くところがない：**次に何をしたいのかわからない。**

だが、同僚がどう考えるかで夢を諦めるというのは、マークのレベルで聞いたことがなかった。私が爆発したことがグサッときたのだろう。翌日マークは人材紹介会社のチームリーダーに電話をして、彼自身が立候補すると伝えた。そして間もなく彼はゴールドマン・サックスを辞め、ザ・ネイチャー・コンサーバンシーのＣＥＯになった。マークとやりとりしたその瞬間こそが、本書、そして「自分で築く人生」のコンセプトの引き金となったのだが、その時にはまだ、そうなるとはわかっていなかった。

10年後、ザ・ネイチャー・コンサーバンシーでの仕事が大きな成功を収めた後、マークは私にこう告げた。私が一方的に大声で叫んだ**「おい、マーク。君はいったいいつになったら自分自身の人生を始めるつもりなんだ？」**という言葉は、この10年間、彼の頭の中に刻み込まれ、記憶補助装置のように機能し、人生に意義と目的を与えてくれるものに忠実でいるように、と思い出させてくれた。よき夫、よき父親であるように。寄附をするように。地球を救うように(ささやかなことだ)。

正直なところ、私はその森の乗馬道での瞬間を忘れていた。彼の電話で、その日の彼の言葉を思い出した。とくに同僚がどう思うかという呆れるような心配を思い出した。他の人がどう思うかで、ザ・ネイチャー・コンサーバンシーのポジションを受けられずにいたというのは、私には理解できなかった。その選択をしなかったら彼は大いに後悔するに決まっていた(何かを試して失敗したことでは後悔しない。試さなかったことで後悔するものだ)。

マークとの電話を切った後、また別の記憶が頭に蘇った。友人の故ルーズベルト・トーマス・ジュニア博士はハーバードで組織行動学の博士号を取得し、アメリカ企業の職場でのダイバーシティへの取り組みを変えた人物だ。ルーズベルトの貴重な洞察の1つは、毎日の生活の中でレファアレント・グループ(準拠集団)の影響力が正しく評価されていないという点だ。仕事を始めて日が浅い頃に、私は彼とこのテーマで論文を共著した。それをライフワークとしたのは彼だけだったが。

ルーズベルト・トーマスは、私たちは心情的にそして知的に、ある仲間内でつながっていると強く主張した。私たちはこのコンセプトを今日「トライバリスム(部族主義)」として考えるが、レファアレント・グループで社会の混乱や人々の間の違いを説明できるとする考え方は、1970年代のはじめ、画期的なコンセプトだった。レファアレント・グループは宗教団体や政党のような広範なものから、音楽バンドのフィッシュのファン（フィッシュヘッド）の集まりのような小さいものまである。アメリカに存在するレファレント・グループをすべて取り上げるのは不可能だ。ツイッター（現X）のハッシュタグよりも数多くあり、ウサギのように多産だ。どのレファレント・グループに属するか、誰あるいは何に強く結びつきを感じるか、誰にすごいと思ってもらいたいか、誰の敬意を得たいと思っているかを知れば、人がなぜそのように話し、考え、行動するかが理解できるというのがルーズベルト・トーマスの指摘するポイントだった（必然的にそこから導き出されるのは、たいてい反レファレント・グループもあるということだ。私たちは何を支持するかよりも、何に反対するかで忠誠心が生じたり、選択の基準にしたりする。共和党か民主党か、レアル・マドリードかバルセロナかなど。何が嫌いかは、何が好きかと同じくらい、私たちを方向づける）。他のレファレント・グループに賛同する必要はないが、その集団の影響力がわかれば、その支持者の選択に呆然としたり、「アホ」と切り捨てたりすることもないだろう。*

ルーズベルト・トーマスの理論がマークに適用できることが見て取れた。私はマークのレファレント・グループは、菜食主義者で、ヨガをして、環境に関心のある社会的に意識の高い人、

*念のために書いておくと、私のレファレント・グループは教師だ。私が成長する過程で最大の影響を与えた私の母は教師だった。だから、私は教師に自分を重ね合わせる。私は自分の知っていることを伝えて人を助ける能力で自分を判断する。私は教師への尊敬の念をいちばん大切にしている。だが、この個人的な思いを外に出すことはなく、滅多に話すことも、おおっぴらに議論することもない。古くからの友人でも私が話したことがなければ知らないだろう。このように、人のレファレント・グループには謎めいたところがある。それをわかろうとしたら、かなり探る必要がある。だが、それによって、知っていると思っていた人に対する考えがびっくりするほど変わり、理解することができるのは収穫だ。

彼と同じようなグループだという誤った印象を持っていた。実際には、24年の間にマークはゴールドマン・サックスの攻撃的な、特注のスーツを身に着けたディールメーカーの同僚と心情的につながっていた。彼らから認められることがマークにとっては重要だったのだ。マークにこのレファレント・グループをすぐさま忘れるようにというのは、彼のアイデンティティを否定することを要求するのと同じくらいたいへんなことだったのだ。新たな人生を再び築くというギフトを犠牲にしてもよいと思うほど、それは強力だった。

マークの電話は、私に考えるきっかけを与えた。「自分自身の人生を始めろ」という私の説教が彼を説得するセリフとなったのは嬉しかったが、私の中にある教師魂は、こう考えた。

「マークほど頑張って成功体験に慣れている人ですらレファレント・グループに妨げられるのなら、どのくらい多くのリソースにも機会にも恵まれていない人が、同じようにまったく異なる理由で身動きできずにいるのだろうか？　彼ら自身の人生を築くのをとどめているのはどういう力なのだろう？　私はどんな手助けができるのだろう？」

有難いことに、今日では、人類の歴史上なかったほど自分自身の人生を築くのが容易になっている。過去においては、私たちの大半は、生まれ落ちたときから二級市民だった。投票権を持たず指導者を選ぶことができなかった。服従がルールであり、誰を愛するか、どんな神をあがめるかといった違いでも、違うことをすれば罰せられた（神をあがめたとしたらだが）。苦しみは大きかったが、後悔は少なかった。決定することを許されていなかったら、自分の決断を後悔することはできない。

過去何百年かの傾向を見れば、私たちはさらに多くの権利と自由を手に入れると言えよう。世界の大半はもはや農奴ではない。女性も投票権を得て、何億もの人が貧困から抜け出しつつあり、ＬＧＢＴであっても問題視されることはなくなった。言い換えれば、私たちはもっと楽観的になっていいということだ。さらに楽観的にしてくれるのはテクノロジーだ。自由に移動できる範囲が広がり、情報へのアクセスが増えて、テクノロジーが何倍もの選択を可能にしている。職場でもプライベートでも、自由、移動、選択肢が広がった。

それが問題だ。これを大声で主張をするのは、私だけではけっしてない。２００５年、95歳で逝去したピーター・ドラッカーはこう語っている。

> 数百年後、長期的な見地から私たちの時代の歴史が書かれたなら、歴史家がもっとも重要なこととして見るのは、テクノロジーでも、インターネットでもＥコマースでもない。人間の置かれた状況が例を見ないほど変わったことだろう。文字通り初めて、とてつもなく多くの人々が選択を手にし、その数は伸びている。初めて、自分で決めて自分を管理しなくてはならなくなった。そして社会はまったくそれに対する備えができていない。*

* Peter F. Drucker, "Managing Knowledge Means Managing Oneself," *Leader to Leader* 16 (Spring 2000): 8–10.

自由と移動の自由は、バリー・シュワルツの有名な「選択のパラドクス」を作り出した。選択の数は多いよりも、少ないほうがうまくやれる。アイスクリームに39種類のフレーバーがあると、がっかりするような選択をすることがよくある。バニラとミント・チョコチップの2つから選ぶほうがずっと楽だし、満足する。複雑で急激に進化する世界で自分の人生を築こうというときにも同じことが言える。無数の選択からふるいにかけていくのが難しいだけではない。**何が欲しいかわかっていても、夢を追いかける方法がわからないことがよくある。**

私たちが選択と行動をうまくできず、自分の人生を生きられずにイライラするのは、厄介なことが山のようにあるからだ。手始めに出てくるのは次のようなものだ。

1 最初の選択肢は、惰性の産物だ

惰性は、もっとも頑固で決定力を持つ変化の敵だ。変えたいと思っているのに何年も行動を変えることができずにいるクライアントがいると、私は次の自説に戻ってしまう。「私たちの人生でのデフォルト反応は、意義あることをしたい、幸せに過ごしたいというものではない。私たちのデフォルトは、惰性だ」。私はこういったクライアントに、惰性は広くどこにでもあるものだと理解してもらいたいと思う。それだけではなく、彼らが持つ惰性を新たな角度から見るようになってもらいたいと思う。

私たちは惰性を、活発ではない状態、あるいは静止の状態と考える。純粋に受け身、何もしていない状態を表すと思う。そうではない。**惰性は何か他のものに切り替えるのではなく、今の状態を持続するアクティブなことだ。**これは言葉の解釈の問題ではない。異なる視点であり、怠惰な受け身ですら現状のままでいたいというアクティブな選択だと考える（たとえば、何も選択しないというのも選択の1つだ。「パスします」と言うのを選ぶことだ）。一方、新たな動きに移り、何か異なることを始めることを選ぶのは、惰性の餌食であり続けることを止めることだ。惰性の犠牲でいるか、その有害な重力から逃れるかは、私たちの選択だ。選択できることがわかると人はたいてい変更しようという気になる。

もう1つ惰性のおもしろい点は、それが私たちの近い将来を垣間見せてくれることだ。アルゴリズムや予測モデルよりもずっと正確だ。あなたの直近の将来について次のルールを確約できるのは惰性が理由だ。**今から5分後にあなたが何をしているかをもっとも信頼できる形で予測すると、今していることを引き続きしているだろう。**居眠りをしている、家を掃除している、オンラインショッピングをしているとしたら、今から5分後にも同じことをしている確率は高い。この短期的な原則は長期にも応用できる。今から5年後にあなたが何をしているかもっとも信頼できるのは、今のあなたであるという予測だ。

今、外国語を話せない、パンをゼロから作ることを知らないのであれば、5年後も同じだろう。今、疎遠になった父親と話していないのなら、5年後にも話していないだろう。今日の生活のこまごまとしたことの大半もそうだろう。

惰性の働きを理解すれば、それをどのようにポジティブな力にするかがわかる。私たちが（破壊的ではなく）生産的な習慣やルーティン――たとえば、朝いちばんにエクササイズする、栄養のある同じ朝食を毎日摂る、毎日超効率的なルートで職場に行くなど――を作るとき、惰性は私たちのお友だちとなる。おかげで私たちはしっかり、熱心に、そして着実にやることができる。

惰性にはこういった特徴があるから、自分の人生を築こうとするとき、あらゆるところで影響を与える大きな力となる。だが、惰性をコントロールしたとしても、私たちが自分の人生を生きようとするのを阻止するいくつかの力が狭い範囲に残る。

2 私たちを足止めさせる刷り込み

私はケンタッキー州バレーステーションで育った。ルイジアナの南30マイルの場所で、インディアナとの州境となるオハイオ川の支流に沿ったところだ。私は母にとってただ1人の子供だった。彼女は私の子供時代の人格、セルフイメージを作るのに熱心だった。母は小学校の教師で、腕力よりも知力に評価をおいた。彼女は私が町でいちばん賢い子供だと思い込ませるように教育した。また私が機械工や電気工事業者などの熟練職人にならないようにするためだったと思うが、母は、私は手先が不器用で、メカのスキルがないとつねに言い聞かせた。だから中学に行く頃には、私は数学や標準テストでは能力があったが、メカや運動はひどいものだった。電球の交換すらできなかった。あるとき、リトルリーグでバットがボールに触れたとき、ファウルだったけれど、みんなが立ち上がって拍手してくれたほどだった。

幸い、母の刷り込みに従って私は自分の知的能力を信じた。同時に不幸なことだったが、学校で一生懸命勉強しなくても大丈夫という不埒な自信をつけてしまった。私は努力しなくてもそれなりの成績が取れると学んでしまった。この幸運はローズ・ハルマン工科大学に進学し、インディアナ大学でＭＢＡを取得するまで続いた。そして、(学業に対する努力を大してしなかったのに) カリフォルニア大学ロサンゼルス校（ＵＣＬＡ）で博士号を狙おうと思うくらいつけあがってしまった。なぜ組織行動学で博士号が必要なのか、その学位を取得してどうするのかをはっきり説明できなかった。努力せずにここまでやってこられたんだ。どこまでいけるかやってみてもいいんじゃないかと私は自分に言い聞かせた。ＵＣＬＡでは、私よりも知的に優れた同級生や、まったくかけ離れて聡明なばかりか、私のうぬぼれや偽善を指摘して人前で私に恥をかかせることをなんとも思わない威圧的な教授に恵まれた。その天罰は、私に必要なものだった。26歳で、ようやく私はUCLAの博士号はたんに受け取るのではなく、努力して勝ち取らなくてはいけないことを学んだ。意図せざる母の刷り込みの結果を克服するには、それほどの年月を要したのだった。

私たちはみな、親から何らかの形で刷り込みをされている。ママやパパがそうしないことはない（たいていが、よかれと思ってすることだ）。彼らは私たちの信念、社会的価値、他人をどう扱うか、対人関係でどう接するか、さらには、応援するスポーツチームに至るまで刷り込んでいく。なによりも、彼らは私たちにセルフイメージを刷り込む。ハイハイする、歩く、話すといったことができるようになるずっと前、ゆりかごの中にいる頃から、科学捜査をするように私たちの行動を見て、私たちの才能、可能性のヒントを得ようとする。兄弟姉妹がいるとこれは顕著になる。やがて、十分な「証拠」をもとに、親は細かくきっちりと区別していく。頭のいい子、可愛い子、強い子、性格のよい子、責任感の強い子。多くの中から何かしら当てはめていく。無意識のうちに微妙な違いを消して原型に納めようとする。

気を付けないと、その刷り込みを受け入れるだけでなく、私たちはそれに行動を当てはめるようになってしまう。賢い子は専門知識ではなく自分の賢さに頼るようになる。可愛い子は自分のルックスに頼るようになり、強い子は説得よりも力に頼る。素直な子はすぐに黙従してしまうようになり、責任感の強い子は義務と感じて必要以上に犠牲を払うようになる。

愛する人によって成長期に刷り込みをされて決定的な部分が作られてしまったら、私たちは

誰の人生を生きていることになるのだろう？

有難いことに、私たちは望むときに、刷り込みを外す権利がある。刷り込みはそれが人生を阻むものになるときにだけ問題となる。キャリアをガラッと変える、ヘアースタイルを変えるなど、何か新しいことを試そうと考えるが、「私は××がうまかった試しがないからなあ」とか「私らしくない」と言ってそれを止めてしまう。私たち（あるいは誰か）がその言い訳の正当性に「誰がそう言ったんだ？」と疑問を投げかけるまで、金科玉条として受け入れていた信念を無理やり変えることは想像できない。刷り込みの最大のインパクトは、それを拒絶する必要性があることから巧みに目をそらせてしまうことだ。

3 義務感があなたをダメにする

1989年のロン・ハワードの映画「バックマン家の人々」の心が痛む場面をご存知かもしれない。窮地に立った3人の子の父、ギル・バックマンをスティーブ・マーティンが演じ、メアリー・スティーンバージェンが穏やかに彼を受け入れる妻、カレンを演じた。映画の後半で、彼らの長男、ケビンが心の問題を抱え、ギルは嫌っていた仕事を辞め、カレンは思いがけず4人目の子供を身ごもっていることを知る。新たに生じた状況についてピリピリと会話をしている最中に、ギルは息子のリトル・リーグの「最下位にある」チームをコーチするために出かけようとする。カレンは尋ねる。「あなた、ほんとうに行かなくちゃいけないの？」。ドアに半分身を出したギルは、彼女を振り返り、狂気を帯びた顔で吐き出すように言う。

「僕の人生は『しなくちゃいけない』の塊だ」

義務のよいところは、暗黙のものであれ、はっきり明示されたものであれ、他人との約束を守るようにさせるところだ。義務の悲惨なところは、自分でこうしようと決めていたことに反することが多い点だ。そのようなとき、必要以上に過剰反応する傾向があり、無私無欲となるか、利己的になるかのいずれか両極端を選び、自分を、あるいは、頼りにしてくれている人をがっかりさせてしまう。義務によって、私たちは責任に優先順位を付けざるを得なくなる。それはグレーな領域で、指針となる基準がほとんどない。あるのは行動規範と「正しいことをしなさい」ということだけだ。私の経験では、義務の扱い方にルールはない。それぞれの状況は異なる。

ときには、無私無欲になることは適切で高潔なことだ。もっとエキサイティングなキャリアを追求する代わりに家業に入る。家族の生活費を稼ぐために26歳で退屈な、あるいはいやな仕事を続ける。キャリアを伸ばすのによい職だが、家族を別の都市に移したくないので、断る。大切な人のために義務を果たすことには充足感がある。

とはいうものの、他の人がどう考えようと、自分のことを優先して考えてもよい時がある。

犠牲や妥協は、悩ましいことでありコストのかかることでもある。容易にできることではないが、立派な、そして絶対に必要なことである。著名なジャーナリスト、ハーバート・ベイヤード・スウォープ（1917年、報道で第1回ピュリツァー賞を受賞）は、こう言った。

「必ず成功する方程式は教えられません。ですが、必ず失敗する方程式なら教えてさしあげられます。いつもすべての人を喜ばせようとすることです」

4 想像できずに苦しむ

こういう生き方をしたいと思う2つか3つのちゃんとしたアイデアがあり、その中から選ぼうとして混乱するのはまっとうなことだ。一方、2つや3つどころか、1つすら自分の行く道を想像できない人もいる。

かつて私は、創造性というのは2つのやや異なるアイデアを組み合わせて何か独創的なものを作ることだと思っていた。AとBを加えてDにする。たとえば、ロブスターとステーキを一緒の皿に盛って「海と山の幸」と呼ぶようなことだ。すると、ある著名なアーティストが私のハードルは低すぎると言った。創造性というのは、AとFとLを組み合わせてZにするようなことだと彼は言う。パーツがかけ離れていればいるほど、それを1つにするには大きな想像力が必要になる。ごくごく一部の人しか、AとFとLでZにする創造性を持ち合わせていない。AとBでDを作り出す創造性を持つ人は多少いる。そして悲しいことに、AとBが1つところに置かれることを想像すらできない人もいる。

本書を読んでいるのは、自己改善に好奇心のある証拠だ。好奇心は、想像力を掻き立て何か新しいことを描く前段階だ。アメリカ人の3割は大学を卒業している。あなたがその1人なら、10代のときに、自分のアイデンティティを切り替え、新しい自分になり、世界で居場所を得る確率を高めようとするのはどんな気持ちか、味わったことだろう。新たな門出をどう想像するか知っているだろう。ピュリツァー賞を受賞した小説家、リチャード・ルッソは『追憶の街 エンパイア・フォールズ』の著者だが、大学時代を思い出してこう書いている。「大学は結局のところ自分を作り直す場所だ。過去のつながりを断ち切り、年上の人から止められていたがいつもこうなりたいと望んでいた人物になろうとすることだ」。ルッソは大学を証人保護プログラムと比較している。「双方とも新たなアイデンティティを1つか2つ試す場所である。大学も証人保護プログラムも、入る前と同じ人間だとすぐにわかる状態でそこから出ていくのは、趣旨に合わないだけでなく、ものすごく危険だ」

高校3年生の頃を思い出してほしい。大学進学を決めた時、自分の将来を生まれて初めてコントロールしたような気になったんじゃないか。そのプロセスは進路カウンセラー、テスト会社、大学入試担当者（両親は言うに及ばず）にきっちり作られているものの、18歳で自分が主役になった気分だったのではないか？　自分の強みと弱みを評価する。学校選択のために基本的な質問に答えようとする。家からどのくらい離れているか、規模、評判、入試の難易度、ソーシャルライフ、気候、学資援助の制度その他の要因を見る。何校受験するかを決める。入試のためのエッセイを書き、推薦状を確保する。そして決定を待つ。第三志望や第四志望の学校が第一志望の学校よりもよい学資援助を提供してきたら、学費問題をローンとアルバイトで解決するか、お金を取ってあまり魅力のない学校を選ぶかを決める。*

高校時代にマドンナだった、クラスでひょうきん者だった、資産家のお嬢様だった、頭のいいオタクだったなどであっても、大学に合格し入学すると、大学は思春期時代を消し去り、新たな1ページを書くチャンスだと気づく。ルッソが言うように、4年前の大学入学時の自分と、卒業時の自分とを比較すれば、自分の大学時代が成功だったか失敗だったかを正確に見ることができる。一度やったことなら、またできるはずだ。

*最悪の場合、不幸が重なり志望校すべてに落ちて滑り止めの大学だけに受かったとしよう。選択肢が1つだけという「悲劇」を受け入れ、すぐに折り合いをつけることができると学ぶことだろう。逆境にあってもベストを尽くすことを学び、選択の余地がない困難な状況に直面しても、その状況に適応し、対処する解決策を見出す能力を初めて知ることになるだろう。これは第4章で詳しく見ることにしよう。

5 変化のペースに息切れしている

もし、社会について重要な主張をするのが私の仕事の一部なら（そうではないが）、私は自信をもってこう言いたい――シンギュラリティ大学のロブ・ネイルに学んだことだ。

今日経験している変化のペースは、今後体験するであろう変化に比べれば、もっともスローなペースだ。

つまり、今日はスローで明日は早い。「急ぎ」のプロジェクトが終われば、子供たちが大きくなって家庭生活での負担が少なくなったらなど、どんな状況であれ、近い将来、人生のペースやスピードがもっとリラックスした穏やかなものになると思っているのなら、無意味なノスタルジーに浸って自分を欺いているだけだ。そうはならない。あなたもあなたの仕事仲間も、急ぎのプロジェクトが終わっても、すぐにリラックスすることはない。次の緊急対応の仕事が出てくるだろう（賭けてもいい）。そして「急ぎのペース」がニューノーマルとなるだろう。家庭でのバタバタも同じことだ。子供が大きくなって家を出ても、穏やかになることはない。回転が止まらない車のようなものだ。いつだって、すぐさま対応しなければいけない何かが出てくる。

ある日、私は空港に行こうとしてマンハッタンでタクシーを停めた。運転手はミッドタウンをゆっくりと運転し、時速20マイルを上回ることがなかった。街中を出て時速55マイルの道に出ると、運転手は35マイルに加速した。もう少し速く走れないかと彼に言うと、彼は断った。「この速度がいちばん速く走る限界だ」と彼は言った。「なんなら、停まって、ここでアンタを降ろしてもいいよ」。彼は違う時代に運転を習った人のように思えた。車はずっと性能が向上し、道路はずっとよくなり、乗客は急ぐようになっているのを彼は気づいていないかのようだった。

早まる変化のペースに適応できないと、想像力の欠如と同様、大きな支障になる。身の回りで何が起きているのか理解できない。追いついていけないと、息切れして後れを取ってしまう。後れを取ると、他の人たちの過去に生きることになる。

6　私たちは身代わりの生活に麻痺させられている

マーク・ターセックに、自分の人生を始めるべきだと食って掛かるように言ったが、「なんで誰か他人の人生を生きているんだ？」と聞くこともできただろう。それはコインの表裏一体をなすもので、**「なりすましの人生」**として知られる。この20年間見てきて、もっとも注意を要する魂を吸い取られるような動きだ。ソーシャル・メディアをはじめとするさまざまなテクノロジーで注意を逸らされ、自分自身の人生ではなく他人の人生を通して生きる機会がふんだんに出てきた。知らない人のソーシャル・メディアでの見せかけの姿に感心してしまったりする。相手は自分が気にするほど注意を払っていないかもしれないのに、相手にすごいと思ってもらいたくて見せかけの姿で切り返したりする。なりすましの人生で実に馬鹿げたことだが、ビデオゲームから卒業し（それ自体実際の人生のシミュレーションだ）、私たちは、私たちのお気に入りのビデオゲームをプロゲーマーが戦うのをお金を出して観るようになった。さらには自分の目で観るのではなく、観戦している人を観るようになった。

テクノロジー漬けで、フェイスブック、X、インスタグラムが作り出す短期的なドーパミンによって動かされるフィードバックのループが、長期の目標や充足感に取って代わってしまった。これは健全ではない。世の中のペースの変化と同様に、この社会的な問題が今後しばらくスローダウンするようには思えない。抵抗し難いソーシャル・メディアのツールを多くの人が突然使わないようにはならないからだ。私たちができることは、1人ずつ、なりすましの人生の影響度をコントロールするくらいだ。

このなりすましの人生の傾向で、注意散漫の度合いが高まるダメージが出てきた。やらなくちゃいけないとわかっていることに集中する代わりに、T・S・エリオットの不滅のフレーズ、

「注意散漫によって、注意散漫から注意を逸らす」ことになる。ソーシャル・メディアだけが悪いわけではない。私たちの世界はすべて注意散漫を作り出すエンジンになっている。暖かな陽射し、テレビの野球放映、ラジオのニュース速報、電話、ドアのノック、家族の緊急の用事、突然ドーナツがどうしても食べたくなる。誰でも、何でも、やらなければいけないことから私たちの注意を逸らしてしまう。そして、他の人がしてもらいたいということをするようになってしまう。それも自分自身の人生を送っていないという定義に当てはまる。

7 滑走路から外れてしまう

友達がジョーという男の話をしてくれた。彼は脚本家になりたいと思っていたが、20代半ばで、ほんとうはワインに情熱を傾けたいのだと気づいた。そこでジョーは方針を切り替えて、ワインについて書くことにした。彼はワインのテイスティングをしてワインについて学び、それを書くことでお金を稼いだ。原稿料の一部は自分のためのワイン購入に回した。彼が始めたのは1970年代後半で、億万長者向け高級ワインの価格が高騰するはるか前のことだった。彼は先んじて始めたから、ジャーナリストとしてのささやかな給料でも1万5000本のワインを収集することができた。それはワイン業界で羨望の的だった。彼は希少なワインでも気前がよく、けちけちしなかった。ジョー夫妻を自宅のディナーに招くと、彼はワインを持っていこうかと言う。ノーと言うなんてありえない。

一流ワイナリーは生産本数の限定された新しいビンテージが出ると、少数の専門家に事前販売の案内を出す。ジョーもそのリストに入っていた。60代半ばに達した頃、ジョーはイタリアの著名ワイナリーの1つ、アンジェロ・ガヤから事前販売の案内を受け取った。ジョーは計算して、その年ガヤが売り出すワインが飲み頃になるのは、彼が90代もだいぶ過ぎてからのことだと気づいた。そこで彼は心を痛めながら、シニョール・ガヤに電話をした。そして同じことを他のワイナリーにも電話して、彼をリストから外してほしいと依頼した。彼は一生飲めるだけのワインをセラーに持っていた。ワイン収集家として、ジョーにはもはやランウエイ（滑走路）がなくなった。

「ランウエイ」というのは、運命を達成するために与えられた時間だ。一流のスポーツ選手、ファッションモデル、バレエダンサーなど肉体的な能力や美しさに依存する「パフォーマー」は、時間とともにそれが失われていくので、ジョーと同じように自分のランウエイを正確に計算する。多くの政治家――たとえば大統領、50州の内36人の州知事――には多選制限があるから、自分がしたいと思っていることを達成するのに残された時間を1日単位で見られる。アーティスト、医者、科学者、投資家、教師、作家、企業経営者など頭脳労働者は、能力とやる気がある間ランウエイは続くと想定する。それ以外の人はランウエイを計算するとか、それが終わったときのことを考えるのに十分な情報を持たない。

ランウエイが大きな障害となるときが2回ある。若いときには、ランウエイを過大評価する傾向がある。お金はあまりないかもしれないが、時間は無限にあるように思われるから、切迫感がない。もっと魅力的な、夢のような選択肢を試そうとして、「ほんとうの人生」を始めるのを引き延ばしてしまう。いわゆるモラトリアムの時間がある。何も決めない、何もしない時間が1年を超えて、「モラトリアムの10年」さらには「モラトリアムの人生」にならなければそれは悪いことではない。

もう一方の極は、年を取ったときのケースで、もっと不愉快なものだ。次の夢を実現させるには十分な時間がないと愚かにも信じてしまう。もう年でダメだ。私の顧客でＣＥＯのポジションにある人が「引退の年齢」に近づくと、こうなるのをしょっちゅう見ている。物質的な成功には関心がなくなる。彼らは一歩踏み出し、次の世代にリーダーシップのバトンを喜んで渡そうとする。いまだに自分の人生に意義と目的を求めるが、彼らの過去、現在そして将来（第5章参照）の重要性を悲劇的にも誤解してしまい、年齢のせいで新たなスタートを切るチャンスを閉ざしてしまう。もっと若い候補者がたくさんいるのに、65歳の年寄りを採用したり、投資しようとしたりする人は誰もいないと考える。* 壊れた時計を見つめて、彼らの時間は止まって

＊まったく間違っているわけではない。人は、確実によいものよりも、新しいものを選択する傾向がある。

しまったと固く思い込んでしまう。

大人は、自分のランウエイを25歳から75歳、さらに先の年齢まで、何歳であろうと誤って計算してしまう。3年間ロースクールで学び、法律事務所で出世階段を5、6年昇った後、法律は自分に向いていないと悟った30歳の人を何人か知っている。21世紀の大手法律事務所に働く若い弁護士の間でよくあることだ。ゼロからキャリアを改めて築いていかなくてはならないと考えると身動きが取れなくなり、若い弁護士は三様の形で悩む。第一は、(つまりは自分が退屈だと思う仕事から逃がれようとしているのだから) ほんとうはラッキーなことなのに、早くに失望したことを悲劇と捉える。第二は、次のステップを想像することができない。第三は、人生の3分の2が残されていて有難い、と思わない。それは長いランウエイだ。人によっては怖気づくほどの長さだ。それは命綱だと言いたい。

両親の影響、義務感、想像力の欠如による思考停止、仲間からのプレッシャー、十分な時間がない、惰性から生じる現状維持への強い思い。こういったことが、新しい道に憧れを持ちながらも、最初の一歩を踏み出せずに同じところに踏みとどまる障害として繰り返し現れる。だが、こういった障害は一時的なもので、脇に置いて前に進むことができる。永遠に続く悪質な条件ではないし、書き換えたり置き換えたりすることのできない信念ではない。

それを埋め合わせて道を見つける特性が私たちにはある。それほど謎めいたものではない。

やる気、能力、理解力、自信といった潜在的な力で、私たちみんなの内に備わっているものだ。それは、ぴったりの条件のもとで呼び覚まされるのを待っている。こういったものが私たちの可能性を形作るビルディング・ブロックの構成要素だ。私たちは、時折自分のためにそれをどう展開していくのか思い出す必要がある。

演習

刷り込みを中断させよう

これは、あなたがどんな刷り込みをされているか理解するための演習だ。あなたは6歳だと想像するように。あなたの両親が仲のよい友達を自宅に招待した。ディナーの後、あなたがもう寝室で寝ていると思い、1人が、あなたはどういう子かと尋ねる。両親が率直なところを話すと想定しよう。

・6歳のあなたを表すのに、両親が使ったと思う形容詞を列記するように。
・今日、自分自身をどう言い表すか、形容詞を列記するように。
・何が変わっただろう？　どのようにして変わったのか？　なぜ変わったのか？

この演習から、これからの人生を計画するのに役立つことを学べたかな？

第3章 自分の人生を築いていくためのチェックリスト

1976年、27歳のとき、人が成功するために必要な認知的特性と感情的特性として、モチベーション、能力、理解、自信の4つを取り上げて、以下のように定義して博士論文を書いた。

・**モチベーション**とは、毎朝ベッドから起き出し、ある目的を達成しようとさせる力であり、挫折や失敗に直面してもその力を維持させるものだ。

・**能力**とは、目的達成のために必要な能力やスキルを持つことだ。

・**理解**とは、何を、どのようにするかを知っていること、そして何をしないかを知っていることだ。

・**自信**とは、以前にしたことがあるか初めての取り組みかにかかわらず、始めたことを実際に達成できると信じることだ。

この4つの特性はいまだに必須の成功要因だ（「ふん、何をいまさら」と思うかもしれないが、そんなことはない）。このうちの1つでも取り除けば失敗する確率は劇的に増加する。

また、重要なことだが、これらはタスクに特有なものだ。人生に一般的に当てはまるものではない。

たとえば、モチベーションのある人というのは存在しない。すべてのことにモチベーションを持つ人はいない。あることにはモチベーションを持つが、他のことには持たない。同じことが能力、理解、自信にも言える。どれもタスクを対象にしたものだ。私たちは誰もすべてのことができるわけでも、すべてのことを知っているわけでも、すべてのことに自信があるわけでもない。

それが1976年、私が27歳のときに主張したことだ。だが、40年間エグゼクティブ・コーチとしてビジネスの世界に身を置いてわかったのだが、この4つの特性がすべてを語るわけではない。私の論文は間違っていたとは言わないが、完全ではなかった。時が経ち、成功は強い願望、才能、知性、自信だけでは決まらないことを私は学んだ。サポートが必要だし、特定のタスクや目的を受け入れる市場が必要だということがわかった。

もちろん、成功の確率を高めるのに役立つ個人の特性が多くあるのは確かだ。たとえば、創造性、自制心、立ち直る力、他人に共感する力、ユーモア、感謝の念、教育、タイミング、人に好かれる性格などなどだ。だが、私のところにキャリアの大きな決断のアドバイスを求めてやってくるクライアントには、職に留まるか離れるか、新しい仕事が適合するかどうか、次に何をすべきかなど、何にせよ、次の6つのことを考慮したか必ず聞く。若くても年がいってても同じだ。よい答えが出てこなければ、次のステップに進めない。医者が定期健康診断を始めるときに心拍数と血圧を測るのと同じくらい基本的なものだ。

1 モチベーション

モチベーションは、自分が選んだタスクで成功しようとする理由だ。「なぜ」何かをするのかということだ。1979年8月、ジミー・カーター大統領が再選に立候補したとき、テッド・ケネディが対抗馬に名乗りを上げた。自分と同じ党の現職大統領と争う予備選は滅多にないのだが、当時ケネディは不人気なカーターを負かせるとして非常に人気が高かった。有名な政治記者のロジャー・マッドがインタビュアーを務めたCBSテレビの特別番組で、ケネディは予備選への立候補を表明し、多くの視聴者がその様子を目撃した。マッドはまったくつまらない質問から始めた。「なぜ、大統領になりたいのですか？」。ケネディは不名誉にもしくじった。しどろもどろの一貫性のない回答で、彼に投票しようとする気を失わせた。選挙戦は始まる前に終わってしまった。

そのインタビューを見ていた何百万人ものアメリカ人と同様、私も「大統領になるのは政界で最高の地位に就きたいという個人的な野望を満足させるというだけでは十分じゃないんだ。なぜ大統領になりたいかを話すのなら、それによって何を成し遂げたいのか具体的な話をしなくちゃだめだ。道路を造る、おなかをすかせた子供に食事を与える、金利を下げる（その年、金利は18％あたりにあった）とか」と思った。**なぜ**大統領になりたいのか、ホワイトハウスに移ったら、**どうやって**それを実現するのか、ケネディの口からは聞けなかった。

モチベーション、つまりやる気は、私たちを目的達成に走らせるハイオクガソリンではあるが、目的達成に必要な具体的タスクの実行と切り離しては考えられない。目的達成の用語の中で、モチベーションは誤解され、誤用されることが多い。人が自分のことや、尊敬する人のことを「成功しようとやる気になっている」とか「よい上司（あるいは、よい教師、父、パートナー、あるいはもっと広範な役割）になろうとやる気になっている」と話すことがよくある。そういうときに、「やる気がある」というのは意味がない。**「成功しないようにするやる気がある」**とか**「悪**

い上司になるやる気がある」という人を私は知らない。やる気は、欲望と混乱されている。「成功したい」「いい上司になりたい」と言えばいいことだ。そうなりたくない人はいるだろうか？

やる気があるということは、たんに目標を持ち、ものすごく気持ちが高まっているというものではない。気持ちが高まっているのと**同時に**、その目標を達成するのに求められる具体的なタスクを1つひとつ行おうとする**ものすごく強い衝動**が必要だ。お金を儲ける、減量する、中国語に堪能になるなどにやる気があるというのは誤った言い方だ。その目標を達成するのに大なり小なり必要なことを一貫して行っていない限り、そう思ったとしても、正しくはない。

やる気がほんとうにあるかどうかは、証拠の裏付けを見ればいい。マラソンを3時間以内で走りたいと思ったとしよう。そのような身体的に厳しい達成を行うのに必要なタスクをする気があるだろうか？　1週間に6日朝早く起きて目標走行距離を達成する。成果を最大化させるために食事の内容を変える、怪我をしないようにジムで何時間も使って強靭さと柔軟性を身に付けるようにする、身体が休息を求めるシグナルを出したら1日休んで回復するように常識を振り絞る。そういったことをするやる気があるか？

さもなければ、「やる気がある」というのは甘すぎる。

成功している人がさらによくなるお手伝いをするコーチとして、モチベーションが本物かどうかを判断するのは私の仕事ではない。私の仕事は彼らの決意を不動のものにすることだ。私たちの人生は曖昧なモチベーションでいっぱいだ。お金、名声、昇進、賞、栄誉といった見返りは、さらに一生懸命やる気にさせるか、「これだけのことか？・」と自問自答させるか、いずれかだ。愛する人に対する責任は、義務を果たして自分を誇りに思うか、犠牲にしなければならないことを考えて苦々しい思いになるかのいずれかだ。自信過剰、希望的観測も期待を上回るようにさせる力がある（つねに意外な結果を喜ぶことになる）。あるいは自分の馬鹿げた行動に当惑する（「何を考えていたんだろう！」）。どちらが悪いとか、まっとうなことだとか、私の立場からは言えない。

自分のモチベーションを誤解して、達成させようという気持ちを過大評価することは、自分の人生を築こうとするときによく出会う決定的な過ちだ。ほんとうのモチベーションを見つけたら、回避可能ではあるが、他にもいくつか過ちの起こることを予期しておく必要がある。

モチベーションは戦略であり、戦術ではない。動機によって、私たちはある一定の行動を取る。**モチベーション**は、その行動を継続する理由だ。それは、陽がさんさんと注ぐ午後、エネルギーを持て余して衝動的に走るのと、身体を鍛えたいとか、健康のため、あるいはレースに備えて、1週間に6日間、何カ月も走るのとの違いだ。やる気をはっきり捉えるには、リスク、不安感、拒絶、困難などから考えて長期的に維持可能かどうかを測ればいい。2つの質問をしよう。過去、逆境にあってどう対応したか？　今回はその時とは違うか？

モチベーションは1つ以上あってもいい。アメリカの優れた作家、ジョイス・キャロル・オーツは、「これが私の信じるもの」という随筆の中で、書く理由を1つならず、5つ載せている。

（1）**記念碑**（「私が住んだ世界の一部を記念に残す」）、（2）大半の人にはできないから、私が**証言する**、（3）大人の世界で求められる妥協に抵抗して「とどまる」ための**自己表現**、（4）私の性格に「同情を掻き立てる」ための**宣伝活動**（あるいは「戒め」）、そして（5）本という**美的な対象物**への愛情。その内の1つが欠けても、他にやる気を起こさせるものがあるから書き続ける。成功した人たちは2つ以上の相反する考えを同時に抱えていることがある。同じことがあなたのモチベーションにも言える。

惰性はモチベーションではない。フロリダでほぼ毎日ゴルフをするリタイアした人たち。彼らはゴルフが好きなのか、ハンディキャップの数を下げようという強い願望があるから、とてつもなく広い芝の上でちっぽけな白いボールを打って何時間も過ごそうとするのか？ あるいは、他にもっとよい時間の過ごし方があると思わず、惰性でしているのか？ もし、毎日同じように過ごしているのなら、同じ質問をしてみるといい。私は充足感を得られるので今の生活を選んだのか、あるいは他にすることを考えられないからやっているのか？ 正直に答えることがとても大事なのだが、たぶん辛すぎてできないだろう。

さて、1つのモチベーションにフォーカスするにはどうすればよいのだろう？ 私の経験から、普遍的、基本的な、自分の人生を築きたいという願望を明確にすることを保証するモチベーションが少なくとも1つはある。それは、**私は充足感を増し、後悔を最小限にするような人生を生きたいというモチベーションだ**。

2 能力

能力とは、選んだタスクで成功するために必要なスキルのレベルを指す。何がうまくできて、何ができないかを弁（わきま）えたうえで、限界まで頑張りたいと思って能力を超えるタスクを引き受けるのが理想だ。そうしなければ、優れたスキルを持つ得意分野に留まってしまう。他人より際立って優れたスキルがあれば、それはモチベーションと一体となるべきだ。何か秀でていることにモチベーションを持ち続けることは問題にはなりえないはずなのだが、そうではないのだ。

友人のサニン・シアンは、デューク大学のリーダーシップと倫理に関するコーチKセンター共同創設者であり、所長だ。私たちには、当たり前と思っているスキルが少なくとも1つはあり、それが他の人にはとても大変なことだとわかると面食らうと彼女は言う。彼女はこのことを「専門性の負債」と呼ぶ。完璧な投球。神業のような眼・手協調運動。飛ぶように走る足の速さ。一度聞いただけで、ケンドリック・ラマーの歌を一語一句そらんじることができる。そのような才能は負債だとサニンは言う。本人にとっては、簡単にできてしまうからだ。その結果、しっかり努力して手に入れたと感じず、特別なことなのに割り引いて考えてしまう。超能力を持っているのに一度も使わないようなものだ。

これは懸念材料だ。自分にとって簡単にできることを活用できなければ、他に何ができるだろう？ 自分の能力がもっとも活かされる領域ではなく、さほど特別ではない平凡な能力しか出せないところでキャリアを築く？ それもまたお勧めしない。

だが、それは、「能力」をあまりに狭く定義している。一方の極では、驚くほどの才能に恵まれているとし、もう一方の極では、仕事をするのに最低限のスキルしか持たないように定義している。気性、根気強さ、説得力、平静さといった感情や心理的要因なども能力には等しく重要な役割を果たす。たとえば、拒絶にあったときにうまく対応できるかどうかが営業員や俳優には必須のスキルで、いかに営業トークで弁が立ち、感動的なセリフを言えたとしてもそれは十分ではない。癌専門医は研究室でテストをし、癌治療の手法が効果的であるかどうかを何十年も費やして実証しようとするが、その努力でブレイクスルーが達成できるかどうかの保証はない。生化学の専門性ではなく、何度繰り返し失敗しても雄々しく挑戦を続ける能力。それが治療法を見つける能力なのだ。小説家になりたいと思ったなら、筋書き、登場人物の性格、会話を生み出すために、毎日ひとり机に向かわなければならない。孤独を厭わないから毎朝机に向かうことができる。

私の母は1950年代から70年代にかけて、ケンタッキー州の田舎で小学校の教師をしていた。彼女は達成、努力、態度の3つのカテゴリーで生徒の通信簿にアルファベットで成績を記入した。出席率を書く欄も隣りにあった。当時の教育者は、生徒の能力はテストで正しい解答をするのにとどまらないことを知っていたように思う。挑戦する、品行方正である、授業に出席する。そういったことも重要視していた。大人になってからもあまり変わりはない。能力は単一の才能ではない。スキルと性格特性のポートフォリオであり、こういう人生を送りたいと思う人生に合致したものでなければならない。

3 理解

理解とは、何を、どのようにするかを知っていることだ。集団行動を取り上げた博士論文の中で私は、理解とは、序列・階級のプリズムを通してみた役割を認知することであるとした。人は、ヒエラルキーの中で役割を理解するのか？ たとえば、あなたはエンジニアで、同じ部署のエンジニアとほぼ同じ能力を持っているとしよう。他の人と同様、あなたも大きなマシンの1つの歯車だ。50年前のそのような状況下の組織行動研究では、「マシンの中で、役割から外れることなく、割り当てられた仕事をすることを知っている」ことが「理解している」ということであった。あなたと上司との間で、責任について**誤解がない**。あなたは自分の車線内で運転する。救急処置室の医師とか警官とか、勤務時間中に多くの役割を果たさなくてはならない場合には、その車線はもっと複雑で、もっと込み入っているかもしれない。だが有能な救急救命医は苦痛を緩和させ損傷の手当をすることが役割だと理解している。有能な警官は人の安全を保つことが役割だと理解している。彼らもまた自分たちの車線の内に留まっている。

　対人関係スキルを改善するためにエグゼクティブと個別に仕事をするようになって、私の見方は変わった。役割が重要であることに変わりはないが、いわゆる「ソフト」な特質も重要であることに気づいた。タイミング、感謝の念、思いやり、相手の話をよく聞く、そして何よりも大切なことだが、黄金律を信頼することだ。こういったものが、いかなる状況でも私たちを導いてくれる。自分の人生を築こうと追求することも当然含まれる。これを認識するには、ささやかながら苦痛な教えを受けることが必要だった。

　私はある生命保険会社から、主要幹部を集めた夕食会で講演する招待を受けた。私はその場の聴衆のことをまったく誤解していた。深刻な痛手を受けて苦しんでいた会社に対して、私はおどけた話ばかりしてしまった。

　話し終った後、ＣＥＯは、彼も彼の部下もみな気分を害したと話してくれた。その夜のイベントは彼にとって失望に終わった（そして彼の批判を聞くのはひどく辛いことだった）。もちろん、すべて私の落ち度だった。私は私の役割を誤解していた。私は、教える人であり、またエンタテイナーだと誤解していたが、実際には私は会社のゲストだったのだ。それが私の役割だった。私は、泥まみれの靴で彼らの家に上がり込んだようなものだった。

　事態を収拾するには、ソフト面での対応が求められた。この場合には、私の恥ずかしい思いなどではなく、ＣＥＯの失望にフォーカスし、現状を明確に観察することが必要だった。その夕方、会場の空気を読んだときよりはるかにうまく、私の目の前に立つＣＥＯの気持ちを読む必要があった。次回無料で講演することを考えたが、私のその日の出来栄えを見て、ＣＥＯは次回を考える気分ではなかった。何もせず時が解決してくれることを願うことも考えた。だが、その瞬間、顧客のことだけを考えてすぐさま事態を収拾しようとすれば顧客はどんな問題でも許してくれるという自明の理を思い出した。黄金律が動き出した瞬間だ。逆の立場に立ち、私が失望したＣＥＯだったら何を期待するだろう？　何をすればよいのかがわかった。講演料は極めて高く、人によってはその人の年収ほどにもなるのだが、私はＣＥＯに「今回は無料にいたします」と話した。数日後小切手が届くと、私は謝罪の手紙と一緒にそれを彼に送り返した。妥当な形で収拾する必要があった。彼よりも私のほうがそれを必要としていた。

理解するとは、「よい」と「十分にはよくない」との違いを知ることだ。そしていかなるときも、「よい」か「十分にはよくない」かのいずれかになることを受け入れることだ。

4　自信

自信は、成功できるという信念だ。研修、反復、着実な改善、一連の成功体験というはっきりとしない魔法で自信を得る。それらのものは、相互によい影響を与えあう。たとえば人前で話すなどの困難な課題を上手に克服した経験があれば自信を感じられる。自信の源としてそれほど認められていないが、他の人にはない特別なスキルを持つことも挙げられる。マラソンをする友達がいる。彼は一流選手というわけではないが、きちんとトレーニングをしていて、アマチュア・ランナーがレースで一目置く人だ。目的達成のために1週間に何マイル走るのか彼に聞いたことがある。「走る距離じゃないんだよ」と彼は言った。「誰よりも早く走れるという自信がつくスピードを出すことなんだ。スピードが自信をつけてくれる。自信がつくと、もっとスピードを出すことができる」

スキルを必要とするゴルフや野球のようなスポーツでは、自信が絶対不可欠だというのは聞いていた。自信を失い、一夜にしてフェアウエーがわからなくなったり、カーブが投げられなくなったりした選手などの話がスポーツの歴史には数多く出てくる。だが、長距離走はアスリートのスキルよりも、持久力で馬鹿力を出す訓練をするものだと思っていたので、自信が重要だとは考えたことがなかった。だが、友人のポイントはもっともだ。スピードが出せて、思いのままにスピードを出せると信じたら、もっとスピードが出せて、それがもっと自信を生み出し、という好循環を生み出す。

それが自信の素敵なところだ。自分の長所や自分が選択したことが自信を作り、それがさらに強くなるようにしてくれる。一般論だが、モチベーション、能力、理解があっても自信がないとなったら、それは不幸な、申し開きのできないことだと思う。自信を持ってしかるべきなのだから。

5 サポート

サポートは成功に必要な外部の手助けだ。騎兵隊のようにあなたを救いにやってきてくれる。それには3つある。

組織から得られるサポートがある。お金、設備機器、オフィススペースなど貴重なリソースだと思うものを得られる。限られたリソースしか持たない組織だとこのようなサポートは容易に得られない。パイの分け前は自分で勝ち取らなくてはならない。

方向性の示唆、コーチング、指導、エンパワーメント、自信構築などで、**個人**がサポートしてくれる場合がある。先生、メンター、上司、あるいはあなたを気に入ってくれている誰か権限を持つ人などがサポーターになる。権限のある人がサポーターになってくれれば、それはキャリアで最高の幸運だと私は思う（だが、幸運だと有難く思わなければだめだ）。大手法律事務所の雇用慣行を破って35歳未満でパートナーになった最年少パートナーに、なぜなれたのかと尋ねたことがある。「前の事務所を辞めたのは、上司が私にとても敵対的だったからです。ここの上司は、逆でした。彼は初日に、5年でリタイアする計画で私を後継者にするつもりだと話してくれました。彼の言う通りにして、彼の後継者になれなかったら、それは私のせいです。彼のサポートでたいへん助かりました」

集団がサポートしてくれることもある。サポートグループでおもしろいのは、目標達成に必要なのに、私たちがなかなかそれを認めようとしない点だ。成功に貢献した最大のものは、モチベーション、能力、理解、自信だと考えていれば、否定したくなる気持ちもわかる。外の世界の影響を無視し、独演者のように、ひとり静かにモチベーション、能力、理解、自信を育む。自分の人生を築くという意味でも納得できることだ。昇給であれ、敬意であれ、あるいは人生そのものであれ、何かを自分で築くというのは、自分ひとりがすることだと暗に言っているように思われる。誰の手も借りずにできたから、よけい輝かしい、名誉なもののように思われる。

それは、妄想だ。私たちは誰もが手助けを必要とする。その事実を受け入れることは、英知であって、弱さのサインではない。そのように考えて行動することは必要不可欠なスキルだ。独立して働いていたり、フリーランサーだったりする場合には特にそう言える。企業、政府、非営利企業などの組織の場合、サポートグループはインフラの中に組み込まれている。CEOには取締役がいる。マネジャーには週次定例会議がある。サポート・スタッフは自分でやるしかないから、本能的に小さな集団を作って、互いにサポートしあう。フィードバック、アイデア、チアリーダーは、欲しい時にはいつでもいる。会社生活から逃れて独立して仕事を始めた人は、大きな組織の「仲間」がいなくて寂しいと言うが、それはサポートがいなくて寂しいと認めているのだ。

すごい成功を遂げた人たちのそれほど聞こえが悪くない秘密を話そう。私の知る極めて聡明な成功者は、熱心にサポートグループを築き、ものすごくグループの助けに頼る（そして、それをためらわずに認める）。私はそういった人をコーチングしているので知っている。彼らのサポートグループの一員になるのは私の仕事の一部だ。彼らは組織の壁を越えて相談したり慰めを求めたりする。アドバイスを活用し、それを成功に直接結びつけるのはよくあることだ。サポートグループは、何かをもっと円滑に迅速にさせる高速ギアのようなものだ。それがうまく使えるのだったら、使わない手はない。

サポートグループには誰がいてもいい。家族が1人、2人いてもいい。5、6人は手ごろだが、それ以上だと重複するところが多くなり、混乱する。どのくらい複雑で多岐にわたる生活をしているかによるが、場合に応じて複数のサポートグループがあってもいい。あなたや世界が変わるにつれて、構成メンバーが変わってもいい。ただ1つ注意してほしいのは、グループの中であなたがいちばん尊敬される人、いちばん成功した人には決してならないことだ（助けを求めているのであって、ファンクラブを作るわけではない）。完成度のいちばん低い人になってもいけない。真ん中あたりがいい。

6 市場

実に多くの家庭で見てきたので、ありふれたことと言っていいだろう。姉と弟が同じ家庭で育ち、同じ学校で勉強するが、まったく異なるキャリアの目標を持つ。姉は高い学歴を取得してエンジニアのような専門性の高い仕事に就きたいと思う。弟は同様に将来をきちんと考え、願望も持っているが、あまり人がしていない夢のような道を好み、普通の大学に行かず、刃物職人になる。エンジニアを目指す姉は大学を卒業し、一流の競争の激しい業界でスキルを発揮する。メーカー、ハイテク企業、設計会社などの堅実な市場が存在するから、彼女はすーっとキャリアに入り込む。エンジニアにはつねに需要がある。刃物職人のほうは、そうはいかない。タイミングが悪ければ、弟のスキルを必要とする市場が、供給過剰だったり、イノベーションで破壊されたりすることがある。彼を暖かく迎えてくれるはずの市場が、消費者の嗜好の変化に手に負えないほど影響を受けやすいものだったりする。それは、彼が想像した以上となり、彼の目の前で消滅してしまう可能性がある。

同じ家庭に育ち、自分が何をしたいかきちんとわかっている2人。2人の行く末は彼らのスキルを必要とする市場に左右され、異なる結果になる。

生活費を稼ぐことを考えずに、熱い夢を追い求められると考えるのはロマンティックだ。しかし、実際には私たちは生活費を**稼がなくてはならない**。生活を支え家族を養うだけだとしても、育ちのせいか自分の意志からか、私たちは物質的な報酬を充足感や自尊心と結びつけずにはいられない。資産を相続したのでもない限り、1つのキャリアでお金を貯めて、お金のことを考えずに済む新しいキャリアに就く贅沢は許されない。給料で生活している人なら誰でも知っている。

それなのに、毎日何千人というアメリカ人が充実した生活を送る可能性を高めようとして、起業したり、学校に戻ったり、他の土地に移ったり、快適な仕事を辞めて自営に変わったりしている。だが、彼らは、もし起業したら、もっと高い学歴を取得したら、新しい町に移ったら、大企業で働かなくなったら、私の商品や私の能力を評価する**市場はあるのだろうか**、という現実的な質問をしないまま、動いてしまう。何年も前のことだが、私のとても親しい友人がこの過ちを犯した。彼は一流のコンサルティング会社で戦略コンサルタントのトップとして、何百万ドルもの給料を得ていた。だが、彼は独立してやったほうがうまくいくのではないかと考えた。私たちサポートグループの何人かは、大きな会社を辞めるのは明らかにリスクだと警告した。彼が立場によって得ている信頼性、一流の顧客リストは、独立した途端縮小してしまうと言ったのだが、彼は私たちを信じなかった。残念なことに市場は彼を受け入れなかった。彼と一緒に移ってくれるだろうと期待していた顧客は大きな組織についたままだった。彼が立ち直ることはなかった。
あなたに合った市場がなければ(そしてあなたがゼロから新しい産業を創造する滅多にいないビジョナリーでなければ)、あなたのスキル、自信、サポートをもってしても、そのハードルを乗り越えることはできない。ヨギ・ベラはこう言った。「ファンが球場に来たいと思わなかったら、来させるわけにはいかない」

困難なタスクや目的に成功するチャンスを見定めようとするときには、この4つの内的要因、2つの外的要因を考慮し、検討するように。一流シェフが料理を始める前に考えるいちばん重要なことは、ミーザンプラス、つまり下準備だ。料理に必要な材料をすべてキッチンに揃え、下ごしらえをしてすぐ使えるようにする。そこから料理が始まる。チェックリスト同様、下準備は計画するためのとてもそっけないツールだが、シェフのモチベーション、能力、理解、そして何よりも自信を支えるものでもある。すべてがちゃんと揃っていれば、シェフはのびのびと料理に取り掛かり、ありきたりの材料を何か特別なものに変えるよう腕を振るうことができる。このチェックリストを、重要な挑戦に取り掛かる前の下準備、ミーザンプラスだと考えてほしい。正直にチェックするように。これをしようとやる気になっているか? そして、できるのか? その仕事を達成するために自分の能力をどう活かせばよいか理解しているか? 過去の実績からできると自信を持てるか? サポートが得られるか? その努力を評価してくれる市場があるだろうか？
この6つの要因は整合性があって相互に強化しあうようでなければならない。一品料理のようにバラバラであってはならない。このうち5つには強いが、1つは弱いというのではいけない。どの要因も、十分に広範で、あなた特有のことと思うものもカバーしている。だから、何か大きな変化に臨むときに自問自答する基本的な質問として理想的だ。それぞれの質問をチェックすれば、整合性があるかどうかがわかる。例として、マリーという友人とチェックリストの話をしたときのことをかいつまんで話そう。彼女は3年前、パスタソースの事業を立ち上げた。彼女は食のプロだったがリタイアしていた。彼女のホームメード・ソースはとてもおいしく、仲の良い友人たちは「これ売るべきよ」と言い続けてきた。そこで彼女はやることにした。彼女に整合性があるかどうか、見て欲しい。

モチベーション：「お客様が認めてくれる特別なものを作るのは最高。評価してもらうために私はこれをしている。お金のためじゃない。少なくとも今のところはね」

能力：「大学を卒業して最初の仕事は食品会社向けにレシピを開発することでした。レシピをどう書けばいいか知っているし、何かまったく新しいものを作り出すにはどうしたらいいかわかっています」

理解：「起業の仕方を生まれながらに知っている人はいないわ。やりながら学ぶものよ。私は馬鹿者のルールに従います。それはね、だまされたら、何ていう人なの！と思う。二度目にだまされたら、私ってなんて馬鹿なのと思うルールよ」

自信：「私は3つの注目を集める商品を作りました。それをブランドでSKUと呼んでいます。4つ目、5つ目のアイデアが出てくると期待するのは馬鹿げたことじゃない。ええ、必ず、出てくるわ」

サポート：「私たちは昨年スタートアップ・コンテストに出て、食品業界の専門家から6カ月メンターを受けられる小規模の会社5社の1つに選ばれました。それは投資家を集めるのが目的のイベントでしたが、まだそれには関心がありません。何かわからないことがあれば、私はメンターに連絡します」

市場：「パスタやピザに使ったり、ピーマンに詰めたり、チリソースを作るのに、出来合いのソースはいつでも必要とされる。うちのは一部の人に向けた高級品。みんなに買ってもらう必要はない。少数のわかってくれる人だけでいい。そういう人たちが私たちを見つけてくれている」

私はマリーに考えが1つにまとまっていると思うかと尋ねた。「すぐに1つになっていると感じたわ」と彼女は答えた。「だって、楽しんでいるのですもの。2年経って利益が少ししか出なかったとき、自分に給料を払うこともできないこの仕事をするのは何の目的があるのかしらと考えるようになりました。最後はどうなるのだろう？　メンターの1人がスタートアップ起業は、安定的な利益の伸びを得るか買収されることを目的にしていると話してくれました。私は、誰かに買収してもらうことを目標にしようと決めました。そうすれば、リソースがもっと持てて先に進めるから。それで目標を明確にすることができ、また気持ちが1つにまとまっていると感じました」

マリーの答えはすべて適切なものだった。あなたが今送っている人生について同じことが言えるだろうか？

演習

隣接するものを見つけよう

写真家として成功した人が、中年になって映画の撮影技師や映画監督になることは可能だろうが、脳外科医になるのは難しいだろう。映画撮影技師や映画監督は写真を理解し、扱う能力では隣り合わせのようなものだ（カメラ、人、アイデアを扱う）が、脳外科医は違う。だから、自分の人生を築こうとしてチェックリストを見ていくとき、隣接するものを考慮するとよい。

もし、モチベーション、能力、理解、自信、サポートそして市場といった不可欠の要素がすべて整合性を取って動いているのなら、隣接しているという要素は、あればいいな、というものだ。生活やキャリアに不満を持ち、何かもっと満足のいくものを渇望しているのなら、現状の苦境から１８０度かけ離れた生活を想像すれば気分がよいだろう。だが、成功の確率は、持てる専門性、経験、人間関係からあまりかけ離れたところにいかないほうが高くなる。だからといって、小さなゆっくりとした変化しか人生ではありえないという意味ではない。変化はとてつもなく大きくなる可能性がある。だが、隣接領域であるこらない。

とが必要だ。間接的でも、それまでに達成してきた実績と何らかのつながりがなくてはな

ジム・ヨン・キムは私の知る人の中でも最高に賢い人だ。ハーバードで医学と人類学の博士号を取得し、世界的な保健・感染病の権威であり、パートナーズ・イン・ヘルスの共同創立者であり、ハーバード・メディカルスクールの学部長、世界保健機関（WHO）のHIV／AIDS対策局長を務め、マッカーサー・フェロー（いわゆる「天才賞」）を受けている。そして毎年「影響力のあるリーダー」の年次リストに含まれている。

だから2009年、ジム博士が50歳になったとき、ダートマス・カレッジが次期学長に迎えたいと望んだわけだ。ジム博士と私は学長になることの是非を議論した。

ダートマスでは、教授陣、寄附者、悪名高き気難しい学生団体と向かい合うことになる。それは公衆衛生の危機に取り組む生活からまったくかけ離れたものだ。

一方、彼は今まで試したことすべてで成功してきている。あまり出張で家を空けずに済む。2人の若い男の子がいる家族にはよい生活の拠点になるだろう。また彼はアイビー・リーグのアカデミックな生活に慣れ親しんでいる。私は彼に話を受けるよう強く推した。おもしろい挑戦になるだろうと思ったからだ。

私が忘れていたのは隣接の観点だった。その仕事には彼の科学的専門性を活かすことが十分にあるのか、それまでに果たした役割のように彼をやる気にさせるか？　彼は、仕事

を立派にこなし、ダートマスとその学生を愛したが、彼の才能をフルに活用したとは言えなかった。

学長に就任して3年経ったとき、世界銀行がワシントンDCに本拠を置くその巨大組織の総裁になってほしいと依頼してきた。私たちはまた是非を議論した。

一見したところ、世銀の経営は大学の学長よりもさらに隣接領域という点でかけ離れているように思えた。ジムは国際金融についてほとんど知識がなかった。だが、世界銀行はJPモルガン・チェースのような金融機関ではなく、開発途上国に資金を配分して貧困を根絶しようとする世界的なパートナーシップだ。

グローバル。パートナーシップ。貧困。ジムの人生はこれらの言葉で表される。ジムにとっては、貧困と公衆衛生の危機は隣りどころではない。1つの同じものだった。その仕事を受けたなら、彼はもっとも脆弱な人々を襲う病気に戦いを挑んで、貧困を減少させる世界銀行のミッションを軌道修正できるだろう。

このときは、説得する必要はなかった。彼はそれが彼の専門領域であることを知っていた。世界銀行総裁を務めた7年間に、彼が関与したプログラムは2000万人の命を救ったと推定される。そのようなことを私の履歴書に書けるのなら、私は手足の1本や2本を犠牲にしてもいい。

たいていの場合、目の前に現れたチャンスに自分のスキルが近い領域にあるかどうかはわかる。隣接とか周辺領域とかいうのは、次にやってきたチャンスが大きく背伸びして取り組むものだと感じるときに出てくるつかみどころのないコンセプトだ。それまでの自分、これからなりたい自分には未知のところに行くようなものだ。

だが、もし、隣接していることがわかれば、背伸びすることは実に理にかなったものになる。自分が作り上げたいと思っている人生に近いものは何かを見つけ出すには、新たな人生で成功するのに不可欠な長所を自分の中に探し出さなくてはならない。

たとえば、50年前にはプロのアスリートやコーチが現役を退いた後、スポーツの放送席に座ることは無理だと思われていた。今ではそんなことはない。テレビ局の幹部が、スポーツ選手はほんとうにスポーツのことをわかっていて、カメラに映る仲間の選手のことを信憑性をもって話せることを知ってからは、そうではなくなった。野球選手が野球について詳しいこと——内容に精通していること——が重要で、放送に関することは隣り合わせの要因ではない。それはやっていくうちに学べるものだ。

●こうしてみよう

仕事で3カ月くらいの間、頻繁に話す人を20人挙げてみよう。その中の尊敬する人と自分に共通する優れたスキルや個人的資質があるだろうか？　あるとしたら、それはまったく異なる分野で役立つスキルだろうか？　つまり、あなたがこうなりたいと思う人は、今のあなたとマッチしているか？

広告代理店でクリエイティブ・ディレクターになるのは、脚本家になるためのよいトレーニングだとは当初思えないかもしれない。だが、２つは隣接した領域にあることが見えてくれば、納得するだろう。両方とも話を展開する才能を必要とする。

営業に関しても同じだ。販売する能力は、どんなキャリアであれ、説得してお金を払ってもらうような仕事と隣り合わせにある。他の人に比べて自分の際立った特質は何かがわかれば、そのスキルが役立つ機会がよく見えてくる。

隣接する領域は何かを考えれば、選択肢は劇的に広がる。

第4章

選択不要の力

私はできる限り選択しないで済むようにしている。我が家のクローゼットを開けると、1つのラックに50枚以上のグリーンのポロシャツがかかっている。もう1つのラックには、20本以上のまったく同じカーキのパンツがかかっている。クローゼットの床には、どのくらい長く履いたかで状態は違うが、茶色のローファーが6足ほど置いてある。*

グリーンのポロシャツ、カーキ・パンツ、そしてローファー。1976年頃の航空技師を考えればいい。それが私の制服だ。ニューヨーカー誌のラリッサ・マクファーカーが、雑誌に私の特集を書いている間、私がそれ以外のものを着たのを見たことがない、と言ってから、そのスタイルを意識的に採用している。やがて、その記事を読んだ顧客は、グリーンのポロシャツとカーキ・パンツで私が現れないとがっかりしたと言うようになった。そこで、彼らをがっかりさせないようにした。やがて、この制服は私を解放してくれることに気づいた。週に3回から4回ほどにものぼる出張で荷物をパックするたびに、何を着ようかと悩まないで済むようになった。どんな会議でも、どんな聴衆を迎えた場でも、つねにグリーンのポロシャツとカーキ・パンツ。決めなくてはいけないことが1つ減ったわけだ。私が接するチーフなんとかオフィサーという肩書を持つ最高責任者たち、人事担当者の間で、それは私のシンボルとなった。タイガー・ウッズがゴルフ・トーナメントの最終日の日曜日には赤いシャツとダークカラーのパンツを着るのと似たようなものだ（こんな比較をして不遜なようで申し訳ないが）。だが、タイガーと違い、私の場合、自分のブランドを確立するためではない。選択しない自由というささやかなご褒美を得ているだけだ。

そのうちに、どうでもよいことは選択しないようにすることが、少なくとも私にとっては高い優先順位を占めるようになった。知らない人が私に会おうとしてきたなら、私は時間を取る。

*だいぶ前のことだが、通信会社ベル・サウスのエグゼクティブ3人を我が家に迎えたことがある。私は彼らに家の中を案内し、クローゼットも見せた。まったく同じカーキ・パンツが並んでいるのを見て、1人のエグゼクティブが仲間に、「ほっとしたよ。彼はパンツを1本しか持っていないと思っていた」と言っていた。

「会って私がこれ以上馬鹿になるわけじゃなし」と私は自分に言い聞かせる。新しいアシスタントを採用するとき、十分要件を満たしていれば、最初に面接した人を採用する。レストランでは、ウエイターに「君なら何を選ぶ？」と尋ねる（これにはもう1つおまけがあって、変なものを注文して後悔するリスクを取り除くことができる。自分が決める役割になければ後悔することはない）。

これは、怠惰とか決断力欠如とかではない。重要ではない選択を避けて、18カ月間新たな顧客にコーチングをする仕事を受けるかどうかといった、1日のうちにときどき生じる重要な決断のために私の脳みそを取っておくための意図的な方法なのだ。選択をするのが大好きな人もいる。CEO、映画監督、インテリア・デザイナーなどが頭に浮かぶ。買収案件、俳優の髪の長さ、壁に塗るペンキのグレーの色味などにOKしたり、ダメ出ししたりするのを彼らは楽しむ。私には楽しくない。あなたも楽しまないかもしれないが。

選択のプロセスは、毎日精神的能力をもっとも使い消耗させるという詳細な研究がある。それがエネルギーの枯渇を招き、誤った判断をするようになる。朝食を何にするかという軽い選択から、鳴っている電話に出るべきか無視するべきか即座に決定するもの、そして、車を買うのにリサーチして、試乗運転し、セールスと値切る交渉をして、という時間のかかる、神経に障るようなものまで、すべて選択が支配することになってしまう。*

どのような人生を送るにしても、選択しなくてはならない。自分の人生を築くには、スケール、自己を律する力、犠牲を広く捉えて選択をしなければならない。

1960年代、バレーステーションの高校に通っていた頃、課題図書が終わるたびに1年生担当の英語の教師は、何についてでもかまわないので、エッセイを書くようにと言った。エッセイは演劇であれ短編小説であれ、私たちが読み終わったばかりの本に何らか関係していなければならない。彼女はそれを「フリースタイル」と呼んでいた。2年生になると、新しい英語の先生は、同様の演習を課したが、彼はトピックを指定する点が違っていた。私は彼になぜフリースタイルにしないのかと尋ねた。彼はこういった。「君たちのためだよ。みんな何を書けばいいのかわからないって何年も文句を言ってきた。自分でトピックを選ぶ自由は欲しくないんだよ」

何十年かぶりにその教師のことを思い出したのは、もう1人の私にとっての先生、アラン・ムラーリがビジネス・プラン・レビュー・ミーティングを教えてくれたからだ。彼は2006年にフォードのCEOになったとき、ビジネス・プラン・レビュー・ミーティングを始めた。それはBPRと呼ばれていたが、きっちりと仕組みが決められていた。同社のトップ・マネジャー16人は、毎週木曜の朝7時に、ミシガン州ディアボーンにあるフォード本社のサンダーバ

＊1日のうちに行った選択をすべて記録するようにと言ったら(もちろん、このリクエストを受け入れるか断るかから始まって、記録するのに紙、パッド、ノート、デジタル機器のどれを使うか、鉛筆やスマホを選ばないでペンを選んだならペンのインクの色をどうするか……何を言わんとするか、おわかりだろう)、1日のうちにいくつの選択をすると思うか? ヒント:私は選択回避の亡者だが、選択した数を午後4時までに300まで数えて止めた。

ード会議室に参集した。全員出席が義務づけられ、出られないときには電話参加が求められていた。代理出席は認められていなかった。アランは毎週判で押したように会議を始める。「私は、アラン・ムラーリです。フォードのCEOです。私たちのミッションは……」。それから彼は全社の5カ年計画、予測、業績をレビューしていく。資料の表は、緑（計画通り）、黄色（改善しているがまだ計画に達していない）、赤（計画未達）と色分けされている。それが5分以内で終わる。次に、各マネジャーがアランのフォーマットに従って話す。氏名、肩書、計画、ポートフォリオの色別に分けられたプロジェクトの進捗状況を話す。すべて5分以内だ。アランは、会議では丁寧に平等に行動することを求める。評価を下す、批判する、途中で話を遮る、皮肉っぽいひそひそ話は厳禁だ。「楽しくやろう。だが、誰かをネタにしてはダメだ」と彼はよく言った。BPRは心理的に安全な場所だった。

フォードのエグゼクティブは当初、この会議がほんとうに皮肉、評価を下さない場所になるとは信じなかった。そのために、エグゼクティブは自分が担当するプロジェクトに赤を付けるのをためらった。同僚から馬鹿にされるのを恐れたのだ。

アランは最初の週に、その場で非難して皮肉な態度を取ることを止めさせた。エグゼクティブ全員がそのメッセージを理解した。赤を報告する――すなわち、自分の部門の弱い部分を認める――にはもう少し時間がかかった。しっぺ返しなしに透明性を持ちたいというアランの約束を誰も確かめようとはしなかった。アランが就任して1カ月経ったとき、北米部門のトップが初めてカナダの生産ラインを閉鎖すると報告し、赤を付けた。アランは彼の正直さ、先見性を賞賛した。その対応は会議室の全員に伝わった。その瞬間、アランはリーダーシップチームとつながったと感じた。だが、全員ではなかった。

アランは、この木曜日の2時間の週次会議以外の166時間は、チームを自由にさせていたことを覚えていてほしい。彼は、役に立とうとするだけで、こまごまと管理しなかった。BPRが要求する透明性と良識がやがてフォード全社に浸透していくだろうと考えていた。このプロセスで新たなカルチャーが作り出された。それでも、シニア・エグゼクティブのうち2人は、彼の考え方にはついていけないと話した。いい人でいるというのは偽善的でまやかしのように思っていると言ったようなものだった。彼はその2人それぞれに、そのように感じるのは残念だが、それは彼らの選択であり、彼の選択ではないと話した。彼らはルールを理解し、例外がないことを理解していた。彼は彼らを解雇しなかった。彼らは自らを解雇したのだ。

私の著書『トリガー』をお読みいただいていれば、アラン・ムラーリのやり方に紙数を割くのはこれが最初ではないことに気づいただろう。私は、彼のBPRは素晴らしい管理ツールであり、計画とその計画の実践とをうまく1つにするのに実に効率的な戦略だと思っている。業績に責任を持たせる見事なもので、もっと多くの管理職が真似すべきだと思う。しかし、最近私はBPRが与える心理的な厳しい教訓は、選択ではなく、その後に続くものに真価があると評価するようになった。つまり、その選択にどう責任を取るかという点だ。これは、特に自分の人生を築いていくために適切なポイントだ。

アランが決めたBPRでの行動のルールは、エグゼクティブが当初不安に思ったような彼らをコントロールしようとする極めて厳しいものではなく、エグゼクティブたちへのギフトだった。アランは新しいチームに、選択しないで済む仕組みと私が呼ぶところのものを贈ったのだ。前向きな姿勢で仕事をすることも、会社を辞めて他で仕事を探すこともできた。二者択一の選択をアランが与えたように聞こえるが、そうではない。エグゼクティブは、アランが最初のBPRを招集する前にフォードを辞めて他の仕事に就くこともできた。だがアランは彼らに会社を去るよう強制しなかった。彼は、BPRで前向きに行動し、コミュニケーションを取る選択肢しか与えなかった。実質的には選択肢がないということだ。それは新しいショーの始まりだった。頑張るか、舞台から降りるかしかなかった。

これが「選択しないで済む仕組み」の「選択しないで済む」という部分だ。アランは、BPRを週に一度の定例会議として、「仕組み」を作った。

プランの意味は、アラン・ムラーリとフォードの文脈で理解することが重要だ。BPRの目的に何の謎めいたところもない。その正式名称にある通り、事業計画をレビューするものだ。フォードでは、「計画」がすべてで、多くの計画があった。全社の包括的計画、そして16の事業部門長の計画が16あった。みんなで協力してこの計画を策定する。わけがわからず混乱している人は誰もいなかった。すべての計画は、各エグゼクティブの5分間プレゼンの最初に一語一語反復される。それが毎週行われる。ＢＰＲの参加者は、ミッション、各人の目標、その目標達成のためにすべきこと、いつ勝利宣言ができるかを知っていた。

ＢＰＲで作り出されたこのダイナミクスを考えてみよう。エグゼクティブに与えられたのはワンセットの選択肢だけだ。ＢＰＲ会議に出席すること、自分の計画がわかっていること、進捗状況を報告すること、完全に透明であること、みんなに親切に接すること、それだけだ。アランは彼らがしっかりコミットするようにさせ、それをオープンにするようにさせた。彼は、グループに、そして彼ら自身に対する責任感を植え付けた。毎週、すべてのエグゼクティブは同僚がその前の7日間で達成した進捗状況を発表するのを聞き、それを自分自身のものと比較する。内外から検証を受けることに慣れている競争心の強いエグゼクティブにとって、ＢＰＲはひるむような、あるいはやる気にさせる環境で、自業自得の恥をかくか、得て当然の満足を感じるかのいずれかだ。難しい選択ではない。

毎週数字を報告させることで、プロセスに切迫感が加わる。シニア・マネジャーたちは先延ばしにしたり、他のことに気を取られたりしてはいられない。計画に従うしかない。

アランは毎週木曜日、いくつかのプロジェクトで赤を黄色に、黄色を緑にして進歩を見せてくれることを期待していた。だが、そうならなくても、彼らに襲い掛かることはしなかった。実際、彼は彼らの正直な態度を評価した。いくつか赤のマークがあっても、彼らが悪いというわけではない。次の木曜日までによくすればいい。赤の報告が続くと、独力では不可能だろうから、他から支援をするようにさせる。だがやがてやりおおせる。エグゼクティブたちはそれを知っていた。BPR出席が義務であるように、うまくやるしかないのだ。

他では感じることのないその毎週の切迫感は、エグゼクティブに将来への力を与えてくれるものだった。彼らは何が期待されているかを知り、その業績に責任を持つのは彼らだけだと知っていた。黄色や赤だったものが緑になったことを報告すれば、その成功はすべて彼ら自身が勝ち得たものだと感じられる。それがアランのBPRによる贈り物だ。彼はエグゼクティブに持てる力を出し切る力を与えた。選択が1つしかなかったら、その選択がうまくいくようにすること以外は受け入れられない。

もし、アランのアプローチが、あらゆるところから競争を仕掛けられ、壊滅的な債務・責務を負わされ、衰退の一途だった業界の巨人を回復させられるのであれば、それを作り直し応用すれば、満ち足りない人生を、自ら築くように変えることができるはずだ。この点についてはパートIIで再度見ることとして、今は、選択を考えることとしよう。

私は、世界でもっとも幸せな人、少なくともキャリアのうえで幸せな人は、「無報酬でしてもいいと思うことをして生活費を稼いでいます」と正直に言える人だと思う。音楽家、ビデオ・ゲーマー、公園管理者、ファッション・デザイナー、料理評論家、プロのポーカー・プレイヤー、ダンサー、買い物代行者、聖職者。彼らはみな自分が大好きなことに優れていて、優れていることを嬉しく思っている。そして、世界は彼らに喜んでお金を払う。給料が不安定だったり低かったりしても彼らは選んだ道を後悔することはあまりない。その道しか彼らには見えないからだ。言い換えれば、彼らには選択肢がなかったのだ。

このラッキーな人の後に続くのは、成功した人で、どのようにして今の地位を得たのかと尋ねられて、「私がうまくやれるのはこれだけだったんです」と答えられる人だ。こういった答えを、広告の鬼才、庭師、ソフトウエア・デザイナー、ジャーナリストから聞いた。仕事を無報酬でもやるというところまでは恵まれていないが、キャリアの道を選ぶのが容易なのは、プロゲーマーや聖職者に通じる。彼らは他に選択肢がないと思った。

自分の人生を築くことは、選択から始まる。将来のアイデア（あればの話だが）をすべて思いめぐらし、1つだけ取り出して選び、心に決める。言うは易く行うは難し。じっとしていられないクリエイティブなタイプで、アイデアが山のようにあって1つに絞り切れないタイプもいる。まったく逆の問題を抱えている人もいる。アイデアが出てこなくて自動的に惰性に身を任せてしまうタイプだ。

そのような立場だったら、どこから始めるか？　将来、払う犠牲、誰と一緒にするか、どこでするのかをどのように決意するのか？　やがて選ぶ道が、後悔することなく必ず充足感を得られる最善のものとするにはどうすればよいのか。

通常の第一ステップは、**「次に何をしたいのか、何をしたら幸せになるだろう？」**と自問自答することだろう。だが私は、そんなに焦らないで、と言いたい。それは本末転倒だ。第一に、いくつか準備段階を踏まなくてはならない。そのステップを追うごとに、無数の選択肢から他に選択するものがないという1つのポイントに絞れるようになる。

自らの人生を築くのは、何よりもまずスケールの問題だ。意図に沿う重要なことは思いっきり大きくやる。結果に影響を与えないような小さなものはさっさと片付ける。これが悔いなき人生を勝ち取る秘訣だ。やる必要のあることは最大限やる、不必要と思うことは最小限にする、というように両極端の生き方をすることだ。

このことを40歳になるまで私はよく理解していなかった。私は73歳になるが充足感を得て、あまり後悔せずにやってこれたから、後悔のない人生を築いてきたと言える。それは30年ほど前に行った自己分析のおかげだと思う。行き当たりばったりながら一直線のキャリアパスをたどってきたが、1989年に、それは週末のために穏やかに働くという私が描いていた人生にはつながっていないことがはっきりした。リダと私の間には2人の子供がいて、多額の住宅ローンがあった。人生で初めて、組織やパートナーの力を借りずに、1人で企業研修講師として働くことをじっくりと考えた。成功すれば、出張が多くなり、家族から離れる時間が増えるだろう。それは気がかりだった。これはリスクの高い、今までに試したことのないことで、それが自己分析のきっかけとなった。

そのような生活がもたらし要求するものは何か、私は費用対効果分析をしてみた。精神的、感情的に自立して幸せでいられるだろうか？　その他のやらなくてはいけないことや気晴らしと戦って、長い間、つねにその精神状態を保つことができるだろうか？　つまり、私はこの新しい道で成功するために犠牲を払う用意があるかということだった。

これは、私のモチベーション、能力、理解、自信を試すものではなかった。仕事をすることはできる。だが、どの程度犠牲を厭わないか。それを評価することだった。私は、優先順位を決め、受容できるトレードオフは何かを明確にした。他の人ならとんでもなくバランスが崩れていると思うような生活にバランスを見つけられるか？

アルファベット順に、人生の充足感を与える6要素を書き出してみた。

・達成すること
・エンゲージメント
・幸福
・人生の意義
・人生の目的
・人間関係

私は手短に、人生の目的、エンゲージメント、達成、人生の意義、幸福といった世俗的ではない要因を考えてみた。それは私のよく知る流れでつながっている。**人生の目的**は、今していることに意味があるということだ。それが最大限の**エンゲージメント**を与えてくれ、それによって目的を**達成する**確率が高くなる。そのおかげで、**人生に意義を感じ**、同時に束の間の**幸福**を得る。私の新しい仕事がこれらすべてを満足させることに疑いはなかった。1つを最大化すれば、他はついいてくる。

残るは**人間関係**、つまり家族だった。私が懸念したのは、いつも出張で出かけていたら、リダと子供たちとの関係にどのような影響を与えるのかということだった。

このことを考えているときに、私が直面しているのは通常のあれかこれかの二者択一ではないことに気づいた。出張するか、自宅にいるかの選択が自由にできるかのように私は勘違いしていた。実際には、(a)その当時私の人生にとってそれは最善のアイデアだった。私の受けてきた教育、私の関心、そして意義ある形で人の役に立ちたいという私の願いと一致する。(b)私の話すことを聞きたいと人が言ってくれ、それで生活ができるというのは有難いことだ。そしていちばん重要なことだが、(c)出張漬けになるのはこの仕事で避けて通れない部分だ。長距離トラックの運転手や飛行機のキャビン・アテンダントと同じだ。

つまり、私は2つの選択の間で身を引き裂かれる思いをしているわけではないのだ。私にはただ1つの選択肢しかなかった。すでに述べた通り、それは選択の余地がないということだ。問題はスケールの問題だけだった。出張はどのくらいになるだろう？　何日間が「最大限」で、自宅にいる時間が「最小化」となったらどういう結果になるだろう？ 企業研修講師と未知の代替案との間の難しい選択に迫られているわけではない。船はもう港を出て航海をしている。私はたんにトレードオフの条件と範囲をどうするか考えているだけだった。

自分の築く人生は、関係するものすべてを手掛ける過剰生産性ともいうべきもので、犠牲とトレードオフを伴うものなのか。私が自分の人生を築くことを真剣に考えた瞬間はそのときだった。私には他に選択肢がなかった。

演習

予想外のことをして逆転する

自分の人生を築く最初の障害となるのは、どのような人生にするかを決めることだ。自分の考えがないのなら、運に任せているか、他の人の助けや知恵に頼っているだけだ。だが幸運にも、人生を変えるようなアイデアをポンと渡されたとしても、どうすればそれがわかるのか？　目の前に差し出された一生に一度のチャンスを見えなくさせてしまう障害、すなわち惰性に陥る、現状維持に満足する、想像力に欠けるといったハードルをどのように防ぐのか？　チャンスを逃さず、転機のひらめきをどうやってつかむのか？　この大きな問題に答えるのはあなただ。

●こうしてみよう

もっとクリエイティブになりなさいとか、目の前の幸運を認識しなさいとか命令することはできないが、自力でそこにたどり着くのに役立つ2段階の演習を提供しよう。

1　他の人にしてあげたことを自分自身のためにしてみよう

誰かに人生を変えるようなアドバイスをしたことがあるだろうか？　友達にブラインド・デートをセットしたら2人が幸せな結婚をしたとか。ぴったりの職の口があることを友達に教えてあげたとか。何年も前の何気ないコメントが彼女の人生の転機になったと友達に感謝されたとか。社員のためを思ってクビにしたら、その社員が後にあなたは正しかったと認め、解雇されたのは人生で最高の出来事だったと感謝するとか。他人の何か（欠けているところではなく）特別なところを見つけ、もっとやれる能力があるよと話したとか。

どれも、他人が自分では見つけられなかった何かをあなたが見つけた例だ。これで、あなたに新たな道を想像する能力があるかどうかの問題は片付く。他の人にはしているのだ。それを自分のためにすればいい。

2　基本的な質問から始めよう

「残りの人生をどうしたいのか？」「どんな意義あることができるのだろう？」「私を幸せにするのは何だろう？」。この質問は簡単なものではない。深い、多方面に及ぶ質問で、一生問い続けるべき質問だ（簡単に、すぐに回答が見つかると思ってはいけない）。基本的な質問は、1つのことだけに向けられる――人生の大きな決断をするときにはたいてい、4つも5つもしっかりとした根拠となる理由を必要としない。1つあればこと足りる。たとえば、結婚するのは愛しているからだ。その説明1つが他の賛否の理由を不要にさせてしまう。[*]「彼を愛していますか?」というのは基本的な質問だ。「あなたの顧客は誰ですか?」もそうだ。そして、「これはうまくいくだろうか?」「これを払えるかな?」「何が悪かったのだろう?」「真面目に考えているのか?」「何から逃げようとしているんだ?」といった質問も基本的なものだ。「何のために頑張っているんだ?」もそうだ。単純な言葉だが、深く、心の底から事実、能力、意志を探る必要がある質問――すなわち厳粛な事実を引き出す質問――は、基本的な質問と言える。

人生で大きな次の動きをしようとする人にアドバイスをするときに、私がよく尋ねるのは、「どこに住みたいですか?」という実に基本的な質問だ。あまりに基本的な質問だから、人は自分でそれを考えることはほとんどしない。だが、私たちはみな理想の場所を心に思い描いているから、ためらわずに答える。そこから将来についてほんとうに考えるようになる。その理想的な場所で1日何をすると想像するか?　意義ある仕事をそこで見つけられるか?　愛する家族はその変化をどう思うだろう?　子供や孫がいるのなら、彼らから遠く離れたところに住むのに耐えられるだろうか?　場所を選ぶことは、理想の生活スタイルについても多くを語ってくれる。「ハワイ」や「スイスアルプス」と答える人は、「ニューヨーク」や「ベルリン」と答える人と同じ生活を思い描いてはいない。スイスアルプスでは、ブロードウェイのショーを見ることができない。ベルリンでは山歩きができない。これが次の基本の質問につながる。「そこで毎日私は何をするだろう?」。それが基本の質問の価値だ。とても基本的な答えを強いることになる。それはさらに多くの質問を導き出す。こうやって、今の人生をほんとうはどう感じているのか、どうなってほしいと思っているのかを見つける。現状で幸せなんだと発見することもある。まったく満足していないことを自覚することもある。そこからが創造力の出番だ。

*これは経験からはっきり言える。サンディエゴに35年間住んだ後、リダと私はナッシュビルに転居することにした。理由は1つ。孫たちが住んでいるからだ。ナッシュビルが生活するのに素晴らしい場所だったのは、おまけだ。生活の質が向上するなどの理由は私たちの決断の要因にはまったくならなかった。

第5章

現在の自分よりも将来の自分を優先させる

今まで、自分の人生を築くために、充実したキャリアを見つける観点から考え、一生の仕事と思えるものを選び、それに人生を捧げることがいかに難しいことかを強調してきた。「人生の選択をする前に私たちは震える」とアイザック・ディネーセンは書いている。「そして、間違った選択をしたのではないかと怖れ、再び震える」

しかし、仕事で進路を決めることは苦悩するようなジレンマではないとする人も多い。彼らにとって、生活費を稼ぐことで自分の人生が決まるわけではないからだ。彼らが願う価値観やスキルは、専門家として評価されることや物質的な財を貯めることとはほとんど関連しない。

人生の使命を「奉仕すること」とする人を私は知っている。他の人の役に立てば立つほど、彼らは人生の目的と意義を見出す。他の人に奉仕すればするほど、彼らは人生に目的と意義を増していく。それが彼らには、お金、ステータス、権力、名声といったありきたりの資産よりもっと魅力ある資産なのだ。

他の人に与えるよりも、自分を完成させることに専念する人もいる（それが悪いわけではない）。つねに自分を改善することが彼らの決定的な目的なのだ。血圧を下げることでも、心の知能指数とでもいうべきEQを高めることでも、どんな目的であれ、彼らの心の中の高い基準に照らし合わせて判断する。近づくことはあっても決して到達できないとしても、その水準に近づけば近づくほど、追い求めてきたことが報われるように思われる。

また、最大の願望は、精神的、倫理的な悟りを得ることだとする人もいる。世界と携わりを持つことに充足感を得る人もいる。物質的に得るものがあるかどうかに関係なく、というか物質的に得るものがないからこそ、彼らは充足感を覚える。物質的な富に依存しなければしないほど、彼らは悟りを得られる。

多くの人、とくに中年以上の人は、家族が集まる場で充足感を感じることが多い。子供、孫、曾孫が集まるのを見て、立派な役立つ市民を世界に多く送り出したことに喜びを感じ、生きてきた証拠を得るのだ。彼らは、一家の長として責任を果たそうと努めて、自分の人生を築く

——それは一生の仕事で、毎日、いくつになっても、努力して手に入れるべきものだ。

これらは、達成に向けて努力し、時間をかけて、やがて達成させたいと望む徳であり、ソフトな（測定不能なのでソフトという）価値を持つほんのいくつかの例だ。それは、聞いて初めてなるほどと思うような特徴を際立たせる。**「今どういう人でありたいか」**が**「どういう人になりたいか」**と同じではないと同様、**「毎日何をするか」**を決めるのも同じことではない。

本書を書き出すまで、この違いを私はわかっていなかった。そして、私自身の人生を生きてきたかと問うた。もしそうなら、それは、私が日々してきたことのおかげか、どうありたいと考えたからか、あるいはこういう人になるように頑張ろうと思ったからなのか？　あるいは、人生でこの3つの異なる次元をついにうまくまとめあげたことを示し、ほっこりと達成感に浸り、「ミッション完了」と言えるようになったということなのか。同じバックグラウンドの人が2人いて、まったく同じようにキャリアを始めたなら、価値観や道徳観が違っても、2人はそれぞれの人生を築いていくのだろうか？　**こうなりたい**と思って努力することが、**何をするか、いつの時でもこうありたいと思うか**よりも充足感を得る決定的要素となるのだろうか？　この最後の疑問に対する答えは、非常に長い間友情で結ばれている私の友人を見てわかった。

私はひとりっ子だが、双子の兄がいたとしたなら、それは、フランク・ワグナーだ。フランクと私は1975年に一緒に大学院に進学した。同じ授業を受け、同じ先生につき、心理学という同じ分野で博士号を取得して卒業した。キャリアを始めた頃には同じメンターについていた。エグゼクティブ・コーチとして同じ仕事をするようになり、2人とも南カリフォルニアに住み、いつも車で2時間ほどの距離にいた。私たちは2人とも結婚して40年以上になるが、子供が2人いる。私たちは同い年だ。2人とも人の行動を変えるお手伝いをすることに同じ信条を持っている。私のコーチングを受けたいという人がいて、私の時間が取れないとき、私はフランクを推薦してきた。キャリアにどのような準備をし、家族の生活をどうしてきたか、仕事をどうしたいと思ってきたかでは2人の間にほとんど違いがなかった。

だが、2人が類似しているのはそこまでだ。

いろいろな意味で、どういう人になろうとするかは、人生の理念あるいは信条を選ぶのに似ている。それは、過去を理解し、現在と将来を決めるための1つの前提だ。フランクが拠り所とするもの――彼の理念と言い換えてもいい――は、バランスだ。彼はバランスの取れた人生を送りたいと願っていた。彼は多彩な性格を構成するすべてのものに、等しく時間と情熱を割いている。彼は仕事に真剣に取り組んだが、仕事以外の生活を犠牲にすることはなかった。献身的な夫であり父親であること、フィットネス、趣味のガーデニングとサーフィン。彼の抱える責任、健康、そして仕事以外で熱中するものに平等な配分がなされ、完璧な均衡が取れるようになっているように見える。彼は、過激に走ることのないように心がける過激主義者だと言っていいだろう。彼のバランス・アプローチのもっとも過激な例は、体重だ。彼の理想体重は160ポンド（72キロ）。半世紀の間、この数字から2ポンド（1キロ）以上増減したことがない。

体重計に158ポンド（71キロ）と出ると、彼は数日間いつもより多く食べて、160に戻す。162（73キロ）だと、食べる量を減らす。

人生のすべてをしっかりまとめているフランクのやり方に比べると、私は自制心がなくメチャメチャだった（今もだ）。私は仕事が大好きだ。平日は楽しい。仕事のない日は退屈してしまう。私は息抜きのバケーション、趣味や週末のゴルフなどを必要としない。仕事でハッピーだと、家に帰ってもハッピーな配偶者であり親でいられる。それは悪いことじゃない。ある年、年間200日間出張で家を留守にしていたのを、65日間に減らしたことがある。子供たちがちょうど10代に入り、両親にとっていちばん難しい時期を迎えたからだ。自宅にいる時間を増やしたことで私は自分がよくやったと思っていた。その年末、13歳の娘、ケリーは、「パパ。やり過ぎよ。私たちと一緒の時間が多すぎるわ。出張してもいいのよ。私たちは大丈夫」と言った。

フランクと私は友人で、同じ内容の履歴書でキャリアを始め、同じ機会に恵まれてきた。しかし、異なるやり方で充足感を得ている。フランクはバランスの取れた生活を望み、私は極端にバランスの欠ける生活で快適だ。互いに相手の選択を批判することはない。私たちはそれぞれの生活を築き、生活してきた。今日、70代前半になって、2人とも後悔していない。自分なりの人生を築いてきたと心から思っている。達成に向けて一生というわずかな時間（そうなんだ。人生はあっという間に過ぎていく）に、私たちは2人とも金メダルを手に入れた。どうやったのか？

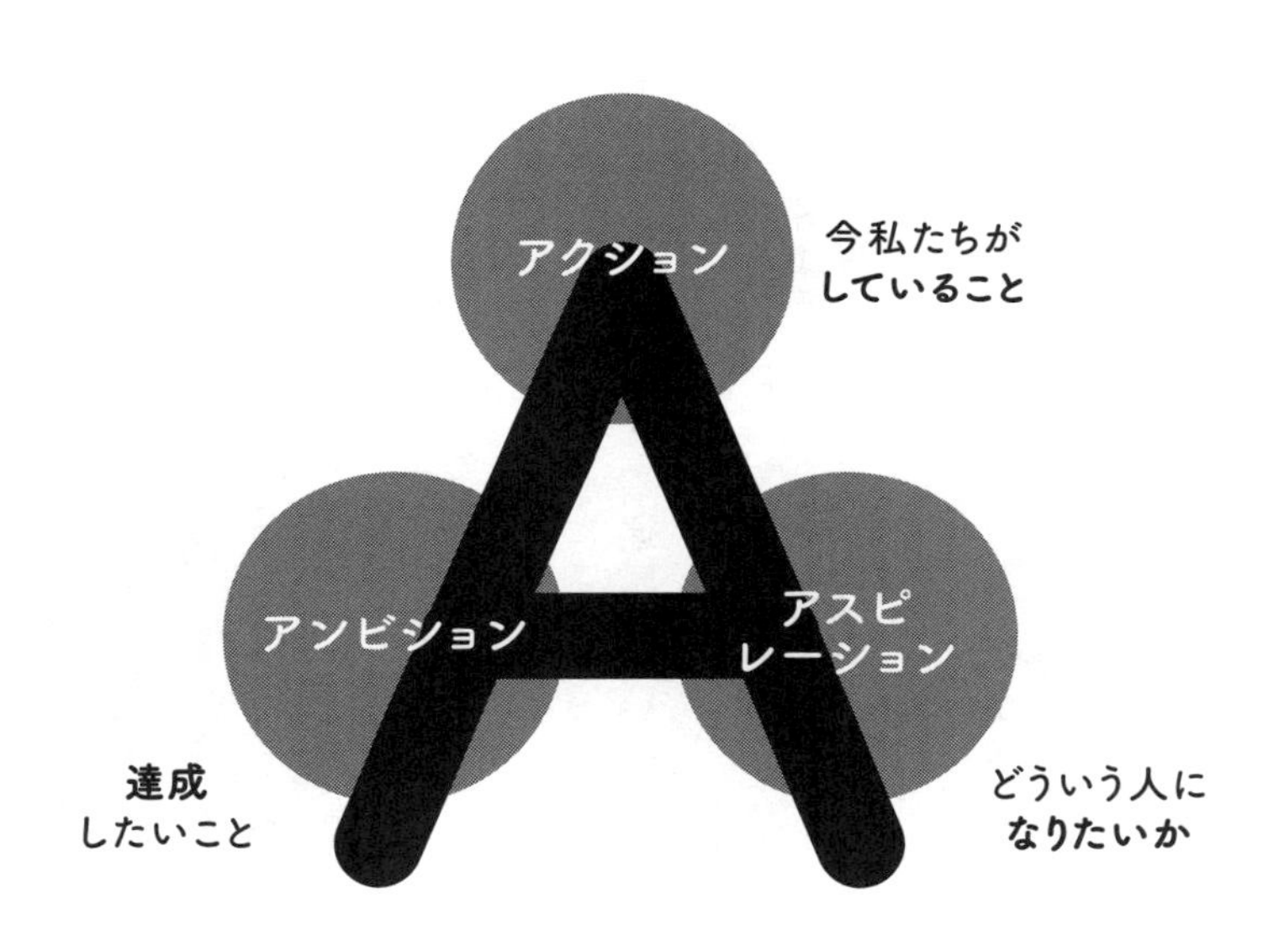

その答えは、３つの変数にある。アクション（行動）、アンビション（願望）、アスピレーション（志）。それが、自分の求める人生を生きるための進歩を左右させる。

アクション（行動）：私がここで使う定義は、「今私たちがしていること」。１日の間にすることすべて。質問に答えたり、請求書の支払いをしたり、電話をかけたりすることから、日曜の午後、何時間もテレビを観るような、どちらかというと活動的でない活動まで。前向きであろうと受け身なものであろうと、アクションは意識的な選択を反映する。アクションの時間軸は、即時、この瞬間だ。だから、今起きた、今やった、と容易にはっきりとわかる。アクションは時には、願望や志のために行われる。フランクはこれに優れている。

たとえば、食事で即時に取るアクションは、体重が160ポンドから増えたか減ったかで決められる。それによって、少なく食べたり、多く食べたりする。他の生活面でも彼は同様に自制心の利いた74歳の人生を送っている。かたや私のアクションはもっと不規則だ。仕事に関係してくれば別だ。その時だけは私もフランクのように自制心が利く。実際のところ、私たちのアクションはたいてい目的がなく、その瞬間の思いつきによる。さらに悪いのは、口に出した目標に従って動いてしまう（たとえば、バケーションを取って仕事を休む。充電するはずなのに、休暇先に仕事を持っていってしまう）。

アンビション（願望）：「達成したいこと」。決めた目標を目指すことだ。それには期限がある。目標を達成した瞬間にそれは終わる。それは測定可能だ。願望は、1つではない。一度にいくつもの目的を持つことができる。仕事で、趣味で、フィットネスで、精神的なことで、お金のことで。願望は、成功した人にいちばん共通して見られると言っていいだろう。

アスピレーション（志）：「どういう人になりたいか」。限られた時間内に達成しようとする目標よりも大きな目標を追求することだ。他の人のために何かをしたいと願う、もっとよい親になりたい、もっと安定した生活や対人関係を持ちたいなど。バランスの取れた生活を送りたいと言っていたフランクは、早いうちからこれに優れていた。私は、奥手だった。60歳になるまで崇高な人生の意義を見出すことができなかった。願望と異なり、志にははっきりとしたゴールがない。永遠に続くプロセスだ。測定することはそぐわない。それは高い目標を表現することだ。何を求めるかは時によって変わるが、はっきりと口に出すかどうかは別にして、なくなることはない。息をしなくなるまで、志を抱くことを止めることはない。

願望と志を同義にしたくなる。だが、私にとって2つは同じではない。願望は特定の目標を目指すことで最終ゴールが決まっている。今私はXの状態だが、Yを達成したいと思う。Yを達成したら願望は終わる。そして、次の願望の目標が出てくる。一方、志は、自己創造、自己確認の継続的な行動だ。XをYに変えることではない。XがYに進化し、Yプラスに進化し、そしてもしかしたらYの2乗に進化していくことだ。

自分の人生を生きる能力を支配するのは、願望と志の2つだけではない。第三の変数、アクション抜きでは正しく機能しない。私はこの3つを独立変数と呼ぶ。なぜならそれぞれのユニークな特性を個別に切り分けて理解できるからだ。1日あるいは1週間の私のアクションを記録に取って、生産的な時間、気が散っていた時間、怠けていた時間、雑用をしていた時間に分けて足し合わせれば、私が何をしていたかを見ることができる。だが、願望や志の目的とそのデータを紐づけない限り、意味のある数字にはならない。人生で長く効果の続く自己改善は、願望や志と協力して動くアクションから引き出される。この3つの独立変数が相互に依存し、相互に作用しあえば、もうとどまるところを知らない。将来には充足感が待っている。後悔は引っ込む。残念ながら、そうそう起きることではない。思うほど実践は容易ではない。

アクションと願望については、第6章でもっと詳細に取り上げる。取るべきリスク、避けるべきリスクを決めるのにこの2つが重要な役割を果たすという観点から取り上げる。だがこの章では、志を取り上げる。志は願望といかに大きく異なるかを明確にし、願望ははっきりしているのに志については語れない、あるいはその逆の人が多いことを述べていこう。

自分の人生を築くことがとても難しい理由、あるいはどんな変化であっても怖気づいてしまう理由は、新たに創造する生活をどう思うか、それを好きになれるかどうかを前もって知ることができないからだ。人生の1つのフェーズに急ブレーキをかけて、すぐさま次のフェーズを始めることができないためだ。1日で、昔の自分から新しい自分にガラッと変えることはない。それは長くゆっくりとしたプロセスで、その過程で私たちは将来を垣間見て啓発されていく。このプロセスをシカゴの哲学者、アグネス・カラードは、「志（Aspiration）」と呼ぶ（これをテーマにした彼女の本のタイトルは『*Aspiration: The Agency of Becoming*』というまさにぴったりのものだ）。

子供を持つかどうかの決断について考えてみよう。人生における大きな選択で、他の選択とは違う。親として新たな人生を築くだけでなく、文字通り子供の新しい人生を生み出すからだ。親になる前には、子供のいない人生を自由に楽しむことができる。1日14時間働いても、週末にロック・クライミングに行こうと、夕方料理教室に通おうがかまわない。子供を持つとライフスタイルの選択の幅を狭めなくてはならない。時間の制限を受けない生活を失って腹立たしく思うかもしれない。だが、実際にそうなるかどうかはわからない。赤ちゃんが眠りに落ちるまで何時間も抱っこしてあやすとか、子供が生まれる前にはいやだと思っていた赤ちゃんの世話のすべてに充足感を覚えるかもしれない。志は子供のいない生活と親になることの間をつなぐ橋だ。高揚感、不安、準備、出生前診断、セルフケアなどに溢れた10カ月の妊娠期間は、ある日手に入れたいと願っていた感情や価値観をテストする志のプロセスの一部といえる。それは、サマーインターン――仕事の試運転――のようなものだが、こっちはものすごく大きな人生の決断だというところが違う。カラード教授は、子供を持つと決めるのは、1つの単独のイベントとして考えるべきではないと言う。それは、「古い人が新たに生まれ変わりたいと願う」プロセスだ。志にはどこか怖いもの知らずみたいなところがあると彼女は考える。私たちは自分の抱いた志のよい点は「こんな感じ、と予想し、なんとなく理解してしまう」。手に入れたいものが手に入る保証もなく、そうなったときに幸せになれるかどうかの保証もないまま、私たちは志を抱く。

カラード教授は、志は、「何か新しいものを大事にしようとする合理的なプロセス」だと言う。志は、価値、スキル、知識を獲得する気にさせる。とはいえ、すぐさま獲得できるものではない。時間がかかるから、忍耐が求められる。だが長期的にコミットする前に、せかされることなく、プレッシャーもない中で、自分のやり方でちょっと試すことができる。その意味では、志を抱くプロセスは、ジャーナリストが記事を書く前に調査をして報告をするのと似ている。ジャーナリストは書き始めの頃は全体像がわかっていないし、どのように終わらせるかも、調査し取材するまでわからない。記事の意義もすべての材料を揃えて書くまではわからない。記事を書くには、削除したり、修正したり、軌道修正、イライラさせられる中断、再着手といったことが必要だ。ときには、企画そのものを諦めることもある。ジャーナリストは、始めるときにはこういったことを一切わかっていない。言葉とページを重ねていくうちに、当初の意図達成に近づく。この志が行わせる行動——古い人間が志を現実のものにする新しい人間に橋渡しをする行為——は、充足感をもたらす。後悔をもたらすことはない。

願望と志の間には、もう1つ違いがある。それは詳しく見ておく価値がある。願望は、達成すれば幸福感を味わえるが、いつまでも維持することも守ることもできない。昇進を得る、ゴルフクラブでクラチャン（毎年行われるクラブ選手権の優勝者）になる、3時間以内にマラソンを完走するなど。達成すればお祝いをする。束の間、私たちは幸せになる（思ったほどハッピーになれないことのほうが多いが）。そして、その幸福感は消えていき、ペギー・リーの歌じゃないが、「それだけのことなの？」ということになってしまう。

友人が学生時代の話をしてくれた。9歳のとき、シングルマザーの働く母親に、K－2と呼ばれる特別支援学校に送られた。それは孤児あるいは彼のような母子家庭や父子家庭の子を対象とする男子校だ。彼は1年中１２００人の男子生徒とともに学校の中で生活した。費用はすべて無料だった。それは彼にとって教育を考えてもらった最初のことだった。彼は、熱心に勉強した。学校の創業者は、毎年、学校の集会場の後ろの壁に、四角い額縁の優秀者名簿を張り出し、卒業生総代と卒業式の開会の辞を述べる生徒の名前を書き込んできた。それは１９３４年から続いていた。

「高校生のとき、私のたった1つの願望は、学年で1番か2番になって、名前をその壁に刻むことだった。学校に永遠の足跡を残すのが私の目標だった。卒業の1週間前、最終試験が終わると、校長は私ともう1人のクラスメートを校長室に呼び出した。そして総代に選ばれたクラスメートと、開会の辞を述べる私を祝福してくれた。それだけ。メダルをもらうわけでもない。額縁入りの賞状もない。地方新聞に写真が載ることもない。卒業式でスピーチをするわけでもない。私たちの名前が書かれた壁の額の前でセレモニーがあったわけでもない。私たちの名前は卒業後、いつか壁に飾られたのだろうが、その頃には、私は母とともに１００マイルも離れた土地で暮らし、夏休みの間働き、大学生活を楽しみにしていた。たった１つの願望のために青春時代を捧げ、その勝利を楽しんだのは、校長室にいたきっかり10分間だけだった。おかしなことだけど、その壁に掲げられた額を実際に見たこともないんだ」

あなたも子供の頃から今まで、同じようなことを何十回と感じたに違いない。達成したかどうかは別として目標があり、高揚感を味わう、どうとも思わない、恥を感じるといった感情を束の間味わい、そしてまた歩き出す。ヒッチハイクをしているようなものだ。願望はあなたを乗せてくれる車で、直近の目的地に連れて行ってくれる。到着すると、車から降りて周りを見回し、その場所に留まるか、次の目的地に行くために別の車を見つけるかを決める。これが大きな望みを抱えた人の人生の反復リズムだ。しかし、ハッピーあるいは充足した人生になるとは限らない。この点が重要だ。

志とは、**「何か新しいことを大切にする」**ことを学ぶことだから、願望よりも長く続くもの、もっと育み守る価値のあるものだ。カラード教授は、志を抱く例に、クラシック音楽への造詣を深めたいという例を挙げる。それをやってみよう。

クラシック音楽を趣味に持つのは、価値あるプロジェクトだと考えたとしよう。高潔な理由(クラシック音楽は高度な芸術とされており、バッハ、モーツァルト、ベートーヴェン、ヴェルディなどの偉大な作曲家は、評価通りかどうか知りたいと思っている)からかもしれないし、実践的な理由(教養があることを示すステータス・シンボルに加えたいと思う)からかもしれない。あるいは、博識な友達に後れを取りたくないという自分勝手な考えからかもしれない。あるいは、パッヘルベルの「カノン」とか、バーバーの「弦楽のためのアダージョ」とか、有名な曲の一部分を映画で聴いてもっと知りたいと思ったからかもしれない。重要なのは、興味を持ち、どんな感じかまったくわからないまま努力をする気になっているというところだ。素晴らしいと思うかもしれない、退屈するかもしれない。あるいは、得る価値があると思って始めて実際に価値あるものだったと思うかもしれない。本を読む、音楽を聴く、コンサートに行く、同じ趣味の新しい仲間と会う。そして、ほんの少し前には想像もしていなかったような人も羨む基礎知識を数年の間に築く。それが志を抱くことが与える贈り物だ。棚づくりのような他の自己啓発プロジェクトに移ったとしても、その身に付けたクラシック音楽の基礎知識は、スキルや倫理価値のようにアイデンティティの一部となる。そのようなベースは、望んだ目標を達成したときの束の間の幸せのように消えていってしまうことはない。人生の礎となり、その後も積み上げていくことができる。

志を理解する価値は、十分に認められているとは言えないが、自分自身の人生を築くうえで、実に大きな違いをもたらす。リスクの高いキャリアに就くことに尻込みする人、とくに若い人をいやというほど見てきた。うまくいって、リスクに見合う見返りを得られるという確証を求めるからだ。結果が保証されていることを選択するのは、言葉の定義からしてリスクではないということを彼らはわかっていない。何か志を抱くこと――たとえば弁護士になること――は、時間をかけて行うもので、徐々にその価値が見えてくる。ラッキーだったら、一生その価値が増え続ける。

弁護士になりたいと思えば、ロースクールに行き、3年間授業に出席して講義を聞き、夜遅くまで勉強して、遠回りしたり、びっくりするようなことや困難を経験したりして、授業の初日には想像もしなかったような結論に達する。法律にどっぷり浸かるか、これは自分には向いていないと結論するかのいずれかだ。何かに志を抱いて、楽しむ、耐える、そのプロセスをいやだと思うといったことを経験して初めて、何を望んでいるかがわかる。志を抱く経験をしっかりと積まなくては、その経験が先々与えてくれる、あるいは与えてくれない充足感を理解できない。想像することはできない。

いずれにしろこの上なくシンプルなことだ。ベストの場合、弁護士になりたいと願い、法律が大好きになる。法律が好きになり、さらに打ち込むようになり、誰よりも優れた弁護士になっていく。最悪の場合、人生を懸ける何か他のことを見つける。

だから、志は人生の後悔を上手に避ける手段になる。後悔しないことが志を抱くポイントではない。それは必ずついてくるおまけだ。志を追求していくプロセスで、今している努力は満足のゆくものか不毛なものかが少しずつわかってくる。だから、いつでも、惨めな気分になっていれば特に、後悔に陥る前に道を変更できる。

たとえば、クラシック音楽に楽しみを見つけようと志を立てたのだが、途中で暗礁に乗り上げたとしよう。音楽を聴いても、望んでいたように楽しむことも高揚した気分にもなれない。当初得たいと思っていた満足感を得るために、音楽を聴き、コンサートに行き、楽譜を読む勉強をするなどの努力を続ける気になれない。挑戦しようとした志はどうでもよいことになってしまい、もう十分学んだと思う。時間とエネルギーを無駄にしたと後悔する前に、この夢を止め、おしまいにするのを邪魔するものはない。手を引くことを、恥ずかしいとも失敗したとも思うことはない（戦場で優れた司令官は、攻撃だけではなく撤退の上手な人だ）。願望は他の人の目から隠すのが容易ではないが、志のほうは自分だけのことで、隠された能力や価値を求めようとするだけだ。何をしようとしているかを知っているのは自分ひとり。結果を判断するのは自分だけ。ゆっくり着実に新しい自分になっていると知るのも自分だけ。何か新しいことをして充足感を得るのも自分ひとり。止めた、と決めるのも自分だけだ。

志は、立派な思いをやり遂げるのに不可欠なものだと褒めそやす一方で、早いうちに思い直して止めさせるブレーキの役割としての価値があるというのは、皮肉だとわかっている。二重の役割があるからといって混乱しないでほしい。やる気にさせるか、時間を浪費するのを止めようとさせるか、いずれにせよ志は強い味方だ。長く心に抱いていた願いをかなえようとしたが、「なんだ、これだけのこと?」と自問して終わりにするというのも、改善であることには違いはない。

私のクライアントも他のコーチも、私がアクション(行動)、アンビション(願望)、アスピレーション(志)のモデルを説明すると「なるほど、わかった」と言う。私は頭文字を取ってトリプルAとよく呼ぶのだが、彼らはそれを3つの独立した変数で、必ずしもつながっていないと当初受け取る。だが、この3つはつながらせる必要がある。多くの人にとってアクションは、思いつきの、焦点が絞られていない、そのときの気分や目先のニーズを満足させる以上のものではない。夕食を料理するのは、おなかがすいているから。仕事に出かけるのは給料が必要だ

	アクション （行動）	アンビション （願望）	アスピレーション （志）
時間軸	今すぐ	期限あり	期限なし
ざっくりとした説明	すること	達成したいこと	なりたい姿
定義 （好きなだけ書くこと）			

から。近くのバーでひいきのチームの試合を見るのは、友達がそうしているから。それはもっともなアクションで、おぞましいことでも楽しくないというわけでもない。だが、目標達成あるいは志の高い目的にどうつながっているのか？

そこで、次の表をクライアントやコーチの前に置く。

私は、部屋を歩き回り、空欄に記入するように促す。何人が、特定のアクションを、望むこと、そして志にうまく統合させられるか、私はいつも興味津々で見守る。成功しているエグゼクティブや、リーダーはアクションと願望を難なく書き出すことができるが、志となるとまったく白紙になることが多い。それまで、一度も考えたことがないようだ。驚くことではない。

私の知る成功したビジネス・パーソンは大半が願望に満ちた人生を送っている。特定の目標を達成しようという強いモチベーションを持っているから、願望をアクションに優先させる自制心を持っている。この2つは相反することがない。* しかし注意をしないと、目標達成が評価される競争の激しいビジネス環境ではとくに、その自制心のせいで目標達成に取りつかれてしまう。志（高い理想）を掲げてキャンペーンをする政治家が、政治は面倒で妥協の連続だから、願望（次の選挙で当選すること）を最優先するのと同様、エグゼクティブは、自らの価値観や目標設定の大本である志の目標を忘れてしまう恐れがある。厳しい政治の場で政治家が堕落するのと同様に、エグゼクティブを取り囲む環境が彼らを堕落させることがある。実によくあることだが、目標に捉われ過ぎて、大切な人たちのために一生懸命働いているはずなのに、エグゼクティブはその人たちをおろそかにしてしまう。志はなにかを決めているか、高い価値観を明確にしているかにかかわらず、彼らは願望に我を忘れてしまう。射撃訓練で目標を目指して撃っているほうがまだマシだ。

コーチの多くは善意に満ちた理想を求める人たちだが、彼らはまったく違った形で表に記入

*私の知る限り、たいていのエグゼクティブは、願望のリストの上位に、優れたリーダーとして認められたいということを書く。私はエグゼクティブに職場で厳しい批判やコメントを控えるように教える。優れたリーダーはいやな雰囲気の環境を作らないものだからだ。期待外れで厳しい指導が必要だと思う人に対しても、優れたリーダーは、あまねく親切に寛大になろうと努力する。日々の人間関係が重要なキャリアの目標であることを忘れて、彼らが横道に逸れると私の出番になる。私は呼び戻され、願望を思い出させ、それに沿ったアクションを取るお手伝いをする。

する。志に関しては明確で、現場にいて人の役に立ち、世界をよりよい場所にしたいとする。だが、アクションや志のために追求するゴールとなると曖昧になる。外にリーチを増やし、もっと多くの人に役立つようにするためには、このオンライン時代、きつい、なんとなく決まりの悪いことかもしれないが、ソーシャル・メディアを通じて記事を書いたり、スピーチをしたりというパフォーマンス的な、世間におもねるような発信をすべきなのに、していない。たしかに、彼らは生計を立て、よいことをしている。だが志を十分に追っていない。アクションと願望を適切に志と結びつけていない。多くの場合、アクションと願望がどうあるべきか、明確にしていない。*

志を理解するこの短いコースで、いちばん重要なポイントは最後に取っておいた。なぜなら、第1章であげたポイントと実にぴったり合うからだ。

第1章で、仏教に触発された「息をするたびパラダイム」を、この世にある自分自身、そして自分の時、居場所を理解する新たな形として考えるように強く勧めた。自分自身というのは、昔の自分、現在、そして将来の自分の限りない連続で、息をするたびにそれは形を変えていく。志には優れた点が多いが、中でも、このパラダイムをもっともよく裏付けし、明確化するメカニズムである点を強調しておきたい（「aspiration」を「志」と訳しているが、「aspiration」はラテン語の「aspirare」からきている。その意味が「息をすること」だというのは嬉しい限りだ）。

21歳のカーティス・マーティンのことを覚えているだろうか。疑問を抱えながらも、彼は将来の自分への投資として、NFLでプレイすることにした。彼はアメフトが大好きだからプレイしたわけではない。NFLで成功するかどうか確信を持てずにいた。NFLのランニング・バックのキャリアは平均3年間だ。彼は、脳震盪、脳損傷、一生身体に不自由をきたすリスクを取った。それは戦争に行くようなものだが、戦争と違い、誰も感謝してくれない。だが、それは受け入れられるリスクだった。NFL後のなりたい自分の姿を描き、彼はそれまでの過去の自分から切り離して、殿堂入りを果たす11年間のキャリアの間に、新たな価値観と自己認識を身に付け、まったく予想もしていなかった人間になった。

根本的に、志は現在の自分よりも将来の自分を優先させる行動だ。古い自分から新しい自分に力点を移すことだと考えてみてほしい。どんなにリスクを回避するタイプであったとしても、何かになりたいと願っているときには、多少なりともギャンブラーになることを選んでいる。時間とエネルギーを賭け金として使い、将来の自分は現在の自分よりもよくなると賭けているのだ。その賭けで勝とうとすると、我慢強く、クリエイティブになれることは驚くほどだ。それが人生を築く方法だ。

＊2021年8月に、私がどう記入したか。私の志は、「私に残された時間内で、できる限り多くの人に最大の効用を与えること」。時間的制限のある願望は、2022年に本書を出版すること。私のアクションは、「1日中、机の前に座り、書くこと」だ。この例では、整合性が取れている。現在私がしていることは、翌年の目標と一貫性があり、それはなるべく多くの人の役に立ちたいという私のはるかな夢に資するものだ。

演習

英雄の質問

私たちはみな英雄を必要とする。その欲求が強いから、短編小説でも映画でもジョークであっても、注目を引くためには、はっきりとした英雄が必ず必要だ。英雄（あるいはアンチ・ヒーロー）がいないと関心が消えてしまう。英雄は、私たちの賞賛を受けるために存在する。そして私たちにインスピレーションを与えてくれる。これは議論を招く考え方ではない。だが、私はトルコ生まれの工業デザイナーの友人、アイシェ・バーセルの助けを借りて、大きく一歩前進することができた。それは、英雄に対する賞賛、インスピレーションのその先にある志に至る大きな一歩だった。アイシェの「自分が愛する人生をデザインする」セミナーで、次に何をしたいかを決めるのに、もっと大胆になるように参加者を何時間も刺激した後に私が1つの簡単な質問をしたところからそれは始まった。参加者の1人が、逆に私に質問を向けてきた。「そんなに簡単だと思うのなら、あなたにとっての次は何か話してください」と1人が尋ねた。

私の頭は真っ白になってしまった。アイシェは、問題解決の達人で、私に手を差し伸べてくれた。

「単純な質問から始めましょう」と彼女は言った。「マーシャル、あなたの英雄は誰ですか？」

それは簡単だった。「アラン・ムラーリ、フランシス・ヘッセルバイン、ジム・ヨン・キム、ポール・ハーシー、ピーター・ドラッカー。そしてもちろん仏陀です」と私は言った。

「なぜ？」と彼女は尋ねた。

「えーと、私は仏教徒です。人生の後半に指導者となったドラッカーは20世紀の偉大な経営の専門家です」

「そうですね。でも、彼らの考え方が好きという以外、彼らのどこが英雄的なのですか？」

「彼らは自分の知っていることすべてを多くの人に教えました。その恩恵を受けた人たちはまた他の人に教えて、恩返しをしてきました。仏陀は2500年前に亡くなり、ピーターは2005年に95歳で逝去しましたが、彼らの教えは今も生きています」と私は言った。

「あなたは、あなたの英雄のようになろうとしないのですか？」と彼女は言った。

その瞬間、私は英雄であり師である人を賞賛する以上のことができるんだと認識した。私は彼らの考えを採り入れることができる。彼らのすごいなあと思った点にたとえわずかであっても近づこうとすることができる。そこから、私が知っていることを他の人と共有することを私の志とするようになった。私の頭の中で、すぐさま具体化することはなかった。だが、アイシェはその種を植えつけ、それが育った。「次の大きなテーマ」がもう私にはなく、志を描く時代は終わったと長く思っていたが、私は「たまたま」私と同じように考える人と小さな組織「100人のコーチ」(10章で説明する)を作ることになった。私にできるのなら、あなたにもできる。

●こうしてみよう

私たちは英雄をあまりにも高い、手が届かないところに祭りあげてしまい、ロールモデルとして真似しようと考えることもない。この演習の次の4つのステップはこの過ちを正してくれる。

・英雄の名前を書き出す。
・なぜその人を慕うのか、その人の価値と長所を一言で書く。
・彼らの名前を消す。
・そこに自分の名前を書く。

そして、次の大きな志が出てくるのを待ってみよう。

二者択一を解決する

この演習もまたアイシェ・バーセルに刺激されて出てきたものだ（ここでも言葉を消す作業があるから、マーカーを手元に置いておくように）。２０１５年、彼女が「自分の愛する人生をデザインする」セミナーを立ち上げたときのこと。ニューヨークでの最初の合宿に何人か友人を連れてきてほしいと頼まれた。６人しか申し込まなかったので、空席を埋めようとしたのだった。私は70人を連れていった。アイシェが大勢の人を前に、神経質になったり、おどおどしていたりしていたとしても、私にはそれがわからなかった。だが、何十人かの初対面の人に1時間話すのは、６人に話すときより、自分の個性をもっと打ち出すことが必要だ。６人なら会食のゲストだ。60人になればそれは聴衆だ。そこで彼女のエネルギー・レベルを持ちあげる手伝いをしようと私は心に決めた。

アイシェは、こう話してくれたことがある。「もし島に閉じ込められて1つだけクリエイティブなツールが許されるのなら、私は二者択一を選ぶわ」。商品企画で彼女のお気に入りは、顧客が彼女にどちらを取るか決定をゆだねるときだ。つまり、デザインはクラシックかモダンか、小さくするか機能的にするか、単体か製品ラインに拡張可能か、などの選択ができるところだ。デザインなら、理想的には両方を混ぜ合わせることだ。デザインはクラシックだがモダンな材質にする。フォードのF-150トラックを従来からのスチールではなくアルミのボディにするという具合だ。だが、日常生活の二者択一では、混ぜ合わせるというよりも選択を求める。楽天家か悲観論者か？ 仲間との行動を好むか単独行動者か？ 積極的か受け身か？ いずれか1つを選ぶ。両方は選べない。

彼女が二者択一に親しみがあることを思い出して、セミナーが始まる前に私はアイシェをそばに呼び寄せた。

「君の人生は外向的か内向的か、どちらを選んだのかしらないけれど、今日は内向的になることを選んではダメだよ」と私は言った。「さあ、歌おう」と言って私は「ショーほど素敵な商売はない」を歌い出した。驚いたことにアイシェは歌詞を知っていて、私と一緒に歌い出した。その後、彼女が笑い終わると、私は彼女に話した。「この感じを忘れないでね。聴衆は会議にやってきているわけじゃない。これはショーなんだ」

世界の半分の人は、世界を黒か白かで見る。残り半分は灰色で見る。アイシェも私も最初の半分だ（この文がそのよい証拠だ）。もしあなたが私のように考えるのなら、世界は二者択一の永遠の連続だとしても、それで意思決定が単純になるものではないとわかっているだろう。多くの選択肢を2つに減らしただけのことだ。そこでもどちらか1つを選択しなくてはならない。これはとりわけ志のプロセスを始めるときに極めて重要となる。自分のパーソナリティを完全に変えようというのでなければ、志は自分の基本的な選好、長所、自分の特異な行動などと著しく異なるものであってはならない。人生で定期的に繰り返し出てくる二者択一を認識しておくといい。とくにそれが繰り返し、問題や失敗の原因となっているときには（たとえば、先延ばしにするかタイムリーにするかなど）。そうなら、どちらを取るか決めて、解決しておくことだ。

●こうしてみよう

ステップ1

考えつく限り多く、おもしろそうな二者択一をリストに書き出そう（とっかかりに40挙げてみた。それに付け加えていってみてほしい）。

ステップ2

どうでもよいと思うものを、マーカーで消す。

ステップ❶
リストを作る

コップに水が半分しかない	コップに水が半分もある
もう、よしとする	しっかり、続ける
才能がある	マメに働く
人を批判しがち	人を受け入れる
有名	無名
我慢強い	我慢強くない
保守的	進歩的
インドア派	アウトドア派
都会	地方
真面目な人	楽しい人
リーダー	フォロワー
ギバー	テイカー
内部者	外部者
理性	感情
信頼する	懐疑的
思慮深い	衝動的
リスク回避	リスク選好
お金は大切だ	お金だけが大切ではない
時間がない	お金がない
バランスしている	バランスしていない
静か	騒がしい
人に好かれたい	人に好かれなくてもかまわない
短期的	長期的
カルチャーを受け入れる	カルチャーを拒む
決断力がある	決断力がない
目立ちたがり屋	壁の花
皮肉	誠実
前向き	受け身
現状維持	前進
深い	浅い
会社員	自営業
既婚	未婚
旅行	在宅勤務
内部評価	外部評価
不公平だ	それでも別にいい
先延ばしする	タイムリーにする
対立的	対立を回避する
実践的	夢想家
現時点に集中する	注意散漫
お礼を言うのが遅い	すぐにお礼を言う

ステップ❷
どうでもよいと思うものを消す

コップに水は半分しかない	コップに水が半分もある
もう、よしとする	しっかり、続ける
~~才能がある~~	~~マメに働く~~
人を批判しがち	人を受け入れる
有名	無名
~~我慢強い~~	~~我慢強くない~~
~~保守的~~	~~進歩的~~
~~インドア派~~	~~アウトドア派~~
~~都会~~	~~地方~~
真面目な人	楽しい人
リーダー	フォロワー
ギバー	テイカー
~~内部者~~	~~外部者~~
~~理由~~	~~感情~~
信頼する	懐疑的
~~思慮深い~~	~~衝動的~~
リスク回避	リスク選好
~~お金は大切だ~~	~~お金だけが大切ではない~~
時間がない	お金がない
バランスしている	バランスしていない
~~静か~~	~~騒がしい~~
人に好かれたい	人に好かれなくてもかまわない
短期的	長期的
~~カルチャーを受け入れる~~	~~カルチャーを拒む~~
決断力がある	決断力がない
目立ちたがり屋	壁の花
~~皮肉~~	~~誠実~~
前向き	受け身
現状維持	前進
深い	浅い
会社員	自営業
既婚	未婚
旅行	在宅勤務
内部評価	外部評価
不公平だ	それでも別にいい
~~先延ばしする~~	~~タイムリーにする~~
対立的	対立を回避する
~~実践的~~	~~夢想家~~
~~現時点に集中する~~	~~注意散漫~~
お礼を言うのが遅い	すぐにお礼を言う

ステップ❸
自分に該当しないほうを消す

~~コップに水は半分しかない~~	コップに水が半分もある
もう、よしとする	~~しっかり、続ける~~
~~人を批判しがち~~	人を受け入れる
有名	~~無名~~
~~真面目な人~~	楽しい人
リーダー	~~フォロワー~~
ギバー	~~テイカー~~
信頼する	~~懐疑的~~
~~リスク回避~~	リスク選好
時間がない	~~お金がない~~
~~バランスしている~~	バランスしていない
人に好かれたい	~~人に好かれなくてもかまわない~~
~~短期的~~	長期的
決断力がある	~~決断力がない~~
目立ちたがり屋	~~壁の花~~
前向き	~~受け身~~
~~現状維持~~	~~前進~~
深い	~~浅い~~
会社員	~~自営業~~
既婚	~~未婚~~
旅行	~~在宅勤務~~
~~内部評価~~	外部評価
~~不公平だ~~	それでも別にいい
~~対立的~~	対立を回避する
お礼を言うのが遅い	~~すぐにお礼を言う~~

ステップ3

残りの二択を眺め、いずれが自分に近いか、見ていこう。リーダーかフォロワーか。パーティで主役になるか、壁の花か。そのときどきでしっかり集中するか、注意散漫か。役に立つと思ったら、家族や友人に聞いてみてもいい。さて、該当しないほうに取消線を引こう。それが終わると、政府が公文書扱いするＣＩＡ諜報員の回想録みたいに、黒塗りだらけのシートになるはずだ。

やり終わった後に残る明確な言葉があなたを表すものだ。そこに描き出された像に反論はできない。あなたが描いたものだ。それはあなたがこうありたいと望む姿だけでなく、あなたがそれを努力して得るかどうかに影響を与える。おまけにもう１つ。あなたのことをいちばんわかっている人に書き終わった紙を見せよう（できるものなら）。貴重なフィードバックを得るためだ。

第6章 チャンスとリスクのどちらにウエイトを置き過ぎているか？

リチャードのことを覚えているだろうか。「はじめに」の冒頭に出てきた若いタクシー運転手で、生涯後悔する大きな過ちを仕出かした男性だ。空港で素晴らしい若い女性を乗せて両親の家まで送った。そして次の週末に初めてのデートを約束したのに、彼女の家に行けなかったという悲しい話を聞いたとき、私には彼の選択は不可解だった。だが、何年もの間それを考え、リチャードと話して、なぜ彼がデートの場所から3ブロックのところで身動きが取れなくなり、道を引き返し、二度と彼女に会うことがなかったのか、理解できた気がする。リチャードの間違いは、突然不安に駆られて緊張したのでも、臆病になったのでもない。それは彼がまずい判断をした原因ではなく、その結果だ。彼の間違いは、最初のデートがもたらすチャンスとリスクをきちんと秤にかけなかったことだ。彼はリスクを過大評価し、チャンスを過小評価した。そして、彼はチャンスを逃した。

このような不幸な計算間違いは彼だけのことではない。私たちはいつもしている。

リチャードの間違いについては、少し後にまた触れるが、まずチャンスとリスクの関係についてもう少し深く考え、なぜ私たちは2つのバランスを見誤って、まずい選択をしてしまうのかを見てみよう。

チャンスとリスクはいかなる「投資」判断でも考慮すべき2つの変数だ。物的資源、時間、エネルギー、あるいは忠誠心であれ、何を投資するのでも同じこと。チャンスは選択がもたらすベネフィットの大きさと確率だ。リスクは選択によってもたらされるコストの大きさと確率だ。

選択の結果がチャンスかリスク*のいずれかに大きく偏っていて、そのバランスを完璧ではなくても正確に測定できるのであれば、決定が容易になり、思い悩むことはない。もし選択の結果ほぼ確実に大きな効用を得られ、失うものはないに等しいと思ったなら、そうするだろう。その選択をすればほぼ確実に大きな損失が生じ、何も得るものが期待できないとなれば、やめようとするだろう。

ときにはリスクが気になる。そこでリスクと魅力あるチャンスを秤にかける助けとなる情報を得ようとする。たとえば、ボストンからあまり時差がない、温かい陽の注ぐ場所に休暇で行きたいと思っているとしよう。要件を満たすカリブ諸島を選ぶ。大きなリスクはいつ行くかだ。天候がころころ変わるときには出かけたくない。そこで行こうかと考えている島の天候をグーグルで調べる。すると、6月から8月は暑すぎ、9月は台風シーズンで、10月と11月は雨が多い。12月と1月は日が短い。そこで、厳しいニューイングランドの冬から一息入れるには3月と4月がもってこいだと結論する。太陽の出る日が多く、日が長く、雨に降られる確率がいちばん少ない。こうして、リスクとチャンスを秤にかけて最高の休暇を得られる確率を選択する。保証があるわけではないが、かなり安心できる。グーグルのおかげだ。

ときには、リスクを考える余地のないチャンスが訪れることがある。唯一のリスクは、神話に出てくるユニコーンのような夢の機会を受け入れないことだけということがある。たとえば、投げ売りセールで、ある小さな機器を1個1ドルで100個買えるチャンスを知った。その市場をじっくり見てきたので、その機器を100個何とか手に入れたい、1個10ドル払ってもいいという人を知っている。その人のことを知っているのは自分だけだ。自分と違い、この人は1ドルで入手できることを知らない。顧客が情報を持っていないことは大きな武器だ。100ドルで機器を購入し、1000ドルで売って、差額を利益として得る。投資収益率は900%だ。入手してから販売するまでのわずかな間にその機器の市場が急落することはほとんどないから、この選択はリスクゼロ、すべてチャンスだ。この種のことは、債券市場や商品市場では1日に何千回と起きる。赤身豚肉の価格が低すぎると思い、安く買う。そして誰か緊急に必要とする（あるいはあなたの価格が安いと思う）人に売って利益を得る。最新のソフトや高速のスーパーコンピュータを使って複雑な計算に基づき、何百万ドルもの金を動かす取引の類だ。

お金が動き、金融リスクが生じる選択をするときには、システムやインフラがサポートしていることがわかるだろう。高度なテクノロジーが迅速に過去データを分析してチャンスとリスクを計算する。それが正しい選択をする能力を高める。そして、付け加えるなら、馬鹿げた選択をする可能性を減らす。ビジネス判断の多くはデータに裏付けされた形で行われる。感情や本能に依存し過ぎるよりもはるかによい。

だが、日常生活ではそうはいかない。チャンスとリスクを測るのに使える指標はあまりない。たとえば、誰と結婚をするか、どこに住むか、キャリア・チェンジをいつするかなどだ。人生

*この種の決断は、通常リスク・リワード選定と言われる。私に言わせればそれは誤解を招く表現だ。リスクとリワード（対価として得られるもの）を1つのセットに見做しているところが正しくない。何かをすれば、もう1つのものが手に入る。リスクを取ればリワードが必然的に生じると想定している。当然、そんなこと、ナンセンスだ。リワードが必ずついてくるのならリスクが存在するか？　私はリワードではなく、「機会」、チャンスと言うほうがよいと思う。そのほうが何を問題としているのかをはっきりさせるからだ。リスクを取るベネフィットはリワードそのものではない。リワードを得るチャンスを得ることだ。予想していたリワードが得られなかったからといってもリスクは馬鹿げたものにはならない。自分のコントロールがまったく及ばない他の要素が悪い結果を招くこともある。リスクを取るというのは、チャンスをつかむことを選ぶのに他ならない。リワードは後でついてくるかもしれない。ついてこないかもしれない。

とだ。

で最大の決断だが、いろいろな結果が想像でき、後悔する可能性が高い。それでいて賢い選択を確保する有益なツールは多くない。その代わりに私たちは急いで衝動的に決めてしまう。過去の成功や大失敗の記憶や、他人の意見に影響される。最悪なのは、誰かに選択をゆだねることだ。

リスクを選択するにあたり、感情や不合理な部分を減らし、賢い選択ができるような方法、概念構造の仕組みがあったらどうだろう。答えが知られていない質問をけっしてしない法定弁護士にならって、答えのわかっている質問をしよう。

それは、第5章で紹介した、アクション、願望、志という行動の3つのAの変数にある。それぞれの変数を分けるのは、時間軸だと思う。現在からどの程度の時間軸で考えているか？分、年、それとも人生？

志は人生の高い目的に資するすべてのものを指す。その時間軸は無限だ。目指す志に到達するのには、時間で区切られた終わりがない。

願望の場合、決めた目標を達成することにフォーカスを定める。目標を達成するのにどれだけ時間がかかるかによって時間枠が決まり、その中で動く。願望は、目標の複雑さや困難さによって、ゴールに向かって疾走することも、這いつくばって進むこともある。決着がつくまで何日か、何カ月、あるいは何年かかかることもある。そして次の目標に移る。

アクションは、ある特定の瞬間における活動をいう。アクションの時間軸は、すぐさまであり、いつであってもそれは今なのだ。今すぐ必要だから、それをする。おなかを空かせて起きるから、朝食を摂る。電話が鳴るからそれに応える。信号が赤から青に変わるからアクセルを踏む。アクションですることの大半は、何かに反応するもので、とくに熟慮されることはないし、コントロールの範囲内にあるものでもない。アクションは操り人形の紐でつながっている。だが、紐を操るのが自分であるとは限らない。

この３つの時間領域を区分けし、相互にどう助け合うか（あるいは合わないか）は自分の人生を築くのにどれだけ近づけるかに著しい影響を与えると思う。私がコーチングをするＣＥＯの多くは願望の次元にとどまりたいという誘惑につねにかられていることに私は気づいた。彼らはつねに目標を目指しており、アクションをその願望のために使う（あるいは刺激する）。人生のさらに高いパーパスを求め、そのためになにかをしようという志はほとんど念頭にないように思われる。少なくとも、ＣＥＯの任期が近づき、「今までしてきたことはなんだったのだろう」と考えるまではなさそうだ。それはもっと高い志で理想を求める私の同僚や友人の対極にあるように思える。彼らは志に比重をかけ過ぎて願望を犠牲にしている。彼らは大きな夢を描くが大したことはしていない。

この３つの変数の整合性が取れていて、アクションが願望と、そして願望が志と同期が取れていたなら、人生はもっと充足したものになるということを読者の皆さんに理解していただきたいと思う。

ここで付け加えておきたいのは、次のポイントだ。アクションと願望、そして志との間で整合性を取ろうとする動きは、リスク判断に適用できるということだ。トリプルAは最適な選択をする手助けをする概念的な仕組みだ。重大なリスクを受け入れるか拒絶するかの選択に直面したとき、一歩立ち止まり、そのリスクの高い選択はどのような時間軸のものかを考える必要がある。**それは長期的な志に資するのか、あるいは短期的な願望に資するのか。あるいはアクションの範疇に入り、目の前の必要を満足させるに過ぎない短期的な刺激を与えるだけなのか。**それがわかっていれば、リスクを取る価値がある時とそうでない時の見分けがつくようになる。そして、たぶん賢くリスクを取り、チャンスをそっくり活かして見返りを得るのではないだろうか。

例を挙げよう。私がロサンゼルスに住んでいた27歳の頃、ウエットスーツを着てハーフサイズのサーフボードを抱えてマンハッタン・ビーチに行くのが大好きだった。私は大きなボードの上に立ってサーフィンができるほど経験を積んでいなかった。私は初心者で、ハーフサイズのボードに腹ばいになってサーフィンをした。だが、太陽、打ち寄せる波、たとえどんなに小さな波でもそれを捉える危険のゾクゾクする感じはスリル満点で、癖になった。ある日、友人のハンクとハリーと一緒に出掛けたとき、すごく大胆な気持ちになっていた。水の上では2つの選択がある。小さな波か大きな波か。小さな波ならたくさん乗れる。だが、大きな波に比べれば興奮度合いは小さい。ベテランのサーファーは岸から離れたところで大きな波を待つ。その日、波は徐々に大きくなっていった。小さな波でうまく乗れるたびに、ハンクとハリーと私は大きな波に挑戦しようと互いにけしかけた。

自信が湧き出てくるのを感じ、互いにあおりたてることでアドレナリンが上昇するのを感じた。私は少しずつおずおずと上手なサーファーが大きな波を待ち構えているところに近づいていった。水平線の彼方に大きなうねりがやってくるのが見えた。私は9フィートの波に向かって手足で漕いでいった。初心者向けのボードで腹ばいになった私の目にはその波は私を飲み込む山のように思えた。案の定、私のタイミングは外れ、私は波に飲み込まれ、強い力で真っ逆さまに浅い海底に打ちつけられた。第5頸椎と第6頸椎の2カ所で私は首を骨折してしまった。しばらくの間、私は再び歩けるかどうかわからない状態だった。9カ月間左腕を使うことができなかった。だがやがて私は回復した。その夏、私より運の悪かったサーファー3人は、同じ怪我をして二度と歩けなくなってしまった。

病院で仰向けに寝ていた2週間の間、自分の決断を後悔する気持ちと、死にもせず、半身不随にもならなかったことを有難いと思う交錯した気持ちを何度も味わった。当時、アクション、願望、志の3セットを理解していたなら、もっと慎重な選択をしていたかもしれない。いや、しなかったかもしれない。だが、じっくり考慮した結果の選択であれば、結果にかかわらず、少なくとも私は心穏やかに感じたことと思う。私は私の人生の志はサーフィンとは無関係だとわかったはずだ。優れたサーファーには絶対になれなかっただろう。人間としてこうありたいと望む姿の重要な一部にはなっていなかった。サーフィンでやりたいことは、怪我をせず楽しめる程度に上手になりたいという程度だとわかっていただろう。私の選択はアクションによるもので、瞬時のスリルを得るためであり、私、そして私がこうありたいと思う姿と重なるものではないこともわかっただろう。当時トリプルAをリスク判断ツールとして知っていたなら、異なる選択をしていただろうと思うが、確信はない（トリプルAは私たちの不合理な考え方を抑えるだろうが、根こそぎ消すわけではない）。今日なら、異なる選択をするのは間違いない。

リスクとチャンスを間違えて計算することが、首を骨折するような劇的で重大なものである必要はない。その場限りの短期的なベネフィットを与える、ささやかな油断ならぬものかもしれない。カジノでスロットマシンをする人を例に考えてみよう。それは、「ギャンブルのクラック・コカイン」とよく呼ばれ、カジノの収益の75％を占める。大学院で中毒について研究したとき、スロットマシン中毒は私にとってもっとも不可解なものだった。その後も長いこと不可解なままだった。元締めのほうが圧倒的に有利なゲームなのに、どうしてお金を注ぎ込むのだろう？　しかも、誰もがそれを知っている！　マシンによって勝率は異なるが、それはそれぞれのマシンに印刷されている。そして、カジノで大きくお金を儲ける確率が、つねに最低から2番目あるいは3番目なのだ。

私は大学で数理経済学を専攻した。だからスロットマシンでお金を稼ごうとする愚行を説明するのに確率論学者が使う方程式を理解した。そして、確率論の学者は合理的な人間だから、スロットマシンは投資収益率の低い金融行動であるとする。私も同じように考えた。どちらかといえば合理的で将来を志向する者として、ギャンブラーのリワードに対する時間軸が私と同じだと想定したところが私の問題だった。数えきれないほどの時間をビデオ画面で光がちかちかするのを見るのに費やすことで、志の見地から人生の意義を見つける人がいるとは想像できなかった。世界一のスロットマシン・プレイヤーになろうという目標を、願望の見地から設定する人がいるとは想像できなかった。やがて、私は志も願望もスロットマシンとは関係がないことを悟るようになった。何時間も石像のようにスロットマシンの前に座る人は、長期的なベネフィットを達成しようとしているわけではないのだ。長期的というのは、彼らの関心を引くにはあまりにもぼんやりとした遠い先のことなのだ。彼らの時間軸は完全に**アクションの次元**にあり、次のレバーを引くことにある。そして次のレバー、そして次のレバーと集中していく。飽きるかお金がなくなるまで彼らは続ける（平均して、１００ドルの元手で始める人は40分以内にお金を使い果たす）。

なぜかくも多くのカジノ常連客がスロットマシン中毒になるのか、わかるようになってきた。彼らはアクションの次元で金縛りになっているのだ。そして、長い人生の間には私たちの誰もが同じような罠に陥ることも見えてきた。**それは時間軸の問題なのだ。**志を考えるときには、時間に捉われず、私たちの行為から得られる究極の効用に焦点を当てる。願望では、限られた時間軸の中の将来で得られる効用に焦点を合わせる。アクションでは、していることからすぐさま得られる効用に焦点を合わせる。スロットマシンをする人はすべてアクションの次元にいて、すぐさま得られる効用を求めている。

私からすると、「勝てる」かどうかの瞬時のささいなスリルのためにお金をドブに捨てているようなものだ。だが、スロットマシンをする人の時間枠は瞬時だと思えば、それは納得がいく。1回1ドルという低コストのため、彼らは大きく儲ける確率が低くても受け入れ、高い確率でその場で刺激を受けることを楽しむ。スロットをする人は、私には見えていなかったゲームをしていたのだ。スロットマシンのレバーを引くとすぐさま彼らは効用を得ている。そして、彼らはリスクを喜んで取る。束の間の短期的興奮と「娯楽」と現金の損失が相殺される。投資の視点から考えると、彼らはもっとも賢明な投資をしていると言える。

だが、私はそういう賭けをしない。スロットマシンをすることは、私の人生の願望や志とは何の関係もない。リスクだけでチャンスは何もない。

人生で取るリスクは、情報をたっぷり得て行う決断であるべきだ。多くのことがそれによって左右され、その結果は人生を変える可能性があるからだ。トリプルAを使ってリスクを取るうえで、何が最善で、何が最悪かを見直すのは、ごく短い買い物リストを見てチェックするのと同じくらい容易なことだ。サーフィンで事故を起こす前に私がしておくべきことだった。あこんな感じだ。

の晴れた日、ハンクとハリーと一緒に海に入り、私がやっておいたら役に立ったトリプルＡは

・私が取ろうとしているリスクは、今この場でのニーズと一貫性のあるアクションか？

イエス

・そうであれば、私のアクションは私の願望と整合性が取れているか？

ノー

・そのリスクは私の志と整合性が取れているか？

ノー

ノーの数がイエスを上回るのなら、これから取ろうというリスクを再考するときだ（私の場合、大きな波に乗ろうとしたときのニーズは仲間のハンクとハリーにいいところを見せたいということだけだと結論しただろう。その瞬間の先を考えていたなら、説得力のある理由にはなり得なかった）。少なくとも、感情的になったり、考えなしにリスクを取ったりすることがいかに多いかに驚くことだろう。

この瞬時にできるトリプルＡチェックリストから得られる効用の大きさは、後から考えれば明白だ。アクションにばかり気を取られ志や願望を犠牲にすると、とてもひどいチャンスとリスクの判断をしてしまうものだ。これは典型的な葛藤の構図だ。短期的に得られるものへの期

待は、長期的に得られるものとの綱引きとなり、短期が勝つ！　それが愚かなリスクへとつながる（この典型的な葛藤がとても高いものについた経験があるのじゃないか？）。

リスク評価でもう1つのよくある過ちは、コインの表裏をなすもので、短期的なコスト（リスク）が長期的なメリットを得るチャンスを妨げてしまう場合だ。

これでリチャードは誤った。最初にこの話を聞いてから、私はリチャードと話し合った（その若い女性の名前はキャシーだった）。そして、その瞬間、後悔の残る選択をしたとき彼の心を支配していたのは、どう判断されるか、受け入れてもらえるかといった類のさまざまな強い不安が混ざり合った結果だったと言う点で私たちは同意した。

・馬鹿げて見えることとの不安（彼はタクシー運転手、彼女は由緒正しいアイビー・リーグの学生だ）。
・身元がばれてしまう不安（彼女は高級住宅地の大きな家に住んでいる。彼女は高嶺の花だ）。
・拒絶される不安（彼女の両親は認めないだろう）。
・失敗の不安（最初のデートが最後のデートになるだろう）。

リチャードは、キャシーとデートをするのにリスクを物凄く大きく見積もり、不安に怖気づき、目の前のチャンスを過小評価してしまった。その一瞬の不安を脇に置き、将来だけを見ていれば、つまり、人生の愛するパートナーを見つけるというあるべき姿はもちろんのこと、タクシーに乗っている間に築いたキャシーとの関係をさらに築きたいという願望と、今取ろうとしているアクションを秤にかけていたなら、50年後までも自分の選択を悔やむということはなかっただろう。

キャシーの家の3ブロック手前で、身をひるがえして彼女を諦める前に、彼はアクションを願望と志に照らし合わせて考え、長期的に何がいちばんよいかを考えることができた。「最悪、何が起きるか？」と自問すればよかった。「彼女の両親に好かれない、何か馬鹿げたことを言ってしまう、デートがうまくいかずに二度と会うことがない。それが人生さ」。そして、人生行路を続ける。その後の後悔が減ったことは確かだ。

チャンスを追求しようとして不安を感じたら、なぜだろうと自問しよう。ほんとうのところ何を恐れているのだろう？　拒絶される、馬鹿だと思われるなど短期的な挫折に出合う可能性があるからということだったら、**時間軸を変えてみよう。**その経験を何年も経ってから思い出したと想像しよう。拒絶によって受ける傷は一生続くものか、あるいはかすり傷のようにすぐに治るちょっとした不愉快な気分なのか？　そして、同じ視点からチャンスについて考えよう。その機会を捉えたら最善の場合どうなるか？　その結果人生はどうなるだろう？　それをどう感じるか？

トリプルＡのチェックリストは正しくリスクを捉えるチャンスを高くする簡単なツールだ。

だが、シンプルだからといって、一見あまり重要に見えない決断をするときに、重要な働きをすることを過小評価してはならない。なんといっても願望と志に影響を与える決定をするときには、人生の大きな問題を扱っているのだ。実際のところ、私たちは人生で重要な選択を、重要ではない選択に移すのがあまり上手ではない。どうでもよいような結果になるような数々の選択のインパクトをとてつもなく過大評価して決定してしまい、人生を一変するような選択をとてつもなく過小評価してしまう。

私は軽く考えて大きな波を捉えようと沿岸から遠くまでパドリングして、危うく人生を台無しにするところだった。リチャードは21歳のときにデートをすっぽかすことを決めて、50年近く経った今も馬鹿なことをしたという思いに捉われている。

どうすれば幸せになれるかを予想するのが私たちはとても下手だ。同じように、大したことがないだろうと想定した決断の結果を予見するのが下手だ。願望と志が混ざり合った状態のとき、ささやかな決断というものは存在しない。トリプルAのチェックリストを使ったからといって完璧な決定ができるわけではない。だが、取るに足らない決断のように思えるものが、重大な結果になってびっくりさせられることが減るだろう。

第7章

自分の能力を1つひとつ吟味して、自分の一芸を見つける

第5章の二者択一のリストから意図的に落としたものがある。それは大人になってつねに選択を迫られる、**「ジェネラリストになるべきか？　スペシャリストになるべきか？」**という疑問だ。

この質問に正解はない。いずれの道をとっても自分の人生を築くことはできる。ジェネラリストになるかスペシャリストの道を取るかは、たんにその人の好みで、経験によって時と共に決まってくる。だがある時点で、この二者のいずれかを決める必要がある。多くのことをうま

くできるわけでも、1つのことを素晴らしくできるわけでもない。愚かな、どっちつかずの人生はいいものじゃない。

どのような選択をしても批判はしないが、私は偏見を持っていないわけではない。今のうちから、私はこの二者択一ではスペシャリストを選択することを伝えておこう。私はその道を選びキャリアを築いてきたから、これ以外の方法は考えられない。だからこの件に関しては、私は偏っていると憚（はばか）らずに言っておこう。さて、いいかな。

私のキャリアの基本的な要素からは、私がこのような道をたどるとは予想できなかった。当初はそのつもりがなかったのだが、スペシャリストになった。なんといっても私は行動科学で博士号を取得している。人間の行動全般を扱うこと以上にジェネラルなことはあるだろうか？だが、大学院を卒業してから私がやってきたことすべては、食パンを薄くスライスするように、私のプロフェッショナルとしての関心事をできる限り薄くスライスしていくことだった。

1つには、私は人間の行動の全般には関心がなかったことがある。私は組織行動、つまり、職場で過ごす時間にどのような行動を取るかというもっと狭い範囲に関心があった（それ以外の時間は他の人がやることだ）。

次に、私は、成功できず不満を抱え、やる気を失い問題を抱える人を相手に働くのはいやだと思った。私は成功している人と働きたいと思った。それもたんに成功しているのではなく、ものすごく成功している人、ＣＥＯなど第一線で活躍するリーダーだ。

さらに領域を薄く切っていき、戦略、販売、オペレーション、物流、報酬、株主などに関する通常の経営問題でアドバイスを求めてくる人には、私は適任ではないと話した。私が見るのは1つだけ。顧客の対人関係にかかわる行動だ。仕事で同僚と非生産的な関係にあるのなら、それを改善するお手伝いはできる。

これは一夜にしてできあがったわけではない。試してはつまずき、顧客のフィードバックを吸収し、私の弱い部分を守備範囲から外し、うまくいったことを続けていくのには何年もかかった。40代後半になると、私のキャリアという食パンは十分に薄くスライスされた。職場の対人関係に関する専門家というだけではなく、顧客対象をごく少数のCEOとそれに相当する役職に意図的に狭めた。ニューハンプシャーで左利きの人の大動脈弁治療に特化した心臓外科医になったようなものだ。だが、この狭い職域にこだわればこだわるほど、その分野で私は優れた成果を出せるようになった。そして、私の一芸は、成功しているエグゼクティブの行動を生涯変えるお手伝いをすることとなり、それは私の「天賦の才」と言えるまでになっていった。30年前にこういったことをする人は多くなかった。私の限定的な関心とスキルに合った私だけの仕事を作り出しただけでなく、しばらくの間、私はその領域を独り占めした。私は、まさに私自身のものと言える人生を作り出したのだ。*

そうなると、世界のほうから私のところにやってくるようになった。しかも充足感のほうが後悔をはるかに上回る生活を送る確率が目覚ましく改善すると私は確信した。したいことをする、それを上手にする。人がそれを認識して求めてくるようになる。そして絶えず改善していく。好循環が生み出されるのだ。それは人も羨む立場だ。自らの手で築いた功績の賜物だ。それで「一芸に秀でる」という私が好んで使う言葉のようになるのだ。

「秀でる」と言う言葉をここでは大まかな意味で使っている。狭い専門領域に没頭してよい結果を出していると、友達にもそうでない人にも一目ではっきりとわかる。一例だが、ニューヨークを訪問したとき、朝食会の前に歯が欠けてしまった。会議の間ずっと歯が痛み、歯科医に至急診てもらいたいと思った。会の主催者は、私が痛がるのを見てその日のうちにロックフェラーセンターに入っている彼の歯医者に行くようにと言って、朝食のテーブルについている間にアポを取ってくれた。「彼ならちゃんとしてくれますよ」と主催者は請け合い、「彼は天才です」と言った。こういう大袈裟な推薦の言葉を聞いたことがある。誰もが「自分の」医者、ベビーシッター、配管工事業者、マッサージ治療師は問題を解決してくれる世界的な天才だと思う。この例では、まさに主催者の言う通りだった。受付に一歩踏み入れると、私が口を開く前に受付係は私を名前で呼び、歯科衛生士が歯をきれいにしてくれ、歯科医は最新機器を使って私の治療をし、私の痛みが強くならないように気を遣ってくれた。自分の専門にプライドを持っている名人の手に委ねられていると思った。

もし、あなたが町の大通りに信号が3つ以上あるような場所で育ったのなら、この歯科医のような人を知っているだろう。地元の熟練職人、弁護士、教師、医師、コーチ。それぞれの専門分野で優れた能力を持っていて、彼らが仕事に取り掛かるや否やすごいと思わせるような人たちだ。こういう人たちは、みな一芸に秀でた天才（達人）だと思う。ノーベル賞を受賞した物理学者、リチャード・ファインマン教授が学生に次のように話したとき、心に思い浮かべていたのはこういう人たちだろう。

何かしらの活動に惚れ込み、それをする！ なんだって、深く入り込めば実におもしろいものだ。最高の仕事をしたいと思うことに、できる限り一生懸命やってみる。何になりたいかではなく、何をしたいかを考えるように。その他のことも最低限はこなして、社会からやっていることを止められないように。

どのような「スペシャリスト」、あるいは一芸に秀でた達人になればいいとは言えない。私から見れば達人の域に達している私の顧客や友人はさまざまだ。だが、ごくわずかな例外をのぞき、彼らは次の5つの戦略をいくつか、あるいはすべてを使って「達人」になっている。

＊熟慮の結果、このキャリア戦略を得たと言いたいところだが、そうではない。（a）CEOが直面する問題は普通のエグゼクティブよりも大きな社会的影響を与えるから、もっとおもしろい、（b）手数料はトップのほうがいい、といったことがわかるまでには時間を要した。

1 一芸を見つけるのには時間がかかる

キャリアを始めたばかりのときに、ジェネラリストとスペシャリストのどちらに向いているかがわかっている人はごく少数だ。私の場合と同様、若すぎる。まだこれやあれやを経験していない。自分に向いた「一芸」は何かを知る人はさらに少ない。それは大人になってから少なくとも10年や20年は要するプロセスだ。この時間を「エクスポージャー・ギャップ」と呼ぶのを聞いたことがある。知識と能力を身に付けた助走の段階から、絶え間なく、新たな人、経験、アイデアにさらされていく。自分のために働くスキルを身に付け、そうではないものは除いていく。やがて夢中になり充足感を得られるものが狭まっていく。私の場合そうだったが、サンディ・オッグはもっとよい例だろう。けっこう年齢がいってからスペシャリストになったのもすごいが、彼は、スペシャリスト、とりわけ組織に大きな付加価値を与える人を見つけることが天才的にすごかった。

私は大学院でサンディ・オッグに会った。私たちはポール・ハーシー教授の研究室で隣り合っていた。サンディは企業人事の道を選び、時を置かずしてモトローラで最大の事業部門の人事部長になった。2003年には、巨大日用品メーカー、ユニリーバで同様のポジションについた。そのときサンディは40代半ばで、通常の人事関係の仕事に精通していた。研修、人材開発、福利厚生、報酬、ダイバーシティなどだ。だが、ユニリーバのCEOはこういった仕事を部下に委譲するようにと言った。CEOはサンディにユニリーバの将来のリーダーを見出す方式を定型化してほしいと考えたのだった。それにサンディはすっかり没頭した。短期間のうちに彼は人的価値と呼ぶものを測る方式を開発した。ユニリーバの30万人の社員を独自の方式にのっとって分析して、わずか56人がユニリーバの価値の90％を生み出していると結論した。

私は優秀な人というのは、誰もそれまで考えつかなかったが、聞いたとたんになるほどと思わせるようなアイデアを持つ人だと思っていた。サンディのアイデアは実に優れたもので、ユニリーバの株価にプラスの影響を与えた。そこでプライベート・エクイティの大手ブラックストーンは、自分たちが出資し所有する企業で同様の分析をしてもらおうと、彼をスカウトした。サンディはトップ・マネジャーの報酬とその人が生み出す価値との間には相関関係があまりないことを見出した。**「誰の報酬が高すぎで、誰の報酬が低すぎなのか」**というどの組織のCEOも喉から手が出るようなデータを探し出すアイデアをサンディは発見した。資金を借り入れてレバレッジをかけて投資をするプライベート・エクイティにとって、資産売却時に適正な査定をする重要性を劇的に増加させる、極めて有益な発見だった。レバレッジによって10倍の投資効果を挙げることができるのだ。サンディの方程式は、誰を社内に慰留し、誰を外に出すかを見極める役に立ったばかりか、プライベート・エクイティで成功すると巨額のリターンが見込めることから、報酬額がいくら高くても問題ないことを明らかにした。そういう人々は、いつもスペシャリストであり、彼らの価値は言葉通り「スペシャル」であることにサンディは気づいた。彼らを引き留めるためには、いくらでも報酬を払うべきだとサンディは言った。

会社の中で過小評価されている人を深く探っていくとき、いつも彼は経営陣が無視しているスペシャリストの才能を探すようにしている。彼らは毎週開催される経営会議に出てくるようなジェネラリストといったリーダータイプではない。彼は組織の上にいる人から下にいる人まで、同僚についてインタビューをして、スーパースターとして一度か二度名前の挙げられる人物に注目する。あるとき、彼は会社の購買部長をみんなが絶賛するのを聞いた。CEOへの1回目の報告時に、彼は「この会社でもっとも重要な職務を10教えてください」と尋ねた。

CEOは自分をはじめに挙げ、それから会社のヒエラルキーに沿って直属の部下を挙げていった。

「購買部長はどうですか？」とサンディは尋ねた。

CEOはぽかんとした。

「購買部長が誰かをご存知ですか？」CEOはまったく知らなかった。

サンディは、この人物は会社のお金を節約する優れた能力を持つ人物だから、よく知る必要があると説明した。サンディは金額をきっちり把握していた。「彼が会社から出て行ったら、会社の価値は6億ドル棄損します」

サンディは会社に大きな付加価値を与える職務と、その職に就く人に与える研修・報酬・教育投資との間には、まったく関連がないことを明らかにした。サンディの意見では、そういった人はほとんどといっていいほどスペシャリストなのだが、ときには見過ごされて低い評価しか与えられていない。だが、それも長く続くわけではないと言う。

サンディは私が理想とする「一芸に秀でた天才」だ。人事の専門家として必要とされる広範な知識を得るところから始めて、トップ・マネジメントのデータに関心の対象を絞っていった。誰が能力以上の報酬を得ているか、誰が能力以下の報酬を受けているか。そして、CEOが質問することすら思いつかない1つの質問に絞る。それは、どんなに高い報酬でも払ってしかるべき人材は組織の中の誰かという質問だ。皮肉だがおもしろいのは、サンディが組織で価値を生み出す人材を見つけると、彼とまったく同じタイプの人になる点だ。スペシャリストで、極めて貴重な仕事をしていて、その仕事を標準化することはできない。その人に取って代わる人もいない。それこそが一芸に秀でた天才のコンセプトに沿ったエキスパートなのだ。

夢中になれて充足感を得られる仕事やキャリアを見つけるのにどうしてこんなに時間がかかるのだろうと思ったときには、このことを思い出してほしい。きっちり焦点のあった専門性を身に付け、専門性という食パンの塊を薄く切れるようになるまでには、何カ月どころではない、何年もかけて知識、仕事の習慣、人間関係などを構築する必要があるのだ。もうちょっと比喩を続けると、食パンを薄く切るには、パンをしっかり焼かなくてはならない。

2 誤った場所では、優れた才能も輝かない

サンディ・オッグがユニリーバで人材の価値と人を結びつけようと初めて試みたとき、彼は重要な要素を見過ごしていたことに気づいた。それは、与えられる任務だ。才能ある人材でも誤った仕事を与えられれば、その才能は無駄に使われ失敗してしまう。どんなに才能があっても、適切ではない任務のくびきを克服することはできない。

サンディは、会社の価値の90%を生み出す56人が、ユニリーバの30万人の社員の中にいるわけではないと感じ取った。正確に言えば、会社の価値に大きく貢献する56の職務がある。そこに適材を充てることが彼の仕事だった。うまくマッチすると、シートベルトを締めたときのように、「カチッ」と感じる。カチッとならなければ価値を生み出すことに失敗する。

それは個人の生活でも同じことだ。私たちはみなさまざまな役割を担って生活している。配偶者、同僚、親、友人、兄弟姉妹、息子、娘。私たちは本能的に1つの役割で果たす行動が他の役割では生産的になるとは限らないことを知っている。だから、上司に話すような話し方で配偶者に話さない。だが、役割にふさわしく行動するには努力が必要だ。1つひとつの対人関係で付加価値を与えているだろうか？　その役割で付加価値を与える努力は能力と合っている

か？ そして、その役割は私たちに重要なものか？ 毎朝起きたときに喜んでやろうと思うことだろうか？ 他に選択肢がないから仕方なくやっていることか？ この3つの問いに対する答えがイエスなら、一芸を見つけるチャンスは高くなる。

3 一芸に秀でた天才は1つのことしかできないというわけではない

「一芸に秀でた天才」を、軽蔑して使う「専門馬鹿」という言葉と混乱してはいけない。「専門馬鹿」というのは、1つのことしかできない人を批判的にけなす言葉だ。いつでも予想通りに同じ反応をする人であれ、バスケットのコートでいつも同じ動きをカッコよくする人であれ、彼らには他に選択肢がない。それしかできないのだ。

対照的に、一芸に秀でた天才は、熟慮の結果の選択であり、ここらで手を打つかというのではなく、志として自ら望むものだ。道具箱の中をごそごそ探して、優れた結果を出す可能性がないスキルを捨て、一生をかけて磨いてもいいと思う才能に焦点を絞る。

一芸と言える特別な才能はもちろんだが、それを完全なものにしようとする真摯な思いのほうがはるかに重要だ。それから言えば、誰もが一芸に秀でた天才になれる。一芸に秀でた天才の称号を獲得するのには、数学、音楽、テニスの天才のように非凡な才能を持つ必要はない。

町でいちばんの鮨職人は一芸に秀でた天才だ（シェフの「一芸」は、生魚という1つの食材を扱うこと。「天才」は生魚がシェフの限界ではないことを見せつけてくれる）。引っ張りだこの破産法専門弁護士も同じことだ。いつも予約がいっぱいの美容師も、毎回州のコンテストでチームを優勝させる合唱指揮者も同じこと。その分野でトップの内外の高い評価を得たのなら、その人が一芸に秀でた天才であることに充足感を得ている確率は高い。

4 他の人にはないユニークなところがあれば、天才になれる

ナッシュビルに本社を置く適性検査を行う会社、ユーサイエンスの創業者、ベッツィ・ウイリスは、楽しいと思うことや習慣だけではなく、イライラさせられることもチェックすると、自分の何が「天才」になりうるかを知るのに役立つと言う。彼女は夫のリドレー・ウイルスがキャリアを選択しようとするのを見て、そう思った。リドレーは10代の頃から美的に整ったもの、洗練されたものに対する審美眼を養った。彼の母方の祖父は建築家で彼の父は歴史的保存建造物を研究する学者だった。だからリドレーは建築に熟知していた。彼は30種類の青色を見分けることができた。大工の手仕事が均一でないと見分けることができる。ビルの設計や建築でどこかが正しくなっていないと、すぐさまそれが見て取れたし、それを直したいと思った。

きちんと片付いていない部屋も同じで、彼はきれいにしなくては気が済まなかった。それは彼の天賦の才であると同時に不幸でもあった。それによって、ひどくイライラさせられ、疲れる生活を強いられた。

大学の最初の2年間は辛い生活だったが、自分は建築家に向いているのだと自覚してよい方向に転じた。彼は、スタンフォード大学から、建築に優れた教授がいて新古典主義建築のキャンパスが美しいバージニア大学に移った。大学を終えると彼はナッシュビルの自宅で事業を始め、それは市でトップクラスの住宅設計・建築会社となった。30代半ば、彼は心理学的特性とキャリアをマッチさせる研究プロジェクトに参加した。2日間試した後、研究者はリドレーが非常に高度な「識別感覚」を持っていると結論した。それは、完璧な音感を持つ音楽家や完璧な鼻を持つワインのソムリエに通じる能力だ。リドレーの場合、彼は識別感覚をデザインに適用し、家の質や美しさにちょっとした違いを見るのに役立てていた。リドレーの職業を知らなかった研究者は、彼に精密で細部に注意を払い、高度に洗練された美的な判断を必要とする仕事に向いていると話した。研究者たちは彼がファインアートの写真家か高級住宅のリノベーション・スペシャリストになったらどうかと話した。

「私たちはたいてい90%完璧な仕事で満足している」とベッツィは話してくれた。「私の夫は99%を目指します。彼は99%を達成したいという強い思いを貫き通せる分野を選ぶことができて、惨めなどころか、幸せなの」

個人が一芸に秀でたせいで惨めな気持ちになる可能性があることを聞いたのはこれが初めてではなかった。何年も前、私はあるディナー・パーティで、部屋を2つ隔てたキッチンで何の料理をしているかがわかるという男性に会った。彼は鋭い嗅覚を持っていて、精神疾患を患っている人を臭いでかぎつけることができると言った（統合失調症患者にとりわけ顕著な代謝異常によるものだろう）。「メンタルヘルスの仕事をしている人には貴重な才能でしょうね。アムステルダムであなたはそういうお仕事をしていらっしゃったのですか？」と私は尋ねた。「いや、それはたまらない。私は調香師です。自分だけの香りを持ちたいという裕福な人のために、香水を調合します」と彼は言った。

「それで生計が立つんですか」と私は尋ねた。

「人はよい香りに包まれていたいものです。私はそういう人たちを幸せにしてあげています」

特殊な才能は、人の心を高めることも、ひどく苦しめることもある。それを自分の味方にすることも、敵に回すこともできる。それは、あなたが決めることだ。

5 ジェネラリストも一芸に秀でた達人になれる

ちょっと見では、CEOは究極のジェネラリストのように思える。だが、明確にコミュニケーションする能力、説得力、意思決定能力といったCEOに求められる一般的なリーダーシップ・スキルを取り除くと、優れたCEOはみな、自分の一芸はこれだと思う極めて特殊なスキル、あるいは彼らが重要とする価値観を持っていることに気づくだろう。あるCEOの一芸は会議を生産的に運営すること、あるCEOの場合は組織のすべてのレベルの人とうまく連携を取れること。それぞれのCEOの一芸は類い稀なスキルで、CEOの信頼や敬意の基であり、それがすべてを動かしている。

この特別な能力は偉大なリーダーにすぐ見て取れるものとは限らない。大きな権限や強い個性に隠されていることも多い。だがじっくり見ればわかる。たとえば、デイビッド・エプスタインの2019年の著書でベストセラーとなった『RANGE(レンジ) 知識の「幅」が最強の武器になる』のテーマは私がここで論じていることと矛盾するように聞こえるかもしれない。この本の中で彼は私が畏敬する友人、フランシス・ヘッセルバインを紹介している。エプスタインはフランシスの偉大な点を見事に詳しく書いている。多忙を極めたボランティア活動の若い日々、60代、70代にガールスカウトを再興させたこと、ビル・クリントンから大統領自由勲章を授与されたこと、ピーター・ドラッカーが彼女はアメリカで最高のCEOであると太鼓判を押したことなどを書き、彼女の多岐にわたる経歴がフランシスの素晴らしいリーダーシップ・スキルを築き上げたとしている。だが、彼はフランシスを他の人から大きく区別する1つのスキルに触れていない。彼女はすべてを、どうすれば他の人のお役に立てるのだろう？という1つの問いを通して見る。それが彼女の「一芸」で、そこから、知恵、権威、高潔さ、慈悲の心などの実に素晴らしい強みが生まれてきている。それによって、フランシスは彼女のように世界を見るように他の人を動かしている。それが彼女のリーダーシップの形だ。

一例を挙げよう。２０１４年のこと、私はサンディエゴの自宅に数人のクライアントを招待して、相互に助けながら次に何をしたいのかを模索する2日間の集中講座を開催した。私は当時98歳だったフランシスも招待した。彼女がそこにいるだけで、その場の叡智のレベルが上がると知っていたからだ。2日目、ローズ・アンと仮に呼ぶ女性に注目が集まった。彼女はまだ50歳に手が届いていない女性で、3年前に事業を売却して相当な金額を得た。夫とともにミネアポリスからアリゾナの小さな町に移り、今までの苦労の成果を楽しむことにした。だが、この動きは惨憺たるものだった。ローズ・アンは、アリゾナの夕陽を眺めるようにはできていなかった。休むことを知らない起業家の血のせいで、彼女は地元のレストランとフィットネス・クラブに投資をしたが、そこの顧客は、彼女が最初に成功を収めた顧客とはまったく異なっていた。押しの強い彼女のビジネスのやり方を新しい町で行ったために、1年もしないうちに彼女は会う人すべてから疎まれるようになった。うまくやれないのならミネアポリスに戻るぞと彼女の夫は脅した。私の自宅で彼女が自分の言い分をぶちまけると、私たちはいろいろ提案をしたが、いずれも役に立つものではなかった。最後にフランシスが口を開いた。彼女はローズ・アンにこう言った。「お話を伺っていると、ご自分のことばかり考えていらっしゃるようね。

他の方の手助けをするようにしてみたら?」」。私たちはみんな彼女の言うことはもっともだと思った。ローズ・アンですら、絶望的になりつつうなずき、フランシスにお礼を述べた。ローズ・アンが人生の軌道を取り戻すために、フランシスはわずか2つのことを言っただけだった。そして、その場にいた私たちは、その言葉を聞いたとたんにその通りだと思った。それが彼女の一芸だ。フランシスは他の人のために生きている。そして彼女のお手本を見ると、他人は自然と彼女に倣うようになる。彼女の権威はこの1つの特質から生まれる。その逆ではない。真の彼女はジェネラリストの顔をしたスペシャリストなのだ。5年後、ローズ・アンは市長選に立候補し、当選した。

ところで、私はエプスタインの著書を低く見ているわけではない。『RANGE』はおもしろい、論点がよくまとまっていて、詳細が実によく書かれた本だ。私の読んだところでは、エプスタインは人生後半に専門化することをよしとして論じているように思う。多くのことに取り組み試した後に、価値があると思う1つのことにきっちり焦点を合わせることを言っている。彼も私も同じことを述べていると思う。運がよければ私たちはジェネラリストとして始めてスペシャリストで終わる。

私にとって、仕事で一芸に秀でた人というのは、価値ある仕事にできる限りうまくやろうと専念する真面目な職人の人生というイメージだ。仕事というよりも天職と思うキャリアは、お金のためではなく個人の充足感のためにするものということだ。それが一芸に秀でる効用だ。充足を感じていれば、世界は縮むというよりも広がりを見せる。狭い分野での専門知識が広範な問題やチャンスに応用できることに気づくだろう。一芸に秀でることは、1つの次元しかない人生に閉じ込める判決を下されるような屈辱的な代物ではない。まったく逆だ。巧みな職人のように高度に専門化したスキルを磨き、使えば、牛耳るのはあなただ。他に並ぶもののない存在となり、多くの人から求められるようになる。さらに専心するようになり、さらに大きなパーパスを持つようになる。あらゆるところで充足感を得て、やがて自分自身の人生を送るようになるだろう。

演習

「君ならもっとできる」をどう聞くか

カーティス・マーティンがNFLでのキャリアでいちばん重要だった瞬間を私に話してくれた。それは、1996年、ニュー・イングランド・ペトリオッツの自主トレ・キャンプ、アメリカン・フットボール・カンファレンスに新人で出て1487ヤード突進した後のことだった。人をやる気にさせる伝説的なヘッドコーチ、ビル・パーセルは、ランニング・バック、レシーバーを全員集めて、誰が最後まで残れるか短距離走と基本練習の耐久テストをした。50分もすると疲れた選手が脱落していったが、カーティスはパーセルが笛を吹くまではやめないぞと心に決めた。1時間後フィールドに残ったのは彼1人だった。四つん這いになってスプリントを終えても、パーセルが情け深く終わりを告げるまで中断しようとしなかった。その後ロッカールームでパーセルはカーティスにこう言った。「これをしたのは、君に君のことを知ってもらいたかったからだ。君はもっともっとできる」

カーティスのこの話を聞いて、一生の間に私たちは何らかの形で「君ならもっとできる」(略して「君ならもっと」)と言われたことがあるはずだと思った。あなたも聞いたことがあるだろう。両親があなたにうっとりするとき（「あなたのことを誇りに思うわ」）、あるいはがっかりしたとき（「君ならもっとできると思っていたよ」）、励ましによく使うセリフだ。

人生で繰り返し聞きたいセリフだ。残念ながら会話の中で軽く使われるので、聞き流してしまっているかもしれない。この「君ならもっと」弾が来ることを告げるけたたましい警報は滅多に鳴らない。

ユニリーバのCEOがサンディ・オッグに会社で貴重な人材は誰かを教えて欲しいと言ったとき、その任務は彼にとって「君ならもっと」として聞こえた。私がマーク・ターセックに「まったく！　君はいつになったら自分の人生を生きるつもりなんだ」と怒鳴ったとき、イライラの爆発の形で出てきた。アイシェ・バーセルは「あなたの英雄は？」と私に質問の形で言ってきた。幸いこの3つの場合、「君ならもっと」メッセージははっきりと伝わった。それはサンディ、マーク、そして私の3人の人生を変えた。

私の人生で5、6回ほど私が一芸に秀でるように近づいた貴重な瞬間があったが、いずれも私が頼んだわけでも期待していたわけでもない。「君ならもっと」が私を動かしてくれた。ポール・ハーシーから彼の代わりに講師をするように依頼されたとき、彼は私ならうまくやれると請け合ってくれた。アメリカン・エキスプレスのトップは、シニア・パートナーなしで独立したほうがうまくいくと言ってくれた。ニューヨークの著作権代理人は私を発掘してくれて、「あなたは本を書くべきです」と言ってくれた。これは私が「君ならもっと」のメッセージをもらったいくつかの例だ。注意していなかったために同様のメッセージを何度見逃してきたことだろう。

●こうしてみよう

一定の長期間（少なくとも1カ月ほど）、自分が見逃していた潜在能力を見つけてくれたように思えるコメントを受け取るたびに、記録をつけよう。

具体的な誉め言葉でもいい（「会議で言っていたこと、よいポイントだね。私は思いつかなかった」）。あるいは、答えを求めない形のコメント（「君はもっとはっきり主張すべきだよ」）。あるいは愛の鞭のコメント（「もう一度やってごらんなさい。あなたならもっとできると思っていたわ」）。

コメントが正しいとか間違っているとかをテストするものではない。目的は、期待が持てるとか不十分だからもっと有意義に生かすべきだと人が思っていることを、どのくらいの頻度で伝えてくれているのかを知ること。そのためには、目と耳を大きく開くことだ。たんに誉め言葉を探すだけではない。もっと成長するためのヒントを探すことだ。

お世辞であろうと本気であろうと、誉め言葉は簡単に気づくことができる（私たちは自分に向けられた誉め言葉を見つけるのが得意だ）。ドンピシャな批判、こっそりと容赦なく率直な話をしてくれたときには、気づくのが難しくなる。

私の直感では、たいていはいちばんグサッとくるが行動に移りやすいアドバイスを含んでいると思う。[*] きちんとメモを取っておけば、注意力が高まり有難いと思うことだろう。つねに。

　さらに効果をあげるために、「君ならもっと」を受けたときの記録を取るだけではなく、誰かによかれと思って自分から進んでフィードバックを与えたときにも記録をするように。自分で思っていた以上に、多くやっているのじゃないか。それはいいことだ。

「君ならもっと」のメッセージは人生でいちばん純粋な心の広さを見せるものだ。与える人にも受ける人にもためになる。詩人のマギー・スミスが言うように、「誰かに光を当てれば、あなたもその光を受けるでしょう」。

＊ある銀行員が以前話してくれたことだが、若い頃キャリアの転換点となったのは、ぶっきらぼうに、馬鹿にするようなふりをして、「君ならできる」とけしかけてもらったことだったという。
「70年代、私がまだ社会人になりたての頃、アメリカの代表的なコングロマリットのCEOに、支出を大きくセーブするユニークな資金借り換えのアイデアを話しました。ほぼ2年かけてCEOをやる気にさせ、成功させました。その間、何か重要なことが出てくるたびに私は彼に報告するようにしました。彼は多忙な人だったから、あまりお邪魔をしたくなかった。私たちはお友達だったとは言いません。彼は大物で、私は取るに足らないぺーぺーでしたから。でも、彼はときどき前触れもなく電話をしてきて、政治やスポーツなど奇妙な会話を交わしました。案件に関して話すことはほとんどありませんでした。電話のたびに考えたものです。『あれは何だったんだ？』。身分があまりにもかけ離れていたので、私たちがお友達になれるとは思えなかったのです。

案件が完了して何日か経って、私はウチの銀行の会長と彼とのミーティングを設定してお祝いをしました。私たち3人は彼のオフィスでシャンパンを傾けました。2人はとてもいい気分でいました。この案件は、顧客の取締役会メンバーを驚嘆させ、ウチの銀行に多額の手数料をもたらしたのですから。そして、彼らは普通ならありえないことを始めました。彼らは私がその場にいないかのように私のことを話し始めたのです。彼らは私の若さ（29歳でした）をジョークにし、私は彼らに恩に着るべきだと話しました。それからCEOはウチの会長に私のことを率直に話したのです。その言葉はいまだに私の耳に残っています。彼は、私のことを『クリエイティブで素晴らしい交渉をする』が、『まだ、未熟だね』と言いました。そう言いながら彼は微笑んでいましたが、冗談のつもりでないことは明らかでした。彼は私に聞かせるつもりでそう言ったのです。彼はどういう意味で言ったのか説明してくれませんでした。会話はそれから他の話題に移りましたが、彼は思い通り私に一撃を食らわせ、私は傷つきました。

『未熟だ』というコメントを私は何日も考えました。何が彼を不愉快にさせたのだろう？　レポートでも、提出した契約関連の文書でもミスはなかった。それから私は彼が電話してきておしゃべりしたときのことを思い出しました。彼の時間を無駄遣いしているのではないかと心配で、早く彼が電話を切ってくれればいいと思っていました。私は、彼がうまくいくように私に手助けをすることに喜びを感じていたことを理解していませんでした。予告なしに電話をすることは、信頼関係を築き友情を固める彼のやり方だったのです。ビジネスは独創性や案件だけではない、それ以上のものだというシグナルを彼は送っていたのです。私は人間的な側面を無視していた。とりわけ、誰かの手伝いをすることで得る満足感、そして彼らがお返しに手伝うことで満足感を得るといった相互関係を無視していた。心の奥底から仕事を楽しむ要素に気づいていなかったのです。顧客との付き合いをもっとうまくやれたのに、と彼は私に言ってくれていたのです。私はもう二度と同じ過ちをすることはありませんでした」

演習

一芸に秀でた人たちのラウンドテーブル

これは挑発的だけれど楽しい。

●こうしてみよう

お互いによく知っている人を6人自宅に招く。まずあなたから、自分の特別な才能と思うスキルを1つ発表する。隠れた才能でも、明らかにわかる才能でもかまわない。あなたがもっとも上手にできるものだ。他の5人はそれに反応して話す。パスは許されない。あなたの発言に賛同しなければ、それに代わるものを言わなくてはならない。このプロセスをグループ全体で繰り返す。

コメントを議論してもかまわない。皮肉や意地の悪いコメントは禁止。率直に話してくれたことに怒りや敵意を示すことも禁止だ。36の賛同あるいは異を唱える意見がグループから出るが、不愉快になってはいけない。

お世辞、苦痛、サプライズがあるだろう。だが、これは自画自賛や自責のための演習ではない。「君ならもっと」と同様、自分を知ること、そして互いに助け合うためのものだ。

これを最初にしたとき、私に独自な才能は、人が自分で気づく前に、その人にはどのような動機があるのかを理解することだと自信を持っていた。私は20代にUCLAで有名な集中的エンカウンターグループを3年間経験してからそう信じていた（20世紀半ばに流行ったもので、参加者はしばしば対立的に向き合うことで自分の気持ちを表に出すことを求められた）。私にそのような才能があることに異議を申し立てる人はいなかったが、それが私のユニークな点だとは言えないとみんなは言った。何人かは自分も人の動機を見出すのに秀でていると思っていた。

10年以上私がコーチングをしている女性が、もっとも正確な観察をしてくれた。私に恵まれている才能は、反復行動に飽きないことだと言った。1年に100回以上、毎回同じレベルで熱くメッセージを伝えることができると言うのだ。

「動機を理解する人は多い。でも同じメッセージを繰り返すことができる人は多くない」と彼女は言った。彼女からそう聞くまで、その能力が何ら特別なものだとは思っていなかった。私は「ありがとう」とだけ言った。

パート

Ⅱ

自分の人生を築く

第8章

自制心の5つのビルディング・ブロックをどう手に入れるか？

パートⅡを始めるにあたり、今までのおさらいをしよう。

「はじめに」で、結果はどうであれ、どんな瞬間でも自分の選択、リスク、努力が人生の全般的な目的と整合性を保っていれば、自分の人生を送っていると言えるとした。各章では、自分の人生を築くのに必要な考え方を1つずつ見ていった。皮切りは「息をするたびパラダイム」だった。仏陀が「人の命は一呼吸の間にある」と教えたことに基づく自己意識だ。次に、自分自身のためではない人生を送るようにさせてしまう多くの要因を見た。それに対して、自分の人生を築くのに不可欠なスキルのチェック・リスト（モチベーション、能力、理解、自信、サポート、市場）の1つひとつを見ていき、反撃を加えていった。それから多くの選択肢を1つに絞り、重要な選択を減らす価値についての章、続いて、志について取り上げた。ここでは何をしたいのか、と、どのような人になりたいのかの間には決定的な違いがあることに注目した。第6章では、人生で取るリスクのレベルをどう決めるかを分析した。最後に第7章では、スペシャリストかジェネラリストかの二者選択を迫られたときにはスペシャリストを選ぶように勧めた。どのページでも、つねに横たわるテーマは、選択だ。私たちの妨げになるのではなく、役に立つように磨きをかけて選択をするにはどうしたらよいかを考えた。

パートⅡでは、自分の人生を生きるための心構えではなく、行動にフォーカスしていく。どう選択して実行するか、新たな仕組みが必要となるから困難な作業になるだろう。

従来のパラダイムは、目標達成に自制心、意志の力を強調する。成功したいと思ったら、私たちは（a）律儀に計画に沿って動き、（b）計画から脱線させ気を散らすものには抵抗しなくてはならない。自制心は、困難なことに対してイエスと言って実践する意志の力を日々養う。意志の力は、悪いことにはノーと言う決意を生み出す。何か難しい、特別なことを達成するためにこの2つのことを行う人に私たちは敬意を示す、いや驚異の思いを示す。60ポンド（27キロ）減量してそのまま体重を維持している自分の兄弟、夢見ていたイタリア語を流暢に話せるようになった近所の人、依存症になっていた人が悪い習慣を取り除くこととか。

だが、自分の人生となると、他人に尊敬されるとか、驚愕してもらうということはあまりない。私たちは自分の資質は誇大評価しがちだ。知的レベル、分別、自動車の運転テクニック、批判を受け止める力、時間厳守、ウイットなどいくらでもある。自制心と意志の力はたぶん誇大評価リストのいちばん上にくるだろう。ダイエットの失敗、使っていないスポーツクラブの会員権、外国語の教材を見ればそれは明らかだ。

30代の早いうちに私は自分の自制心を過信するのを止めた（この失敗を認めたことを私は誇りに思っている）。だが、当時私の研修を受けた人たちにこのことを適用しなかった。何度も何度も私は彼らの自制心を過大評価し続けた。私が変わるには、目から鱗が落ちるような、誰にもわかる質問をして私を面食らわせるクライアントが必要だった。

1990年に、私は「バリューとリーダーシップ」のテーマで何回か連続のセミナーをノースロップ社で行った。航空宇宙・防衛企業で、今はノースロップ・グラマンになっている。1日がかりのセミナーをした後、ケント・クリーサがこう尋ねた。**「これってほんとうに効果があるのかね？」**

クリーサはノースロップの新しいCEOで平易に話す人だった。破産寸前の状態から同社を素晴らしい状態に持ち直し、見事に再建し始めたところだった。

自分を正当化するためだけに、すぐさま、「もちろんですよ」と言おうと思った。だが、それまで誰もこんな質問をしたことがなかった。

「そうだと思います。でも、効果があるかどうか調査をしたことがないので、わかりません。

調べます」と私は言った。

講義で、私はリーダーに研修で学んだことを実行しているかどうか、仲間から定期的にフィードバックを受けるようにと指示し、彼らが私の指示に従っていると想定している。行動に関するフィードバックを求めるのは、その行動を規則正しく改善するのに確実な方法だと広く認められている。だが、受講生がほんとうに私の言ったことを心に深く刻み込んだかどうかをフォローアップしたことはなかった。

研修プログラムの効果に疑義を持つことがなかったのは当然だ。その答えを知るのが怖かったのだ。知らぬふりをして、うまくいっていると思い込もうとしていた。クリーサに尋ねられて、私は自分のやり方を変えた。ノースロップの人事部チームと私は毎月研修を受講した人に、学んだことを同僚にフォローアップしているかどうかの調査をするようになった。数カ月後、出てきた数字は励みになるものだった。参加者にチェックすればするほど、参加者は自らの経営スキルのフィードバックを同僚に求めるようになった。私たちのフォローアップは、1日講義を受け、戦略の練習問題を理解し実践することが期待されているのだということをつねに思い出させるものになった。経営陣が注意をして見守っているのだということが暗に伝わり、フィードバックをうまく求めるようになり、その結果を受けて教室の講義で学んだことを実践するようになっていった。

数カ月後、クリーサの質問に答える準備ができた。「はい。皆さん改善します。でも、フォローアップをしたら、のことですが」

「お若い先生、君のキャリアはこれでできたね。僕のおかげだよ」

彼の言う通りだった（彼の質問は、私にとって一生を変える「君ならもっとできる」のエピソードだった）。その時から、すべてのフォローアップが私の考え方とコーチングの必要不可欠な要素となった。それまで、私の教えた通りにしてもらうのに、個人のモチベーションや自制心に頼っていた。私は、「私はこれを教える。それを学び、使うかどうかは受講生次第だ」と考えていた。

もちろん、実に馬鹿げたことだった。人は自分で自分をコントロールするのが下手だという、何世紀も前から明らかな事実に逆らっている。私はケント・クリーサの**「これってほんとうに効果があるのかね？」**の一言によって、その考え方を改められた。

行動を変えるのにフォローアップがうまく働くことは学んだ。だが、それ自体では効果的ではない。モチベーション、エネルギー、自己管理といった、私たちが自制心や意志の力と考えていたものを植えつけるためには、いくつか他の行動と組み合わせなくてはならない。

この新たな行動のテンプレートに従うと、自制心と意志の新たな解釈が見えてくる。私たちはこの2つを高潔なものだと思う傾向があり、成功をもたらすのに不可欠なスキルとして一般化し過ぎるきらいがある。そうではないと私は言いたい。というよりこの2つは成功のエビデンスであり、事実があって初めて認識する性格のものだ。ごくごく単純化して私たちはそれを自制心と意志だとしてしまう（あるいは、根性、立ち直る力、忍耐力、辛抱強さ、大胆さ、勇気、粘り強さ、道義心、決意などなど）。コンセプトがユニークできっちりしたものだったら、これほど多くの類語は出てこない。**「自制心」**と**「意志の力」**のビルディング・ブロックは、もっと具体的で、理解可能なものだ。

- 遵守
- アカウンタビリティ
- フォローアップ
- 計測

これら4つのものは自制心と意志の力の言い換えではない。新たな行動計画に飛び込んできた代替物だ。それぞれの4つのアクションは状況に依存する。遵守は、アカウンタビリティ、フォローアップ、計測とは異なる問題を解決する。私たちは、人生を切り開くプロセスの異なる瞬間にいずれかを求める。すべてが一緒になれば、目標追求を形作るためのひな型となる。たぶん無意識のうちにすでに実行しているのではないだろうか。自分の人生を築いていきたいと思えば、これらが機能する。これらなしには、チャンスはない。その理由は次の通りだ。

1 遵守

遵守とは、ポリシーや規則をしっかり守ることだ。治療で薬をもらうときに、多く聞かれる言葉だ。医者が薬を処方したら、患者の仕事は決められた通りに薬を飲むことだけだ。特別他のことをするように命令されない。たんに指示に従うだけで身体の不具合はよくなるだろう。それなのに、アメリカの患者のほぼ50%は、服薬を忘れるか、やめてしまうかしてしまう。あるいは薬をまったく服用しない。そのくらい遵守というのは難しいものなのだ。健康、もしかしたら命がかかっているときでも、成功間違いなしの治療に従わないのだ。

私は24歳のとき、バスケットの試合中強いパスを受けようとして右手の中指をひどく傷つけてしまった。指先の3分の1は、折れた枝のようにブラブラとぶら下がってしまった。怪我のことを図書館で調べて、たぶん「野球指」になったと思った。治療は単純だが退屈なものだった。8週間添え木をする。シャワーのときもしたままだ。だからシャワーの後には洗って、指を平らな場所で乾かし、腱がまた伸びて同じ治療をやり直すことにならないようにしなくてはならなかった。調べたことをUCLAのクリニックの医者に話すと、「その通りですね。野球指だ。添え木をきちんとしてください。12週間のうちにまた見せてください。そのときには治っているでしょう」

私はきちんと守った。生まれたばかりの赤ちゃんのおむつの世話をする母親のように献身的に、指を洗い、乾かし、添え木を添えた。8週間後にクリニックに行き、医者に見せると、彼は指をチェックして完治したと言った。それから彼はこう付け加えた。「君が実際にきちんとやり通したのにはびっくりしましたよ。12週間これをきちんとやり遂げられる人はほとんどいません」

医者からこれほどがっかりするコメントを聞いたことはなかった。彼は私の指を診断して正しい治療法を教えてくれた。だが、それを遵守するのは大変だということを前もって注意してくれなかったし、彼は私がやれないと思っていた。遵守するかどうかはまったく私次第で、彼はあまり期待していなかった。信号なし、速度制限なし、「前方に急勾配の坂あり」「カーブ・危険」といった警告もない道を走るように送り出されたようなものだ。

医学の父ヒポクラテスが医者に強く忠告したことを思い出した。「まず何よりも害をなしてはならない」。だが、同時に彼はこうも言った。「患者の協力も得るように」。私の医者は私が指示を守らないと思っていただけでなく、ヒポクラテスの指示に従わなかった。残念ながら、彼の行動は例外ではなく、標準的だ。患者が医者の指示を遵守しないことは、アメリカの医療費に1年間で1000億ドルの損害を与えている。あなたのかかった医者は、あなたが実際に薬局で処方された薬を受け取ったかチェックしましたか？ 1、2週間後に決められた通りに服薬しているかどうかチェックしましたか？　イエス、という人、手を挙げてください。

私のかかった医者はもちろん正しかった。遵守は容易に理解できる（「これをすればよくなる」）が、実行は難しい（「毎日しなくてはならない。あーあ」）。**人間は決められたことをきちんと守るのがひどく下手だ。**医者の指示、先生から出された夏休みの課題図書のリスト、毎日の宿題、親から言いつけられたベッドの整頓、編集者から出された締め切り日など。無視してしまう。私は医者から「遵守するのは大変だよ」と事前に一言言ってもらいたかった。

指示を出した人がその指示を遵守するようしっかりと目を光らせるとは期待できない。それが事実だ。自分でやるっきゃない。どんな状況でも遵守を無理強いできると思ってはいけない。私が添え木の治療を最後までやり通したのは、指が痛かったし、一生手が不自由な状態にはなりたくなかったからだ。痛みがなく、手が変形していなかったなら、ちゃんと守ったかどうか疑わしい。

健康を取り戻せない。怪我が治らない。職を失う。誰かとの関係が壊れてしまう。機会を活かせなかったことをずっと後悔して苦しむ耐え難い痛みや肉体的・金銭的・感情的な報いがあるとなったら、言われたことを守る確率が高くなる。野球指は、このことを私に教えてくれた。

こういった痛みや報いの恐れがある極端な状況に陥り、ことの重大さを認識すれば、遵守は困難ではなくなる。他に選択の道はない。そういう状況でなければ、違った手立てが必要となるだろう。

2 アカウンタビリティ

遵守は、他人が課した期待通りに正しく対応するということだが、**アカウンタビリティ**（説明責任）は自分が自分自身に課す期待への対応だ。アカウンタビリティには個人的なものと対外的なものとがある。

ＴｏＤｏリストは個人のアカウンタビリティのよくある例だ。今日することをメモ帳に書き留めたり、スマホに打ち込んだりする。終ったら消していく。１つ消すごとにささやかな個人的な勝利感を味わう。半分しか終わらなかったら、それは翌日に回す。１週間後にもやり残されているものがあったら、自分に腹を立てたり、恥ずかしいと思ったりする。誰もそれを知る必要はない。

私は対外的に公開にすることを好む。やろうとしていることが外に知られたら、（人の目があるから）自動的に重要度が上がる。それで、願わくは結果がよくなる。人に失敗を知られる不安、それに自分の失望が重なれば、強いモチベーションとなる。コーチングする顧客に、行動を改める計画を一緒に働く人に発表することを強く求めるのは、これが１つの理由だ。発表すれば行動を変える努力を人に見られる。**見られることはアカウンタビリティを上昇させる。**

3 フォローアップ

遵守とアカウンタビリティはコインの表裏をなす。いずれも私たちが個人として負う義務である。一方は他人が、もう一方は自分が自分に負わす義務である。**フォローアップ**は、外の世界の強制的な力が2つを混合させるようにする。突如周りの人が私たちをチェックするようになり、私たちの意見に関心を持つようになり、私たちのフィードバックに価値を見出すようになる。もはや自分ひとりで行動できなくなる。観察され、テストされ、批判される目的で、グループに徴兵されるようなものだ。それが私たちを変える。好むと好まざるとにかかわらず、フォローアップは貴重なプロセスで自己認識を高める。自分の進歩を正直に評価するようにさせる。フォローアップがなければ、自分はうまくやっているかどうかわざわざ尋ねることはしないだろう。

フォローアップにはいろいろな形がある。人事部の誰かが全社的な調査を行うことも、上司が週次報告を求めることも、ベンダーが購入後の満足度をチェックすることもある。これから私がお勧めするフォローアップは、フォードのBPRからヒントを得たのだが、5、6人の人が参加して相互にモニターをする週次の会議だ。どのような形であろうと、フォローアップは歓迎すべきだ。腹立たしく思ってはならない。それは私たち個人の尊厳を冒すものではないし、個人の領域に侵害してくるものではない。それは私たちを支援してくれるものだ。

4 計測

計測は私たちの優先度をもっとも正直に表すものだ。気にしないものは計測しないからだ。財務基盤の安定が優先度のトップにあるのなら、毎日資産額をチェックする。真剣に減量に取り組んでいるのなら、毎朝体重計に乗る。胃に問題があれば、胃腸のマイクロバイオーム分析を計測する。２０２０年、コロナ感染が気になったときには、血中酸素濃度計と呼ばれる小さな計測器で血中酸素飽和度（SpO_2）をチェックしただろう。たぶん1年前には聞いたこともなかったデータだと思う。

私は「数量化された自己」運動の信奉者ではない。科学者やＩＴエンジニアが個人のデータを取って自分の存在意義を見つけようとする動きだ。毎日の歩数に始まり、人との付き合いに毎週どのくらいの時間を使ったかを記録したりする。昔、私はさまざまなデータをトラッキングしていた。私にとって重要な意味を持っていたからだ。睡眠時間、出張の日数、子供に好きだよと言った回数、感謝の気持ちを日々何回感じたか、ミシュランの星のついたレストランに何回行ったか。それぞれの数字は、自分を改善する手助けになった。「十分よくなった」というレベルに達すると、私は計測を止めた。何年もの間、航空会社のマイレージを夢中で見ていたが、1000万マイルを達成し、アメリカン航空からコンシェルジュキーという最上位の会員カードを受け取ったところで、勝利宣言をして数えるのを止めた。本書執筆中の今、私が数えているのは日々の歩数、リダに優しい言葉をかけた回数、静かに瞑想をした時間、孫と会う時間、ホワイト・フード（砂糖、パスタ、ポテト）の摂取量、優先度の低い活動（たとえばテレビを見る）に使った時間だ。

重要な数値のすべてが具体的で客観的な数字というわけではない。ソフトな主観的な数字も意味がある。

私の友人、スコットの例だが、彼は健康上の理由から医者の厳しい指導のもと食事療法を行った。スコットの内科医は、スコットと同じ健康問題を予防するために同じ食事療法をとっていた。6カ月経ったところで、どのくらい厳しい食事療法を守ったかと彼はスコットに尋ねた。スコットは「98・5％」と答えた。内科医は何も言わず、次の質問に移った。何もフィードバックがなかったことにスコットはムカッとした。翌日彼は内科医に電話をしてこう言った。

「98・5％と答えたとき、私に厳しい評価をなさったように思いましたが」

「とんでもない」と内科医は答えた。「すごいと思いましたよ。私は80％にも届きませんでしたから」。正確な数字ではないとしても自分の推定値と比較する数字を聞いたことはスコットにとってすぐさま大きな意味を持った。彼は自分の遵守のレベルにいい気分になった。

次章で計測をしてもらうが、それもソフトな主観的な数字だ。1から10の数字で努力のレベルを推定していただく。6だ、9だと言うのはスコットの98・5％より科学的な数字とはいえない。なんといっても推定値だ。だが、自分の人生を築くためにはものすごい意味を持つ。他人と数字を比較できる場合には、とりわけそう言える。

後悔しない人生を送るための戦略を実践開始すると、人生を築くひな型を構成するこれら4つの要素は習慣として身に付くだろう。遵守、アカウンタビリティは、日々軟弱な決意をテストするものではなくなる。仕事をするか1日休暇を取るかのように、選択できるものとなる。心臓の鼓動や呼吸のように自然なものになる。フォローアップと計測はフィードバックの一部となり、日々の意義や目的を与えるものとなるだろう。目や耳をふさぐのではなく、データを取ろうとするようになる。こうやって自制心や意志の力が徐々に生活の中に組み込まれていく。自制心や意志の力は生まれながら身に備わっているものではない。日々身に付けていくものだ。

だが、これら4つのアクションをつなぎ合わせるもう1つの要素がある。それは大きい、誰もが知っているものだ。あなたの人生に関わっているすべての人からなる。あなたが**コミュニティと**思う領域だ。

あなたは、自分のことをこう考えているのではないか。私は今の自分を独力で作り上げた徹底的な個人主義者だ。自分の選択に責任を持っている。「そんなの不公平だ！」と愚痴をこぼすことはしない。犠牲者や殉教者の役割はご免こうむる。私はこのように考える素晴らしい人々に会ってきた。**だが、彼らは誰ひとり、自分ひとりでそうなったとは考えていない**。彼らは自分の人生を独力で築くことはできない、コミュニティの中にあって初めて可能になるものだと認識している。

彼らの選択、志が他の人に影響を与えることをよく理解している（人間学のイロハだ。ジョン・ダンの詩にあるように、「人は誰も孤島ではない」）が、彼らは、コミュニティは一方通行ではないということをつねに念頭に置いている。コミュニティでは、すべてがお互い様だ。お返しを期待せずに他人によいことをする、たとえば人を慰める、その後の様子を見守る、誰かを紹介する、あるいはたんに会って話を聞くといったことをすれば、お返しを求めていようがいまいが、それはあなたに返ってくる。相互依存の関係はコミュニティそのものだ。

だが、コミュニティにあってはこの相互依存の関係は、たんに2人の間の関係ではない。正しいコミュニティにあっては、3次元だ。誰もが誰かを助け、指導するライセンスを持っているようなものだ。私の背中を掻いてくれたらあなたの背中を掻いてあげようといった押しの強い人脈構築関係ではない。誰かが「手伝ってください」と言う。それを聞いて「手伝って何の得がある？」などと計算せずに、聞いたらすぐ「お手伝いしましょう」と反応することだ。健全なコミュニティなら、「お手伝いしましょう」と反応するのが当然だ。健全なコミュニティのメンバーの間のコミュニケーションと心の広い行動を図に描こうとしたら、ジャクソン・ポロックのドリップ・ペインティングのようにワイルドでバラバラな絵のよう、あるいは神経系のマップのように見えるだろう。

70歳近くになって私はこの現象をよく理解できるようになった。ある朝目が覚めて、私は100人のコーチ・プロジェクトというコミュニティを作っていたのだと、たまたま気づいた。それは人々が自分の人生を生きるお手伝いをするのに何倍もの力を発揮している。どうやってこの新たな場所にたどり着いたのかは自分でも謎なのだが、それが生まれたときの話はお話する価値があるだろう。

第9章 もともとの話

自分の人生を築くには、何をすればよいか、もうわかっているだろう。**どんな人生を送りたいのかを決める。そしてそれがかなうようにできる限りの努力をする。**

その絵が描けるのはあなただけだ。あなたに意見をしたり、後押しをしたりして、あなたの人生に影響を与える人たちは、賢明な道を選ぶのに役立つ知的な、あるいは精神的なツールを与えてくれるかもしれない。だが、早くにするか、誤ったスタートを切って何年も経ってからにするかは別として、最終的な選択をするのはあなた1人だ。

できる限りの努力、という部分は、仕組みを決めることで克服できる。仕組みは、目標達成を遠ざけようとする厄介で衝動的な行動をうまくコントロールする手段であり、人生を修復し、新たなものにするのにもっとも効果のあるツールだ。人生の行く道を選ぶのとは異なり、仕組みは容易に採用したり、他人から刺激を受けたりすることができるものだ。* 自分にぴったりの仕組みが出てこなかったら、できるようにしてくれる人やものを探す。フィットネスのプログラムをこなすためのパーソナル・トレーナー、仕事の指示を出してくれる上司、家の中を整理整頓する手順を教えてくれる本などだ。

私は、名刺の自分の名前の下に、「仕組みのコンサルタント」と堂々と書けると思っている。それが私のしていることなのだから。問題行動の表面を剝ぎ取り、基盤となっている構造を詳しく見る。そして**ほんとうの問題**を解決すべく基礎構造を組み直す。私は自前主義者ではない。私は他人のアイデアの目利きだ。使えそうな誰かのアイデアを耳にすると、私は自分用にアレンジする。私の付加価値は、アイデアを他のアイデアと組み合わせて私や私のクライアントの

*仕組みは、些細なことにとりわけ役に立つ。毎日妻に優しい言葉を何回かけたかを数えている私を、友人がからかったことがある。「奥さんに優しくするのは、思い出さなくてはできないことじゃないだろう」と彼は言った。「絶対に、必要なんだよ」と私は返した。「よい態度で接することを思い出させるものが必要だと認めるのはやぶさかではない。必要だとわかっているのに、そのために何もしないほうが恥ずかしいことだ」と私は答えた。それが仕組みの力だ。仕組みは、自分の決めた水準を下げないように思い出させてくれる。とくに当たり前のような、ささやかだが必要なジェスチャーには効果がある。私の友人は今や、彼の奥さんに「何か手伝うことある?」と1日何回尋ねたか毎日記録を取るようになっている。

役に立つ仕組みにすることだ。第10章で取り上げるライフ・プラン・レビュー（LPR）はそのような仕組みの一例だ。それは本書の中心的な行動ポイントになっている。有意義な変化を遂げ、自分の人生を送るための週に一度のチェックがそれだ。人がよい方向に変わるお手伝いをするために、いろいろな時に得た7つのひらめきを、理解しやすい形にしようと努力してきた。その完成品ともいうべきものだが、これは最近開発した。5年前、いや10年前には想像することができなかった。時期尚早だった。

次章で取り上げるLPRのコンセプトを理解するには、私に深い印象を与えたひらめき、それがなぜ組み合わさるようになったのか、なぜ部分、部分の総和が重要かをよく理解していただくと役に立つだろう。

1 レファレント・グループ（準拠集団）

第2章で取り上げたことに戻ろう。1970年代の半ば頃、ルーズベルト・トーマス・ジュニアがレファレント・グループのアイデアを話してくれたが、そのとき、その重要性を狭い意味でしか理解しなかった。それはアメリカ企業が職場にダイバーシティを必要としていることを教えるために生み出したコンセプトだと私は見ていた。

ルーズベルトは広く多様な人がいるほうが、組織は豊かに、強くなると信じていた。ある人が自分はあるレファレント・グループに属すると認識すると、その人はこのグループの人に認められたいと願うようになり、それがその人の行動やパフォーマンスを決めるようになる。自分が属するグループがわかると、人はその仲間に受け入れてもらうためには、ほぼなんでもするようになる。ルーズベルト・トーマスは、彼が**選好**と**必須条件**と呼ぶ2つを区別し、アメリカ企業が持つべき組織構造を説明しようとした。服装、音楽の好み、政治的見解などの選好は、その人が仕事の要求水準を満たす、あるいは要求される以上の仕事をこなしているのなら問題にならない。リーダーがその区別を受け入れ、直属の部下の選好は仕事の必須条件と関係ないとすれば、職場で違う好みや風変りな振る舞いが容認されるようになるだろう。リーダーは表面的なことにあまり悩まなくなる。類似性にあまりこだわらなくなる。そして部下はもっと受け入れてもらっていると感じるようになる。それは、リーダーがチームの1人ひとりをどう見るか啓蒙するのに、実に優れた考え方だった。

私はこのコンセプトを、エグゼクティブがさらによいリーダーになるために役立つかどうかの視点から見ていた。私はレファレント・グループのパワーをそのメンバーの視点から見て、理解することができなかった。また、そのコンセプトを職場を離れて、言ってしまえば私自身の人生で考えることができなかった。何十年という間、知的な人なのに社会的価値観や知識ベースがどこかおかしいと思われる人に、私はイライラしていた。なぜそんな無知で非論理的なこと、少なくとも私にとってはそう思えることを信じることができるのだろう？　その思いは60代になっても続いた。それから、私はルーズベルト・トーマスの主要なポイントを思い出した。**その人がどんなレファレント・グループに属していて、もっとも深くつながっているのは誰か、誰にすごいと思ってもらいたいと思っているのか、誰から尊敬されたいと思っているのか、そういったことを知れば、なぜ、そのように話し、考え、行動するのかが理解できる。**彼らに賛同する必要はない。だが、洗脳されているとか、無知だとしてその人たちをはねつけることが少なくなる。同時に、あなたの見方は彼らにとっても同様に理解不能なものに映っているかもしれないと認識するだろう。こう見ることで、私はもっと鷹揚になった。共感できると言ってもいいほどになった。そしてレファレント・グループの効用について考えるようになった。ルーズベルトの考え方を組み入れて行動を変化させる仕組みができないだろうか、と。

ルーズベルト・トーマスの偉大な考えをもっと早く研究し学ぶべきだった。

2 フィードフォワード

フィードフォワードは私がＣＥＯ対象にコーチングを始めたとき、ジョン・カッツェンバックとの会話をきっかけに使い始めた私の造語だ。

それは「フィードバック」の対義語だ。フィードバックは職場で意見を交わすときに使う一般的な言葉で、過去の行動について人が意見を述べるのだが、フィードフォワードのアイデアは将来について述べるところがミソだ。顧客は一定の振る舞いを変えることに同意し、12カ月から18カ月かけて努力する。顧客は、変わるつもりだと周りの人に話し、過去の振る舞いを謝罪し、後戻りしていたら指摘してほしいと頼み、助けてもらった時には必ずありがとうと言う。このプロセスの最後の段階にフィードフォワードは使われる仕組みだ。フィードフォワードは複雑なものではない。

- 変えると決めた行動を１つ選び、誰か知っている人に１対１でその意志を話す。
- その人は、同僚である必要はない。その人に目的達成に役立ちそうなことを２つ提案してもらう。
- 途中で口を挟まずに聞き、「ありがとう」と言う。
- 提案のすべてに従って行動するとは約束しない。ただ、提案を受け入れ、できる限りのことをすると約束する。
- このステップを他の重要な関係を持つ人たちに繰り返す。

フィードフォワードはＣＥＯにたちまち好評を得た。彼らは部下から率直なアドバイスを受けることに慣れていない。これによって行動を変えようとする議論は、人と人の親密な会話になっていった。うまくいったのは、成功した人々は批判を受けるのを喜びはしないが、将来に関するアイデアは歓迎するからだ。それに、CEOは提案を実行しなくてもかまわない。ただ、耳を傾け、「ありがとう」とだけ言えばいい。

あるとき私は、CEOにお礼として、何か変えたいと思っていることがあるかどうかを相手に聞いたら、と提案した。それで会話が双方向になる。アドバイスをしてくれるのがCEOのシニア・マネジメント・チームの一員であることは稀で、ヒエラルキーでずっと下のほうの人だ。だが、フィードフォワードであれば彼らはボスと対等に、2人の人間が相互に助け合っているみたいに話すことができる（バラク・オバマは大統領だったとき、ホワイトハウスのスタッフとバスケットをプレイした。コートの上では肩書は関係ない。大統領もチームメートも敵チームもみんな対等だ）。

フィードフォワードはとても簡単で、喜んで受け入れられるコンセプトだ（批判ではなく、アイデアやヒントだからだ）。見知らぬ人と交わしても同じだ。モスクワで開催された大きなイベントの講師に招かれたことがある。5万人が集まり、私の話を通訳を通じて聞いてくれた。私は聴衆に立ち上がってください、と言った。誰かひとり相手を決め、その人に自己紹介をします。何か1つ自分が改善したいと思うことを決めて、フィードフォワードをしてもらい、ありがとうと言ってください。それからその相手に改善したいと思う点を尋ね、フィードフォワードをしてください。私がストップと言うまで、パートナーを代えて同じことをしてください。私は

10分ほど壇上に立ち5万人が活発に互いに話すのを見ていたが、会場の音量と室温は明らかに高くなっていた。

フィードフォワードの仕組みは、私が日々接する企業の役職の高い階層の人の間で見ることのないものを作り出した。**それは、批判をせず、まったくの善意で互いに役立とうとする気持ちだ。**

3 ステークホルダー中心のコーチング

このアイデアを私はピーター・ドラッカーのよく知られた問いかけ、「あなたの顧客は誰ですか？ その顧客は何に価値を置きますか？」から得た。私はそれをステークホルダー中心のコーチングに変えた。ドラッカーは多くの洞察を残しているが、とりわけ顧客にきっちりフォーカスするという洞察がもっとも長く評価されるものだと主張したい。ドラッカーはビジネスのすべては顧客から始まると信じていた。「あなたの顧客は誰ですか？」と問いかけて、彼は発展性のある「顧客」の定義をするように私たちを導いている。顧客は製品やサービスにお金を払う人というだけではない。製品やサービスの最終顧客のように、会うことのない顧客もいる。購買を承認する決定権限者、購入した製品を改善して異なる用途に使う民間企業の人も、将来の顧客に影響を与える公的機関の人もいる。ドラッカーは、単純に私の売るものをあなたが買うといった取引がなされる状況はさほど多くなく、とくにお金の授受が伴わない売り手と顧客の間では、誰が「顧客」かを見定めるのは複雑な問題だとする。必ずしもあなたが顧客だと思う人とは限らない。

この着眼点は私に大きな影響を与えた。やがて、私がコーチングをする私の顧客も、顧客は誰なのかその定義を広げなくてはならないことに気づいた。そしてとりわけ重要な顧客は、私の顧客のために働く人たちだと気づいた。なんといっても、リーダーと一緒に働く人たちは、リーダーの振る舞いが改善すれば個人的にも仕事のうえでも恩恵を受けるのだ。そこで、ドラッカーの「顧客」をちょっと変えて「ステークホルダー」とし、私の顧客に、あなたの社員はあなたが改善することに個人的に投資をしている、いや賭けているのだという点を強調した。私は顧客のＣＥＯにサーバント・リーダーであると考えてほしいと思っていた。自分のことを考えるよりも前に、つねに彼らの社員――すなわち彼らのステークホルダー――が価値を置くものを最優先してほしいと思った。私の仕組みは、リーダー中心ではなく、ステークホルダー中心だった。それはウイン・ウインの取引関係でもある。リーダーは社員から尊敬の念を勝ち取り、社員はＣＥＯから感謝の念を勝ち得る。[*]

それは、職場を超えて価値のある新鮮な考え方だった。接客業では、顧客に失礼な思いやりのない態度で接すれば、長続きしない。顧客に最高の行動で接し、同僚や家族に対するよりも、よい扱いをするべきだ。私の経験では、リーダーが仕事でステークホルダー中心の考え方に慣れてくると、思いやりは徐々に私生活にも浸透していく。大切な人たち――家庭におけるステークホルダーに以前より優しく接するようになる。誰もが「顧客」になるのだ。そうなると、もっと寛容になり、他人に役立つようになり、親切になる。人はそういう場所に群れてきて、そこに留まるようになる。

4 BPR

ＢＰＲとはBusiness Plan Reviewの略で、事業計画レビューのことだ。フォードのＣＥＯだったアラン・ムラーリが毎週開催した定例会の仕組みを思い出してほしい。第4章で説明した通りだ。彼にコーチングを始めたときに、彼がこの優れたリーダーシップのコンセプトを説明してくれたのだが、私は十分に注意を払わなかった。ミーティングを運営するのに、まあ、厳格なシステムだと思った。日時が決まっていて、出席必須、進捗状況報告は5分間、信号の色（赤・黄・緑）で進捗状況を示す。評価や皮肉は禁止だ。アランのような優秀なエンジニアなら

＊２０１９年８月19日、米国の主要企業が名を連ねる財界ロビー団体であるビジネス・ラウンドテーブルは、企業のパーパスはすべてのステークホルダーの利益追求であるという声明を１８１人のＣＥＯの署名入りで公表した。

喜びそうなものだった。彼はこのコンセプトをフォードに持ち込み、経営不振の自動車メーカーを変革する経営の中心に据えた。じっくり見てみると、BPRは無機質で冷血な実務的なものではなかった。鋭く人間を理解したうえでのものだった。アランはドラッカーの「顧客」の概念をしっかり自分の中に取り込んでいた。週次のBPRでエグゼクティブを部下としてではなく、互いの成功に必要なステークホルダーとして扱い、それぞれのエグゼクティブは異なるステークホルダー(顧客、サプライヤー、コミュニティのメンバーなど)を代表するものとなっていた。そのようにして、BPRは全員に自分自身とグループに責任を持たせ、内部の検証のニーズと、自分より大きな組織に属する帰属感へのニーズの両方を満足させていた。

エンジニア出身のアランはBPRで難攻不落の砦を築いたが、それはどのような企業にも、目的にも適応可能だ。これをどう応用して、成功した人々がよい振る舞いをするよう永続的に変えるお手伝いをするのに使えるか、私はまだわからないでいる。

5 「次はどうする?」の週末

2005年の頃から、私は少数の顧客を自宅に招き、「次はどうする?」という2日間のセッションを始めた。彼らが人生の次のフェーズを見つけるお手伝いをするためのものだ。私は1

対1のコーチングが終わってからも、彼らが後継者を育成して、次に移ることを考える、避けては通れない日が来るまで、顧客と連絡を取っている（私のアドバイスはいつも同じ。1分長く居座るよりも、1年早く辞めたほうがいい。つまり、トップにいるときに辞めなさいということだ。役員会から辞めるように言われるまで待ってはいけない。早く辞めても、次に控えている候補者がそれを恨みに思うことはない）。顧客が辞めた後も、次に何をするか決めるお手伝いに手を貸す。成功したリーダーは次のステップの選択肢がたくさんあることは知っていた。コンサルティング、大学教授、プライベート・エクイティ、慈善、社外取締役、他社のCEOのポジション、アスペンでスキーをするなど。選択肢が豊富でも選択が容易になるわけではない。なんでもできて、生活費を稼がなくてもいいとなると、何もせずにその場に足踏みしやすい。ある顧客は、そのことを「第三幕の問題」と称していた。頂上から降りるのはつねに登るよりも危険だ。

何回か週末に「次はどうする？」を開催して、さらにおもしろい新たな事実を発見した。いかに多くの参加者が孤立していると感じ、誰かと話したいと強く感じていることか。それはCEOだった人に顕著だった。ハシゴのいちばん上は孤独な場所で、率直に話ができる仲間のいる人はほとんどいない。「次はどうする？」の週末は、敬意を持つ人たちと、何であろうと、すべてを話せる場となった。みんなが同様の問題を抱えていることがわかり、少人数で異なるバックグラウンドを持ちつつも似たような状況にある人が集まるという適切な環境であれば、人は心を開き、話し合えるということがわかった。このような週末は、毎年、その1年のハイライトとなっている。

6 日課の質問

私たちは計画を立てるのは上手だが、実行は下手だ。日課の質問は、15年前、私にはやる気はあるのに、きちんと実践できないということを何度も繰り返して、採用した仕組みだ。このことは前著『トリガー』で詳細に説明したが、日々の決意が意図した通り、計画した通りに実践されているかどうかをテストする22の質問リストも同書には挙げておいた。肝心なのは、質問は「私は……をする最大限の努力をしたか」の形を取ることだ。「……」の部分には「明確な目標を設定したか?」「運動したか?」「自分が変えられないことにエネルギーを浪費しなかったか?」などの具体的な目標を挿入する。1日の終わりには、質問の1つひとつにどの程度努力したかを、1から10のスケールでスコアを付ける。1が最低で10が最高だ。このプロセスは結果ではなく努力を評価する。結果はいつもコントロールできるわけではないが、努力なら誰だってできる。助けがないと計画を守るのが難しいので、私はだいぶ前から「コーチ」を雇い、毎夕電話をかけてもらっている。望ましい結果を得るのに今まで私がした中で、最高の実践方法だ。だが、痛みが伴う。自分で重要だとした目標にいつも1や2の低い点を付けると、がっくりする。痛みが続くと諦めてしまう。だが、やり続ければ効果がある。何に対してもだ。

私がこれを発明したわけではない。これを発明したのは、アメリカの建国の父、ベン・フランクリン、自己啓発の父だ（「ちりも積もれば山となる」）。「自叙伝」にある彼の朝のＴｏＤｏリストは「起床、洗顔、神に祈る、1日の仕事の計画を立てる、今日することを決める、今学習していることを行う、朝食を摂る」だが、それに加えて、彼は長期的な自己モニタリングのシステムについても書いている。彼は自分が身に付けたい13の徳目をリストにあげている。[*] **一度に13のことに取り組むのではなく（典型的な非現実的目標だ）、フランクリンは一度に1つの徳目を選び、それをマスターするまで続ける。くじけたときには、ノートに印をつけ、1日の終わりに欠点を足し合わせる。合計がゼロになると勝利宣言をして、次の徳目に移る。**このルーティンは250年以上前のものだが、現代にも十分通じる（ＮＢＡのステフ・カリーの100シュート練習を思い出す。カリーはコートの5カ所からジャンプシュートを練習する。20回連続でシュートに成功するまで、彼は次の場所に移動しない。1つミスすると、彼はまたゼロから始める）。それが日課の質問のインスピレーションのベースだ。

＊禁酒、沈黙、規律、決意、節約、勤勉、誠実、正義、中庸、清潔、高潔、平静、謙譲

朝の質問：今日はどんなよいことをするか	5	起床、洗顔、神に祈る、1日の仕事の計画を立てる、今日することを決める、今学習していることを行う、朝食を摂る
	6	
	7	
	8	仕事
	9	
	10	
	11	
	12	読書するか家計簿をつける、それから昼食
	1	
	2	仕事
	3	
	4	
	5	
	6	片付け、夕食、音楽など何かしらの気分転換をするか、おしゃべりをする。1日を振り返る
	7	
	8	
	9	
夕方の質問：今日はどんなよいことをしたか	10	睡眠
	11	
	12	
	1	
	2	
	3	
	4	

7 100人のコーチ

コミュニティの中に身を置くことは、最近頭に刻み込んでいる仕組みだ。そして、自分の人生を築くうえで生じる難題を解く鍵にもなった。

アイシェ・バーセルから私の英雄は誰かと尋ねられて、私はそれまで予想もしていなかった何かを志すようになった。大きな声で、仏陀が私の英雄だと口にしたときに、それは始まった。仏陀の興味深い点は、彼が２５００年前の人で、教えを何も書き残さなかったのにもかかわらず、世界でおよそ5億６０００万人が仏教を遵守している点だ。どうしてそうなったのだろう？　それは、仏陀は彼の知っていることをすべて分け与え、彼から教えを与えられた人が世界に広めたからだ。

ささやかながら、私にも同じことができる。２０１6年5月、日課の散歩をしているときにその考えがひらめいた。散歩から家に帰るとすぐ、私はスマホをつかんで、衝動的に30秒の自撮りビデオを裏庭で撮った。15人の志望者に私の知っているすべてを教える。唯一の条件は、それぞれが将来同じことを行うと約束することだと言った。私はそれを15人のコーチ・プログラムと呼んだ。私は自撮りビデオをリンクトインに投稿し、少しずつ反応が来るだろうと期待していた。1日経つと2000人が志望を送ってきた。ついには1万8000人になった。大半は知らない人だった。だがよく知っている名前も見られた。コーチや著名な学者、一緒に仕事をしたことのある人事担当役員、起業家、CEOそして友達だ。私は自分の野望を少し広げて、25人を選んだ。2017年ボストンで初めて顔合わせをして、コーチングのプロセスを説明し、選んだ人の1人ひとりをよく知るようになった。私の計画は、成功しているリーダーに1対1で行ったのと同じコーチングを25人に行い、確認のための電話を頻繁に行い、いつでも電話を受けられるようにすることだった。それにはかなりの時間が取られた。忙しい年には1対1のコーチングを8人の顧客にしていた。その3倍の仕事量を負うことになったのだ。だが、それを私はよしとした。私はこれをレガシー・プロジェクトと考え、25人の後継者候補を1つのグループとしてではなく、それぞれ個別に当たることにした。この事業を車輪になぞらえるのなら、私がハブで、彼らはスポークだった。彼らに共通するのは、私だった（注目を浴びると私の情熱は恐ろしく急上昇する）。

彼らがもっとよいアイデアを持っているとは予想していなかった。私のコーチングのやり方は短期間に習熟するようになっているが、彼らは実に早く学んでいった。数カ月もすると、彼らは私を必要としないと思うようになっていた。代わりに、彼らは相互に話やアイデアを交わしてサポートをするようになった。私の後継者予備軍はそれ自体がレファレント・グループになっていった。彼らはまた、新たなメンバーを入れることを強く望んだ。そのことを私は考えていなかったが、すぐさまよいことだと認めた（強い組織は成長を求める。弱い組織はそれを拒む）。1年も経たないうちに、25人のコーチは100人のコーチとなった。任命したり面接をしたりすることはなかった（私たちはカントリー・クラブでも、大学の優等生協会でもない）。誰かが、この人はこの小集団で得るものがあると思ったら、その人を会員にし、その誘った人の後継者候補となる。これによってグループは信じられないほどダイバーシティを持つようになった。それはいつだってよいことだ。

私は以前にもプロフェッショナルのコミュニティを作ろうと気まぐれに試みたことがあったが、100人のコーチは、特別なものになっていった。なぜだかわからないでいたが、ロンドン、ニューヨーク、ボストンその他の都市のコーチが、1年を通して集まるようになったことを聞いてわかった。あるとき、テルアビブのメンバーがサンディエゴを訪問すると言うと、その地域のメンバーが彼女のためにディナー・パーティを企画し、私も招待してくれた。それは目を見張るような光景だった。自分を売り込む動きも人脈を作ろうという動きもない。親族の集まりのようだが、おかしなおじさんはいないし、ストレスをもたらす家族間の裏話もない。批判めいたことを言うことなしの空間で、お互いに出合えたことが嬉しいと言い合う集まりだった。

次に挙げた7つのアイデアには、1つ共通する点がある。1人で追求することを目指していない。2、3人の人が関わったときにいちばん効果のあがるものだ。言い換えれば、このコンセプトは、コミュニティと呼ぶ環境においてもっとも威力を発揮する。1人で行うとされる日課の質問ですら、パートナーが毎晩スコアをチェックしてくれると、もっとうまくいき、責任感を高め、継続する確率が上がる。

点と点をつなぐことに40年を要したことに私は驚きもしないし、がっかりもしない。それぞれのアイデアは、自分に受け入れ準備ができたときに聞いて初めて自家薬籠中のものとすることができる。アランのBPR、そして週次定例会議でのグループのダイナミクスの洞察を見たことは私のターニングポイントだった。ある日、自分をつねにモニターする日課の質問と、アランのBPRがもたらす長期的な効用を組み合わせれば、どんな人生にも適用できる仕組みができるのでは、とひらめいた。アランはそれに同意してくれた。私たちはそれをライフ・プラン・レビュー(LPR)と呼ぶことにした。

2020年1月、100人のコーチから拡大した160人のコミュニティ・メンバーが、サンディエゴで私が主催した3日間のカンファレンスに世界中から集まった。100人のコーチの仲間たちがその週末を楽しむのを見て、私が意図せずに作り出した懐の深いコミュニティに感嘆した。まさに奇跡そのものだった。

それから6週間後に、コロナで世界中が閉ざされてすべてが変わってしまった。コロナによるパンデミックは私たちの健康、暮らし、経済的安定を脅かす脅威だったが、100人のコーチのコミュニティにも影響を及ぼした。この壊滅的な事件はコミュニティの健全性を試すもの

❶
レファレント・グループ
仲間の一体感が
選択を決める

❷
フィードフォワード
フィードバックと表裏をなし、
過去の批判ではなく
将来のためのアイデアを出す

❸
ステークホルダー中心のコーチング
誰が「顧客」か、
彼らは何に価値を置くか？

❹
ビジネス・プラン・レビュー
計画通り進捗しているかどうかを
報告する週次の会議で、
批判したり皮肉を言ったりしない

❺
「次はどうする？」の週末
人生の次のフェーズを語る
2日間の少人数によるセッション

❻
日課の質問
しようと思っていることと
実践がマッチしているかどうか、
日々モニターする

❼
100人のコーチ
相互に助け合って
向上を目指すコミュニティを作る

となった。弱いものは崩壊する。強いものは一段上に上がり、さらに強くなる。私たちはどちらだったか？

コロナのロックダウンに入る前、サンディエゴでプレゼンテーションを行ったが、その中で、アラン・ムラーリの助けを借りて、ＬＰＲのコンセプトを紹介した。私が価値を置く相互に助け合い有意義な変化をもたらすための要素を組み合わせているが、最も重要なものはコミュニティの結束力だった。ＬＰＲは過去に例を見ない年に、グループを強化するのに役立ったコンセプトだ。本書で何か１つだけ取り上げるとしたら、それはこのコンセプトだ。

第10章 ライフ・プラン・レビュー

ライフ・プラン・レビュー（ＬＰＲ）の目的は、人生で計画していることと実際に行うことのギャップを埋めることだ。

その方法は、名前にある３つの言葉そのものだ。ライフ。プラン。レビュー。人生に何を求めるのか決めて、計画通りに運べば将来はどのようになるかを仮定する。だが、あまたある目標設定による自己改善システムとは異なり、モチベーション、習慣づけ、高い実践力、勇気をもっと果敢に持つようにと説教することはしない。ＬＰＲは自分で自分をモニターするやり方だ。自分が望む人生を手に入れるよう、どのくらい努力したかを毎週振り返ることが求められる。どのくらい一生懸命に頑張ったのかを測る。しっかりやれるなんて思わず、うまくやれないと想定し、たいていは完璧にできないだろうということを受け入れる。人生でどの程度の誤り、否定、惰性を仕方ないと受け入れるか、それに対してどうするかは、まったく1人ひとり次第だ。LPRは努力のレベルだけに注意を払う。果敢な努力なしには何も手に入れられない。それと、腹筋運動をもう1セットするように言うトレーナーのように、LPRがもう1つ要求することがある。LPRでは結果をコミュニティの人に発表しなければならない。数字を言うだけでなく、意見交換をして互いに助け合わなくてはならない。

LPRは、4つのステップからなる単純な仕組みだが、コミュニティなしでは力を出せない。

ステップ1：LPRでは、毎週の定例会議メンバーは、生活を改善するために用意された6つの決まった質問に対して代わる代わる発表をする。「私は次のことに最大限の努力をしたか？」

1 明確な目標を設定したか？

2 自分の目標に向けて進んだか？

3 人生の意義を見出したか？

4 幸せか？

5 前向きな人間関係を維持・構築したか？

6 エンゲージメント：やるべきことに没頭したか？

それぞれの質問に対して、結果ではなく、努力のレベルを1から10のスケール（10が最高）で回答する。結果と努力を切り離すことは、極めて重要だ。結果はいつもコントロールできるわけではない（何かしらが起きるものだ）が、努力しないことには言い訳が立たないことを認識させるからだ。

ステップ2：ＬＰＲの会議と会議の間に、この質問に対して毎日数字を記入して、自己モニタリングの習慣を身に付ける。朝食を摂るとか歯を磨くとかと同じように、必要な日々の習慣にする。私は1日の終わりに点数を付けて、夜10時にコーチに電話をするやり方を好む。だが、質問にいつ答えるかにこだわることはない。一晩寝て、翌朝する人もいる。前日の高いスコアや低いスコアを見て新たな1日のやる気を駆り立てるのだ。大事なのはデータを蓄積して有益なパターンを見ることだ。どの点は下降傾向にあるのか、どこはコントロールが効いているのか。

私のリストに質問を加えたり、当てはまらないものを1つや2つ差し引いたりしてほしい。

この6つのものは絶対不可侵というわけではない。だが、自分の望む人生を築くのに必要な1日の推奨摂取量は満足するだろう。目標設定、目標達成、人生の意義、幸せ、人間関係、エンゲージメントはかなり広範な言い方だが、私たちの人生が特別だったり、風変わりだったりしても、細かいことをすべて十分包含していると思う。他にも以下のような質問を含めてもいいと思う。

- 誰かの人生に価値を加えるために最大限の努力をしたか?
- 以前の自分を許す最大限の努力をしたか?
- 感謝の念を表す最大限の努力をしたか?

これらの質問は以前、私のリストに載せてあった。だが、私はこのプロセスを20年も続けている。これは動きを伴うプロセスだ。つまり改善して新たな高めのゴールを作らなくてはならない。この日々のレビュー作業で進歩がないとがっくりする。そこで私はもっとうまく変われるように質問を変える。それをしていくうちに、この3つの質問はもうやらなくてもいいと気づいた。私は感謝の念を述べるのがとても上手だ。自分を許すことにかけては天下一品だ。誰かの人生に価値を加えることを仕事でしていないときには、慈善活動としてやっている。残った6つの質問はとてもきついし、範囲が広い。うまくやれるようになって努力しないでも済むようになる日が来るかどうかは疑わしい。

ステップ3：1週間に一度、計画が自分のニーズに適合しているかどうかを見直す。努力のレベルを測ることで努力の質がモニターされる。だが時折、努力する目的を見直すことも必要だ。今となっては意味のないゴールを達成しようとして大きな努力をしていないか？

努力は、相対的なもので、確固たるものでも、客観的でも正確でもない。意見を述べる資格のある唯一の人物――あなただ――による意見である。そしてゴールを追求していくうちに時と共に変化する。たとえば、パーソナル・トレーナーが体形の崩れたあなたに初回のトレーニングで20回腕立て伏せをしてくださいと言う。努力のスコアが10であったとしても20回の腕立て伏せができないかもしれない。6カ月後、身体を鍛えた後なら、同じ20回の腕立て伏せを努力ゼロに等しい2のスコアでやれるだろう。何かを長期間続ければ、少ない努力でうまくやれるようになる。だが茹で蛙のように時間の経過が努力のハードルを低めていることに気づかない。そこにとどまるのに少ない努力で済ませようという誘惑がある（例：腕立て伏せ20回を続ける）。課題は、目標達成のために努力のレベルを引き上げることだ（例：負荷を強めるために腕立て伏せの回数を30回にし、その後40回にし、と増やしていく）。

努力を見直すのは、ゴールの価値を再考する1つの方法だ。ゴールを守りたいのなら、努力のレベルを増すように再調整したほうがよいかもしれない。求められる努力をもうしたくないと思うのなら、新たなゴールを設定するときかもしれない。

ステップ4：これを1人でしないように。このアドバイスはLPRのミーティングの重要な仕組みの一部だ。同じ志を持つ人のコミュニティに属して、グループですることになる。選ばれた人の前でプランを見直すのは、自分ひとりで見直すよりもはるかに優れているというのは常識でわかる。大それた人生計画をしっかり守ろうとしながら、その経験を誰とも共有しようとしない？　1人でやらなくてもいいのに？　1人でやると何か価値が高まるのか？　それはバースデーケーキを焼いて1人で食べること、空っぽの部屋で演説をすることと同じようなものだ。

ゴルフを考えてみよう。ゴルフは1人でプレイしても楽しめる稀なスポーツだ。スキー、水泳、サイクリング、ランニングもそうだ。だが、他の人と一緒にプレイすることのよさを、説得力もって説明してくれると私は思う。LPRもまったく同じモデルだ。

熱心なゴルフプレイヤーはパートナーがいないとき、時間がないとき、あるいは磨きたいところがあるときには、1人でコースを回る。だが、コースで別の1人でプレイしている人に出合うと、2人は一緒に回り始める。ゴルフのエチケットには思いやりのあるものが多いが、これはその1つだ。1人で回っている人がいたら、本人が希望しない限り1人にさせてはいけない。

できることなら、熱心なゴルファーは必ず4人で回るフォーサムを好む。それが友達であろうと、家族、見知らぬ人であっても同じだ。ゴルフはスポーツの中でも非常に社交的なスポーツだ。コースを一緒に歩く。ショットの合間に仕事、休暇、その日の出来事などをしゃべる。コースの途中で昼食を摂ることもある。

ゴルフのフォーサムのこの社交的要素は、私が推奨するLPRの週次定例会議の類の会議を上手に行うのに必要な要素をすべて兼ね備えている。ゴルフはコミュニティの絆に助けられ、励まされて、自分の人生を築くためのひな型にある4つのアクションを実践している。

まず、**遵守**が求められる。真面目にプレイするフォーサムでは、ティーアップの時間通りに来なくてはならない。ボールは置かれたままの状態でプレイする（状況をよくしようとしてはならない）。打ち直し（マリガンとして知られる）はない。打数とペナルティショットの数を数える。ドレス・コードすらある。

ゴルフは**個人の責任**を大切にする。すべてのショットは自分の責任だ。ミスショットを他人のせいにできない。ゲームの質を自分にも他人にも欺くことはできない。腕が鈍った、準備不足だ、口でいうほど上手ではないといったことは、コースを回ればほんとうのところがわかる。

ゴルフは**フォローアップ**と**計測**で進む。プレイヤーは自分のスコアと、一緒に回っているパートナーのスコアを記録する。ホールが終わるたびに自分のスコアを告げる。正直なハンディキャップインデックスを維持するために、スコアを申告する。回り終わった後に仲間と反省して、自分のよいショットを思い出し、悪いショットは見過ごそうとしても、スコアカードの数字だけが認められる証拠だ。ゴルフでは他に事実はない。

いちばん重要なのは、私がコミュニティで価値を置いていることをゴルフは体現している点だ。行動規範がある。批判をしたり皮肉を言ったりするのは許されない。よいショットには拍手を送る。ひどいショットを打っても嫌味は言わない。他のプレイヤーのロストボールを探すのを手伝う。

また、ゴルフはよくなろうと取り組み、他の人とアイデアを分かち合うコミュニティでもある。それは取るに足らない特質ではない。他の個人プレイのスポーツと違い、ゴルフは学ぶことができる。もし私がプロ野球のピッチャーやプロのテニスプレイヤーと対戦したなら、私は彼らの力にはるかに及ばなくて恥ずかしい思いをするだけだ。ゴルフは違う。大したことのないプレイヤーは自分より優れたプレイヤーとプレイしたがる。ほんとうに優れたプレイヤーのスイングの技巧、円滑なテンポ、ショットに入る前のきちんとしたルーティンなどを観察しているだけで、自分のゲームが向上することを知っているからだ。優れたプレイヤーはそれを歓迎する。尋ねられたら惜しみなくアドバイスをする（フィードフォワードだ）。

それは男女の別を問わないコミュニティだ。誰もがスキルやスコアで対等、あるいは上をいくことができる。よいゴルファーの前で、謙遜したり邪魔したりすることはない。あるのは尊敬の念だけだ。

正しいゴルフは能力主義と公正を尊ぶ。何も所与のものはない。すべて、練習を繰り返し、持てる力を最大限発揮し、そしてつねに改善しようと努力した結果、自分が勝ち得るものだ。それこそが、自らが築く人生の定義そのものだ。スコアにかかわらず、自分の選択、リスク、努力が大切にしたいと思う経験に直接結びついていくからだ。

前段のパラグラフのゴルフという言葉をＬＰＲ会議に置き換えれば、ＬＰＲを採用して、グループでやっていこうとする理由がすべてそこに出ている。ＬＰＲグループを作るのは、段取りがしんどそう、面倒くさい、得られるものよりもリスクのほうが大きい、というので足踏みしないように。そんなことはないと信じてほしい。週に一度集まることで、日々の生活、年々の生活、そしてあなたの世界が救われる。そう言えるのは、私がそうだったからだ。

２０２０年3月5日、リダと私は32年住み慣れたサンディエゴ郊外の家を売却し、10マイル離れたラ・ホヤの太平洋を見下ろす１ＬＤＫの賃貸マンションに移る手続きを始めた。それは大掛かりなライフスタイルの変化だが、予想していなかったわけではなかった。まずは、ナッシュビルに家を探し、5歳になる双子の孫の成長を見たいと思った。当座の計画は、新しい１ＬＤＫのマンションで2、3週間過ごし、ナッシュビルを訪ね、娘のケリーと彼女の子供たちのそばに家を探し、倉庫に保管した家具を新しい家に持ち込み、落ち着いて、祖父母として過ごす時間を楽しむつもりだった。仕事のうえでは、転居しても不都合はない。場所が変わるだけのことだ。講義や講演で今後2年間の予定は埋まっているが、大半は海外だ。私は今まで以上に100人のコーチのコミュニティに時間を費やしていた。また、1冊本を書く予定だった。

6日後、私たちの計画はパッと消えてしまった。多くのアメリカ人と同様、私はその瞬間をきっかり特定できる。3月11日、水曜の夕方、NBAが2020年の残りのシーズンを、プレイオフもファイナルもすべて、コロナ・パンデミックのせいで中止すると発表した。何らかの理由で、突然メジャーなプロスポーツがなくなるということで、アメリカのリーダーも国民も、「これは大変なことなんだ」と認識した瞬間だった。1週間後、カリフォルニアはロックダウンに入り、飛行機による旅行は中止され、私の講演はキャンセルされた。私は窓から太平洋をじっと眺めた。リダと私は大丈夫だろう。リダは私以上に現在を生きる人だ。私たちは過去を振り返って大きな家を空けるのが1週間早すぎたと悔やむことはなかった。人生は順調だし、おまけに、海を眺めることができる。

私にとっては100人のコーチ・コミュニティのほうが気がかりだった。わずか6週間前、ラ・ホヤのそばにあるハイアット・リージェンシーで、アラン・ムラーリと私は100人のコーチのグループにいる160人に4時間かけてLPRのコンセプトを教えたばかりだった。数日後にカリフォルニアで最初の新型コロナウイルスの感染者が確認された。だが、私たちは気にしていなかった。将来は洋々としていた。だが、私も心配になってきた。講演の仕事が一瞬にして消えてしまったら、うちのコミュニティにいるもっと若い、まだ世間に認められていないコーチ、教師、コンサルタントには私たちほど余裕がないだろう。彼らはどうなるのか。彼らは悲鳴をあげているに違いない。１００人のコーチ内でも、学者やチーフなんとか責任者といったＣスイートに名前を連ねるトップ経営陣は自分たちでやっていける。だが、グループにいる多数の起業家はどうなるか？　私がコーチをしているレストラン経営者のデイブ・チャンは大切な友人でもある。彼のレストラン・チェーン、モモフクはこのパンデミックで間違いなく行き詰まるだろう。私たちが蜂だとしたら、急速に悪化する蜂群崩壊症候群の初期段階にあるだろうと私は思った。

私は仏陀に試されているように感じた。「おまえは、後世に残るレガシー・プロジェクトをしたいと思っていたんだろう？　だが、１００人のコーチは今やおまえの家族だ。日々、守り続けて後世に残るものにしていかなければならない」

大人になって初めて、私は時間を自分の自由にできるようになった。飛行機に間に合うようにすることも、会議に出席することも、予定表がいっぱいになっていることもない。リダと私は、ロックダウンされ、安全に過ごそうと努力した。１００人のコーチに対する責任感、それを守ることの新たなパーパスの思いが残されるだけだった。

そこで、私はＺｏｏｍのアカウントを開き、小さなアパートの片隅を自分専用の場所にして

「スタジオ」とし、毎月曜日、米国東部標準時間の10時から、あまりきっちり固めないセミナーを主催すると発表した。誰でも参加は自由だ。１つのテーマで私が20分話した後、グループは３つか４つに分かれて、私が出した１つか２つの質問について議論をする。その後また全体会議に戻り、学んだことを報告しあう。スタートしたときには35人だったが、多いときには１００人を超えるようになった。それは多様で国際色豊かなグループだった。南極を除くすべての大陸から参加があった。多くは深夜の時間帯に参加していた。私たちはＣＮＮニュース速報のようなことをした。たとえば、弁護士から東欧圏のコンサルタントになったベラルーシ出身のオムラン・マターは、彼の家の窓から見えるミンスクの通りの出来事をリアルタイムで話してくれた。グローバルなコミュニティの人たちの顔を見て、声を聞くことだけでも価値があった。やがて私は、Ｚｏｏｍにはチャット機能があることを学んだ。私が話している間に、多くの人が、授業中メモを回す高校生のようにメッセージを交換しあって、後日彼らだけで集まって話す相談をしていることに気づいた。私はコミュニティを守っているつもりだったが、実際の仕事は、メンバーたちがもっときめ細かく行っていた。彼らは相互に助け合っていた。

２０２０年6月頃になっても、パンデミックは収束せず、リダと私は1年あるいはそれ以上ナッシュビルには移れないだろうということがはっきりしてきた。誰もが家に閉じ込められ、１００人のコーチのコミュニティは（私がロックダウンに入る5カ月前に教えたばかりの）ＬＰＲをグループで実証実験する完璧な機会を得た。私は50人のメンバーを選出して、６つの基本的な

ＬＰＲの質問に答え、スコアを毎週土曜日か日曜の朝、Ｚｏｏｍで報告することを10週間続けるようにと言った。私は努力して行う自己モニタリングについて、いつもながらの警告を繰り返した。「理解するのは簡単だ。やり続けるのはものすごく難しい」

成功を収めた人が自分の努力レベルに点数を付けて、自分の選んだ目標を達成しようという単純なことがちゃんとできないということに直面すると、彼らは2週間か3週間のうちに放棄してしまうことが多い。自分が作ったテストで失敗したことを彼らは情けないと思うのだ。私は50人のグループのうち2割の脱落率で、10人が辞めると思っていた。

その夏、コーチングで私のパートナーをしてくれているマーク・トンプソンと私は、連続6回、毎週末1回1時間のセッションを主宰した。1回にメンバーは8人だが、出席はそれほど厳しく求めなかった。だが、それは問題にはならなかった。誰もサボることがなかった。一度たりともなかった。グループのメンバーは土曜か日曜の9時、10時半、12時のいずれかの時間帯を選ぶことができた。毎回同じ時間を選ぶ人も、時間を変える人もいた。これが私のインフォーマルな研究に、非科学的ながら欠点を指摘してくれた。彼らは、毎週同じ仲間の手前出なくちゃと思うわけではなかったのだ。毎週誰に会うかがわからないこのやり方で熱中度は高まった。私の仕事は、みんなが少なくとも一度は違う人と会うようにすることだった。

エンゲージメントや人生の意義を見つけること、人間関係を修復することなどの複雑な目標に長く消えないポジティブな変化を定着させるためには10週間は長いとは言えない。このような短期間には大き過ぎる課題だし、ＬＰＲの目的と一致するものではない。それは一生涯続くプロセスだ。だが、その価値をしっかりと示すのには十分長い期間だ。

全員が毎週スコアを表にまとめて、進歩あるいは退歩が容易にわかるようにした。10週間の間に、メンバーの努力スコアは着実に上昇していった。第10週になると当初努力のスコアが5以下だった人たちが、定期的に8から10と記入するようになった。私の得た結論は、諦めずに初期の段階を乗り切ると、一定の成功は必ず収められるということだ。人前で毎週スコアを見直すことで、グループに対して、そして自分自身に対して責任が生じるようになる。着実に上昇しているのを目にすると、再び低いところに退化するのを受け入れることは少ない。

これが、ＬＰＲの大きな効用だ。何週間もしないうちに、「今週私は目標に向かって進歩するように何かしたか？」というきつい質問に対峙せざるを得ないことがいかに残酷なことかわかるようになる。計画は立派でも実践はうまくできないという傾向を考えれば、これは避けて通りたい質問だ。ＬＰＲはその選択肢を剝ぎ取る。だから参加者のスコアは急速に改善を見せるのだ。そうせずに、ひどいスコアを毎週毎週報告しなければならないというのは、あまりに苦痛だ。

私たちはＬＰＲの仕組みをできる限りシンプルにした。シンプルな自己モニタリングの仕組みであれば、やるのが簡単だし、だからこそ途中で放棄することが少なくなる。自分が選んだ6つかそれ以上の目標に対する努力のレベルを測り、毎週の会議で、1つひとつの目標のスコアの平均値を報告する。それはそんなに大変じゃないだろう。

2020年以前であれば、職場が違う人と毎週同じ時間に集まるという決まりがLPRのいちばん難しい点だと言っただろう。どうすれば忙しい人たちを毎週集まるようにさせられるか？　だが、コロナ・パンデミックとZoomのようなビデオ会議のアプリがその問題を片付けてくれた。対面ではなくスクリーンを通して顔を合わせることに私たちはみんな慣れた。

とはいえ、成功したリーダーなら誰もが知っているように、チームの運命は人選に始まり人選に終わる。メンバーが毎週戻ってきたいと思うように最大限アピールするために、LPRグループの人選をどうするか。Zoomだけではその永遠の難題を解決できない。毎週喜んで集まって楽しんでもらうようなグループを作るには戦略がいる。

できる限り多様化を図る。これは、毎年行う「次はどうする？」のセッションの成功から私が得た大きな結論だった。つねに男女の数を同じにすることは必須だ。それから年齢、カルチャー、国籍、職場での肩書、仕事の内容でうまく組み合わせていく。まったく異なる人たちはうまくいかないとか、互いに関心を示さないだろうと想定してはならない。成功した人たちは生来好奇心旺盛だ。多様化は調節せずに、目立つようにすべきだ。それが多様化のポイントだ。集まる人々の間で違いが大きければ大きいほど、新鮮で驚くような視点をもっと分かち合うことができる。最初の10週間LPR実験で選んだ50人は、1つの種から2頭というノアの方舟をモデルにした。代表的なセッションでは、ヨーロッパで最大のシートベルトなど自動車の安全装置を製造する会社のCEOヤン・カールソンがストックホルムから参加する。拡大を進めているファミリー・ビジネスの経営をするおばあさん、ゲイル・ミラーがユタから入る。亡父の事業を引き継いでザンビアで非営利企業を経営する39歳のナンコンデ・ヴァン・デン・ブローク、NBAのスターだった39歳のパウ・ガソル、メンフィスでセイント・ジュード・チルドレン・リサーチ病院を経営する外科医のジム・ダウニング博士、ボストンのアンセストリーのCEO、マーゴ・ジョージアディス。彼女はアンセストリーをプライベート・エクイティ・ファンドに売却して、今の仕事から離れようとしていた。そしてデイブ・チャンのレストラン事業再構築を手伝っている39歳のCEO、マルグリット・マリスカルといった顔ぶれだ。結婚式の披露宴のテーブルにこの7人を一緒に座らせることはないだろう。だが、自分を改善するという同じ目的を共有する週次のミーティングでは、明らかにうまくやっている。ダイバーシティのおかげだ。

グループの大きさは、適切な人を招き入れ、そうではない人を取り除くことで決まってくる。グループの人選で、この人はどうかなあと疑問に思う人がいたら、数合わせのために選ぶのはやめたほうがいい。グループの雰囲気を悪くするような人は外したほうがいい。私は5人以上8人未満を勧める。そして、会議は90分以上しないこと。

LPRはセラピーではない。成功を収めた人々が将来の目標を分かち合う集まりで、問題を抱えて成功できていない人が愚痴をこぼしあう場ではない。「成功した」というのは、立派な肩書、権力、給与では測らない。自己改善を楽観的に捉えるあらゆるタイプの人を探すといい。犠牲者でも殉教者でもない。そうすれば、怖気づいて話すことのできない人や、自己満足して人の話を聞かない人ではなく、対等な人たちがたくさん集まるだろう。

誰かがグループのリーダーを務める必要がある。ＬＰＲグループを始めようというのがあなたのアイデアであれば、あなたが会議運営の責任者になる。強圧的ではなく軽いタッチでやれれば好ましい。さもなければＬＰＲは、コーチ仲間が言ったように、「仕組みが出来すぎていて円滑さに欠ける」ものになってしまう。アラン・ムラーリがボーイングとフォードでいつもＢＰＲ会議のファシリテータとなった（彼のアイデアだったからだ）のと同じように、マーク・トンプソンと私が私たちのＬＰＲではファシリテータを務める。それはコーチングの役割ではなく、事務的な仕事で、指名をし、「判断を加えない」ルールを徹底させ、安心できる環境を整えて会議を進める役目だ。グループが自分たちで運営することを学ぶまでは、予定通りにものごとを進めるのにあなたを頼ると思っていい。

そうする間に、ＬＰＲの他のプラス面にも気づくだろう。

1 何の目的にでも適応できる

アラン・ムラーリと彼の妻、ニッキーはシアトルで5人の子供を育てた。彼はボーイングで使っていたBPRを家庭で、ファミリー・プラン・レビューとして適用した。日曜の朝、彼とニッキー、そして5人の子供はそれぞれ予定表を持って集まり、その1週間でしなければならないことをレビューし、サポートが必要かどうかを見た。そうやってアランは仕事、私生活、家族、スピリチュアル、趣味という彼が大切にする人生の5つの領域のバランスを取っていた。彼は自分の予定表を毎日見直して、自分がしたいと思ったことをして、この5つの領域でプラスの変化を作り出すようにとチェックしていた。何かのバランスが崩れると彼は中間軌道修正をして予定表を変更する。そのおかげで、家族が互いに疎遠になることはなかった。

LPRは、ものすごく壮大な自分の人生を築き上げるためのものに限定する必要はない。大きくても小さくても、どんな目標であっても、人生を築く途上で利用することができる。たとえば、環境問題についておしゃべりするだけではなく、何か行動しようと決意したとしよう。環境に同じような問題意識を持つ人を数人探し、1人ひとりの目標を設定し、グループで毎週レビューしてもいいのではないか？　LPRがEPR(Environmental Plan Review)、すなわちあなたの環境計画レビューとなる。目的はもっと狭い範囲に絞られるかもしれないが、チャレンジの困難さは引けを取らない。毎週あなたとメンバーは、「今週地球を救うために私は何をしたか？」という容赦のない質問に身構えなくてはならない。つまるところ、その1週間を目標に向かってうまくやったか、無駄に過ごしたかを決めるのだ。

仕事で、プライベートで、LPRのプロセスを何に挑戦して応用できるかは想像力次第、そして参加する人を集める力次第。他には何も制限はない。

2 安全地帯は自分自身からも安全に守ってくれる

参加者は皮肉や批判を封じるLPRミーティングの雰囲気をすぐさま歓迎してくれる。だが1つの例外がある。それは自分自身について話すときだ。グループメンバーはLPRの安全地帯ルールで他人に否定的にならなければOKだと思ってしまう。最初のLPR「シーズン」で60回セッションを行ったが、過去の自分の行動を厳しく批判するのを途中で遮らなくて済んだことは一度もない。必ず1人や2人はいる。普通は、（「私は……がうまくなくて」などと）軽く自分の欠点を打ち明ける程度だが、それを聞くと、すぐさま私は腕を振り回して「ストップ、ストップ、ストップ！」と言う。それから彼らに宣誓するように手を挙げさせ、名前を名乗らせ、私の後に続けてこう言わせる。「私は過去に××がうまくできなかったが、それは過去のこと。よくなろうとすることを妨げるような不治の遺伝的欠点があるわけではありません」。たいていは最初にこれをやられるとメッセージを理解する。安全地帯はすべての人のもので、自分自身も含まれるのだ。

3 努力を計測することで何が大切なのかが決まってくる

長くWD－40（そう、蓋が赤い、青と黄色の缶の防錆剤だ）で長くCEOを務めたゲアリー・リッジがLPRグループで自分の1週間のスコアを発表したときのことだ。彼はいつも「私は人生に意義を見つける努力をしたか？」のところで行き詰ってしまった。6週間連続で彼は中立的な5の評点を付け、「意義」の基準を決めかねていると説明した。ゲアリーに関してこの事を知っておくべきだろう。彼はWD－40のCEOに就任した「後に」大学に戻り、リーダーシップで修士号を取得している。これは、俳優がアカデミー賞を受賞した後に俳優養成所に行くようなものだ。彼は経営の実践を真剣に受け止める探求者で、つねに学んでいる。LPRはゲアリー・リッジにもろに響いた。彼は「人生の意義を見つける」とは何かを明確に定義しようと心に決めた。グループのメンバーが人生の意義について話すのを聞き、自分自身の定義を書き溜めて6週間が経過した。7週目にゲアリーは答えを持って現れた。「人生の意義を見つけましたよ」と彼は言った。「自分のしていることが結果として自分に重要であり、他の人の助けになること」。びっくりするようなものではないと思うかもしれないが、ゲアリーにとっては、まさにそうだった。

これは特別なことではない。ニューヨークの著作権代理人から映像プロデューサーに転じたテレサ・パークは、彼女にとって幸せは必ずしも眩暈（めまい）でくらくらするようなものではない、とグループに話した。誰もがうなずき、突然幸福の定義がぱっと変わるようなひらめきを得たのが見て取れた。ザンビアから参加したナンコンデ・ヴァン・デン・ブロークが組織の新しいリーダーになるという彼女のもっとも大切にする目標を次のように話したときも同様だった。「自分で巻き起こすのではない竜巻が見たい」と彼女は言った。グループにいた管理職の人々は、それはすぐに使えるとしてその考えに拍手を送った。

ＬＰＲではこういうことが起きる。真実を見抜く力が生まれ、ものごとを明確に見ることが自然にできるようになる。なぜなら、（a）意義のある問題に取り組む努力のレベルを毎日計測しなくてはならず、[*]（b）週の終わりになるとそういった問題を優秀な人たちに話すことになるからだ。求められることは、出席してみんなの口からこぼれ出る珠玉の言葉を捉えることだけ。

4 きっちりとした仕組みが自分のためになるようにする

LPRのルールは少ない。毎週参加すること、みんなに親切にすること、スコアを報告すること。それだけだ。だが、厳格だ。とても厳しい仕組みではあるが、その範囲の中で改善をする余地は必ずある。セッションを数週間行ったとき、会議の終わりに次の2つの質問をするよう参加者に求めた。**「今週は何を学びましたか?」**と**「今週誇りに思ったことは何ですか?」**の2つだ。挑発しようとしたわけではない。たんなる好奇心からだったが、それは私たちのセッションに根付くことになった。

別のときだが、新しいメンバーが見るからに心痛を抱えているのが見て取れた(2020年は、多くの人にとって厳しい1年だった)ので、私は突如指示を変更することにした。私はそれぞれのメンバーに、新入りメンバーの助けになるようなアドバイスを1つ述べるようにと言った(フィードフォワード)。このセッションは通常よりも30分長引いたが、彼はみんなが心配し、優しく接したことに深く感じ入ったと思う。翌週、彼は別人のようになっていた。

LPRがとても貴重なのは、みんなが互いに助け合う点だ。ミーティングの最中、誰かを少しでも楽にさせてあげられると思ったら、それをする。即興でする。フォーマットをちょっと変えてみる。方針変更を自分から言い出す（そして私に知らせてほしい。私も助けることになる）。

5 LPRの最中よりも、LPRの後に意義あるものが生まれる

私は月曜のZoomグループで多くの人が、その後も集まって互いに助け合っていることを知り、このことを学んだ。この現象はLPRでも繰り返し起きている。LPRで告白のような類のコメントをすることからすれば、驚くことではなかった。なにしろ、目標、幸せ、人間関係について話すように言われるのだ。ダラス・フォートワース大都市圏における保湿クリームの売上進捗報告ではない。心から素直になれば相手からも素直な反応を得る。それで互いに助け合うようになる。だから彼らは絆を結ぶのだ。

LPRを紹介することで付随的に得られる嬉しいところは、私のコーチング・キャリアを築

＊娘のケリー・ゴールドスミスのおかげで、私は結果ではなく努力を計測することの価値のヒントを得た。彼女は、「主体的」と「受け身」の質問の違いを教えてくれた。「あなたは明確な目標を持っていますか？」は受け身の質問だ。「あなたは明確な目標を設定するために最大限の努力をしましたか？」は主体的な質問だ。状況がどうかではなく、自分自身が責任を負うことになるからだ。

いた啓示ともいうべき7つのコンセプトをスムースに取り入れている点だ。毎週毎週LPRで頑張る人たちは本質的に、よくなろう、互いから何かを得ようという同じ考えを持つレファレント・グループだ。フィードフォワードをフルに活用する。批判めいたことを言わず感謝を述べるだけ。それはステークホルダー中心のセッションだ。誰もが互いの進歩に責任を持つステークホルダーだという気持ちで臨む。仕組み（進歩あるいは退歩の状況報告セッション）、ミーティングの頻度（週に一度）、心構え（学び助け合うために集まる）は、友人のアラン・ムラーリのビジネス・プラン・レビューの派生品だ。メンバーのダイバーシティと相互に根っから正直に接するところは、私が顧客と行う年次開催の「次はどうする？」セッションのコピーだ。そして、私が使う「日課の質問」による自己モニタリング・プロセスを使う。おまけにそれは、100人のコーチのコミュニティを形成して私が認識するようになったコミュニティのパワーをうまく活かしている。

レイバー・デイ祭日の1週間前にお試しLPRの最初のシーズン1が終わると、シーズン2はいつ始まるのかという電話やメッセージが届き始めた。毎週の集まりがなくて寂しいと言う。こういうことは滅多に聞かれない。ミーティングの回数が十分でないといって、多忙な人が文句を言うことはほとんどない。だが、彼らはLPRがなくなって、そう感じていた。私はこのセッションをPOC（概念実証）と見ていた。これは、LPRが、たんに××がうまくなるとか、もっとよい人、上司、パートナーになるという目標を超えた何かに取り組む仕組みだったことを教えてくれた。それは、もっとも根本をなす志に取り組み、充足感を見つけ出す助けになる。そして、自分の人生を生きるプロセスは新たな習慣にする価値があるとでもいうように、継続的に行うようになる。シーズン2を求める声は、私が想像していた以上にＬＰＲがうまく機能したことの証拠だった。ＬＰＲは、よりよい人生にしたいというみんなの気持ちをさらに強めた。誰かにポンと渡されたのではなく、自分自身が築いているという昂った気持ちにさせたのだった。それどころか、さらに求めて、みんなは戻ってきた。誰もが自分と同じ志を持つコミュニティを去りたくなかったのだ。

ＬＰＲが私の世界を救ってくれたというのは、この点を言っている。それは老子のリーダーシップの考えを思い出させてくれた。「最高のリーダーは、その存在だけが民に知られており、何をしているかわからない。リーダーが仕事を終え目的を達成すると、民はこう言う。『私たちがやったんだ』」。極めて危険で困難な年に、私は１００人のコーチのコミュニティを守るために乗り出した。そしてコミュニティは自らを守った。

第11章 失われた助けを求める技

ＬＰＲの神髄はアカウンタビリティ、すなわち責任を取るメカニズムだ。定期的に回答するようにさせるから、自分の行動にもっと多くの責任を持たざるを得ないようにさせる。人生で重要なことは計測すべきだと思い出させ、毎日したいと言っているくせにちゃんとできないという人間の頑固な弱さにアタックするようになる。この効用だけでもＬＰＲは自分の人生を築くための価値あるお役立ちツールだ。

アクション、願望、志の間のギャップを上手に埋められれば埋められるほど、進歩を実感でき、そのおかげで自分の人生を築いたと思えるようになる。

ピーター・ドラッカーは経営に関して多くの鋭い寸評を残しているが、その中に、「過去のリーダーはどのように話すかを知っていた。これからのリーダーはどのように質問するかを知る人になるだろう」というのがある。

LPRはそれほどはっきりとではないが、同じくらい貴重な効用を与えてくれるとすぐさま思った。LPRのプロセスに参加することを決めるだけで、自分の人生を築くのに最大の障害を克服する。それは、**助けを求めています**、と表明することだ。

一代で成功を築き上げた人の話は、神話のような近代の聖なるフィクションとなっている。それが語り継がれている理由は、粘り強さ、優れた能力、勤勉さの対価に見合う、公平で幸せな見返りを約束するからだ。抗い難い魅力的な約束と同様、それは懐疑心をもって見るべきだ。

自分ひとりで成功を収めるのは、100％1人でやったと言える範囲なら不可能ではない。だが、他の人の助けを求めれば、必ずもっとよい結果を得られるのに、どうして1人でしたがるのか?という大きな疑問が残る。**すべて独力で達成しようとしたからといって、自らの人生が、「勝ち取った」人生になるとか、もっと輝かしいものになるとか、もっと満足のいくものになるとかということはない。**

実に多くの人が、独力でやろうとする。病的なほど助けを求めることを躊躇するのは、後天的に身に付いたもので、若い頃から受け入れるように条件づけられた行動上の欠陥だ。大学院の組織心理学の授業で、企業はどのようにして助けを求めることを陰険に阻止しようとするかは習わなかった。私は仕事をしていく中でそれを学んだ。

１９７９年、私はニューヨーク州アーモンクのＩＢＭの本社で働いていた。当時ＩＢＭは世界でもっとも尊敬される企業で、最高水準の経営をしていた。だが、ＩＢＭは問題を抱えていた。ＩＢＭの管理職は部下のコーチングをうまくやっていないと社内で見られていた。そこで私が呼ばれて、管理職を望ましいコーチにする目的の研修プログラムを見直すことになった。このプログラムに同社は何年にもわたって何百万ドルものお金を投じてきたが、改善はほとんど見られなかった。管理職は相変わらず部下の指導をうまくできずにいた。何がうまくいっていないのか、その理由は何かを探るために私はアーモンクに招かれ、直接観察することになった。典型的な社員とのインタビューはこんな感じだった。

直属の部下に尋ねる

Ｑ：あなたの上司はコーチングを上手にやっていますか？

Ａ：いいえ

管理職に尋ねる

Ｑ：あなたの部下はあなたにコーチングを頼んできますか？

A：いいえ。全然

再び部下に尋ねる

Q：あなたは上司にコーチングをお願いしますか？

A：いいえ

ＩＢＭの人事査定制度はどうなっているのだろうと好奇心を持ち、社員の年末人事考課を分析した。そしてＩＢＭがどのように成績優秀者を定めるのかを発見した。それは**「コーチングの必要なしにうまく仕事ができる人」**だった。つまり、ＩＢＭは悪循環を作り出していた。上司がコーチングを申し出ても、部下は、「けっこうです。私はコーチングの必要なしにうまくやっています」と答えるインセンティブが働いていたのだ（こんなこと作り話じゃ思いつかない！）。

ＩＢＭの抱えたジレンマはＩＢＭ特有の現象だと言いたいところだが、そうではない。ＩＢＭは同じ間違いをする企業の中のピカピカの一例というに過ぎない。ＩＢＭ経営陣のトップレベルからして、頭を下げて助けが必要だと認めようとする人はほとんどいなかった。助けを求めるのは弱さの証だと見られていた。

助けを求めるのは……

（a）何か知らないことがある。
（b）何かできないことがある。
（c）リソースがない。

……というときだ。（もっと悪く）言い換えれば、助けを求めるのは……

・無知
・無能
・必要に迫られている

……からだ。

いずれも、よくは映らない。どんな組織でも人は上司の行動に倣う傾向がある。CEOが助けを求めることにどういう態度を示すかは、ヒエラルキーの下のほうにあっという間に流れ、誰もが見習うようになる。もちろん、会社はチームワーク、SLリーダーシップ、分散化、総合的品質管理、シックス・シグマ、エクセレンスなど、ビジネススクールで学ぶような一般的なトピックを教える講師を雇った。だがこういったものは博士や公認会計士が専門的認証評価を維持するために求める継続教育のようなものだ。

管理職とその部下の1対1のコーチングは、部下が弱さを見せて、**「助けが必要です」**と言うところから始まる。それは会社の中で誰の目にも留まることが滅多にない。コーチングに近いものは、テクニカルな医薬、舞台芸術、木工品や配管工事などのノウハウといった高度に専門的な分野で、伝統的な徒弟関係を通じてスキルが伝承されていくものになる。だが、それはコーチングではない。もっと親密で実践的な教え方で、弟子は専門技能を十分学んでやがて卒業する、終わりのあるプロセスだ。一方コーチングは継続的なプロセスで、ずっと改善していきたいという思いと同じく終わりがない。**教えることとコーチングの違いは、「学びたい」と「もっともっとよくなるために手助けが必要だ」との違いだ。**

私はこの区別をアーモンク滞在中には、しっかり認識しなかった。何かをきっかけに進歩をすることが私のキャリアではよくあったが、このときも、数カ月後ある人の言葉ではっきりと見えるようになった。この時には、大手製薬会社のCEOからの電話がきっかけだった。

私はそのCEOの会社の人事部でリーダーシップ診断を行ったばかりだった。彼はそのセッションに参加し、何かピピッとくることを耳にしたのだろう。彼は普通とは違う依頼をしてきた。

「うちにこういう人物がいるんだ。大きな部門の部門長で、毎四半期の予算を達成する。若くて、賢くて、倫理的で、やる気に溢れ、とてもクリエイティブで、カリスマ性があり、傲慢で頑固で、何でも知っているという態度のいやな奴だ。うちの会社はチームで動いている。社内では誰も彼のことをチーム・プレイヤーだと思っていない。こいつを変えることができれば、それは我が社にとってものすごい財産になる。さもなければ、彼を追い出すことになる」

私はエグゼクティブに対して1対1のコーチングをしたことがなかった（今でいうエグゼクティブ・コーチングは存在していなかった）し、何十億ドル規模の企業のCEOの座にあと一歩というところにいる人にコーチングをしたことはなかった。CEOのぶっきらぼうな言葉から、こういうタイプは何度も出合ったことがあると思った。仕事のハシゴを一段上がるごとに勝利を手にしてきたタイプだ。仕事だろうが、ダーツで遊ぼうが、見知らぬ人との議論であろうが、勝つことが好き。仕事を始めたその日から「ハイポテンシャル、将来有望」とおでこにハンコが押されているような奴だ。それまでの人生で、いつも優秀だと肯定的に見られていた人が、私の手助けを受け入れるだろうか？

それまで、中間管理職をグループで教えたことは数多くあった。一歩手前まできているが、まだ成功には至っていない人たちが相手だった。もっと上のほうにいるエグゼクティブに私の方法は1対1でうまくいくのだろうか。どこから見ても成功している人をさらに成功するようにさせられるのだろうか。

私はCEOに「お役に立つかもしれません」と言った。CEOはため息をつきながら「どうだかなあ」と言った。

「こういうのはいかがでしょう。彼と1年やってみます。もし彼が改善したら、私に報酬を払ってください。しなかったら、全部無料にします」

翌日私は飛行機でニューヨークにトンボ帰りして、CEOと、私にとって初の1対1で行うコーチングの顧客に会った。

この最初の顧客に対して私は大きな強みを持っていた。彼の選択肢は、コーチングを受けることしかなかった。受けなければ彼はクビになる。幸いなことに、彼には強い勤労倫理があり、自分でも変わりたいと思っていた。彼は変わり、私は報酬を支払われた。

だが彼のような顧客を多く受け入れる過程で、リーダーが助けを求めることを恥ずかしいと感じないような環境を作り出すことを私は学んでいった。それはIBMで気づいたパラドクスを思い出させた。会社のリーダーたちは、コーチングは社員には価値があるが、自分自身には不要と思っていた。もちろん、これはナンセンスだ。私たちは誰も完全ではない。私たちはみんな欠陥を抱えた人間だ。**私たちはみんな助けを求めるべきだ。**私のブレイクスルーは、高い成功を遂げた人たちにこの永遠の真実を思い出させることだった。

私のとった1つの方法は、リーダーとして職場で一緒に働く人たちにサポートできることをすべて書き出してもらうことだった。**「あなたの部下はあなたにどんなことをしてもらいたいというニーズを持っているでしょう？」**と尋ねるので、私はこれをニーズ演習と呼んだ。

彼らは言うまでもないことを早々と書き出す。サポートする、認める、帰属意識、パーパスなど。その後、深いところにいく。人は愛されたい、話を聞いてもらいたい、尊敬されたいというニーズを持っている。何かに忠実でありたいと思い、お返しに忠実に接してもらいたいと思う。よい仕事をしたら、知らんぷりしたり、割り引いたりせずに、公平に報いてもらいたいと思う。

「部下はたくさんのことを求めていますね」と私は顧客のCEOに言う。「ひるがえって、あなたはどうですか？　あなたも同じものを必要としているでしょう。あなたが部下よりましということはない。彼らの中の1人や2人は、あなたの後任として組織のリーダーになるかもしれない。彼らは、あなたなのです」

顧客が、彼らの役割はリーダーとしてサポートを与えることであり、自己矛盾丸出しで同様のサポートを自分たちは必要としないと言うのは、彼らは部下を、そして彼らのニーズの尊厳を侮辱していることなんだとわかってもらいたいと思った。部下が気づかないわけはない。それはリーダーシップのとてつもない失敗だ。

成功してきたリーダーは何であれ失敗することを考えるとたじろぐ。だからさほど経たないうちに顧客は、「手を貸してください」と言うのを恥ずかしいと思い、忌み嫌う気持ちを克服する。そしてコーチングを受け入れるようになる。手助けなしよりも手助けのあるほうがうまくやれることに彼らは気づく。聡明な人たちが言われなければこのことに気づかないというのは驚きだが、当時はそうだった。今、エグゼクティブ・コーチングが広く求められているということは、企業がリーダーを大切に思い、彼らがよくなるためにお金を惜しまないことの証拠だ。

はるかに少ないお金で、**ＬＰＲによって同じコーチングの効果を得ることができる。**何にもまして、「私は良くなりたい。そして手助けが必要だ」と言うことが許されるようになる。これを認めることがＬＰＲ入門に必要なものだ。

顧客とニーズ演習を重ねれば重ねるほど、手助け、敬意、休暇、挽回のチャンスなど何であれ、何かを必要とするのは、無知、無能と同じくらい好ましくないことで、職場での物笑いの種、性格の欠陥や弱さの表れとなっていることに気づいた。

認められたいというニーズがいちばん罵りの対象になるというのが、長く私にはいちばんわけのわからないことだった。「認められたいというニーズ」をググってみると、精神的な欠陥と説明するものが１００件くらいパッと出てきた。

自分の意見よりも他人の意見に価値を置くとか、同意していないのに同意をするとか、好かれようとして相手を褒めるなどといった非常に不快な行動が取り上げられている。

いつから認められたいとか受け入れてもらいたいということが、インチキ、おべっか、巧妙なごまかしなどのいやな言葉と同義語になったんだ？　どうして、認められたい、受け入れられたいと思うことが、注目や愛情などを過度に求める異常性格に貶められてしまったのだろう？

職場で受け入れられたいとすることを問題にするのは、助けを求めることを問題とするのと同様、トップから始まっていると思う。私の経験では、成功したリーダーは部下が受け入れてもらいたい、認められたいと求めてくると、とても敏感に受け止め、うまく対応する。だが、助けが必要だと認めないのと同じ理由で、**彼らは自分自身も受け入れてもらい、認めてもらうことを必要としているとなかなか認めようとしない。**リーダーは、内なる評価――自己承認――で十分だと自分自身に言い聞かせる。それ以外は、スタンドプレーであり、自分に拍手するよう要求しているのに等しいと思ってしまう。その結果、CEOの態度はヒエラルキーの下のほうに伝わっていき、組織全体で受け入れ、認めることが否定されるようになってしまう。

認めてもらうことを躊躇し、「私がやる通りではなく、私が言う通りにしなさい」という態度を取る過ちは、この分野の専門家すら犯したことがある。私の大切な友人（そして100人のコーチのメンバー）であるチェスター・エルトンは、職場における社員の功績や活躍を認める価値に関して世界的な権威だ。彼に、彼が仕事で知るリーダーには、認めてもらうことを躊躇する傾向があるかどうか尋ねてみた。

彼は、「正しく答えられる立場にないかもしれないけど。僕、ものすごく落ち込んだ時期があったんだ。そのとき10人ほどの友人にこういう手紙を書いた。『私は職場で認めることについてずっと教えてきている。正直に言って、今私は自分自身が認めてもらいたいと思っているところだ』。10通ほどの素晴らしい手紙を受け取り、すごくいい気持ちになれた。彼らは私を生き返らせてくれた」と答えてくれた。

「君は私の質問に答えるのに完璧な人だよ」と私は言った。

「それは一度だけ、20年も前のことだ。それ以来していない」と彼は言い、彼自身が「私がやる通りではなく、私の言う通りにしなさい」の過ちを犯していることを認めつつ、「だけど、するべきだよね。これからするよ」と言った。

リーダーが、自分のニーズを受け入れ、強く打ち出すように手伝うのが私のコーチングの主要な部分を占めるようになって長い。ときには、そうアドバイスするだけで十分なこともある。

２０１０年、ユベール・ジョリーがカールソンのＣＥＯだったときに彼のコーチングを始めた。カールソンはミネアポリスを本拠とする巨大な非上場のホスピタリティ企業だ。私はいつもと同じ手順で始めた。ユベールの直属部下やカールソンの取締役と面接をし、彼らのフィードバックを２つの報告書にまとめた。１つはポジティブなフィードバックだけをまとめた報告書で、ユベールにそれをよく理解するように言った。翌日、彼のネガティブな点を書いたもう少し長いレポートを送り、じっくり消化するようにと言った。彼は十分に尊敬されるリーダーだったが、私が『コーチングの神様が教える「できる人」の法則』で挙げた20の悪癖のうち、自分には13の悪癖が当てはまると言った。彼の最大の問題は、何か価値を加えようとして一言言わなくては、とつねに思っているところだった。そこから人に勝ちたいと思い過ぎるとか、批判的な意見を言うなどの他の問題も生じていた。

その後私たちは面会し、まわりの評価で指摘された「過剰に自分は正しいと思いたい」という彼のニーズがどこからきているのかがわかった。彼は母国フランスの最高峰の学校でいつもクラスのトップにいた。彼はマッキンゼーでスター・コンサルタントだった。30代で彼はEDSフランスの社長となり、その後アメリカに移り、やがてカールソンのトップに上り詰めていった。だが、彼はまた宗教学者の一面もあり、聖ヨハネ教会の修道士2人と協力して、勤労に関する論文を書いている（彼らはビジネススクールで知り合った）。彼は旧約聖書と新約聖書のみならず、コーランや東洋宗教の教えもよく読んでいる。私は一目で彼を好きになった。

私はレポートに挙げられた彼の悪癖の1つひとつを長く論じることはしなかった。私は彼に3点を選び、改善することを約束するように言った。そしてコーチングのプロセスが始まった――同僚に過去の振る舞いを謝罪し、これからもっとよくなると約束し、手助けを求め、フィードフォワードのアドバイスを有難く受け入れる。

2年後、ユベールはベストバイのCEOになり、アメリカの事業で最大の難関、アマゾンと価格競争する家電量販店大手を救済するという仕事に対峙することになった。ベスト・バイで働き始める前に、彼は実に目覚ましい改善を示したので、高らかに勝利宣言をして私とのコーチングを終わらせてもよかった。だが、彼は2つの理由からそうしなかった。

1 手助けを求めることがまったく気にならなくなっていたこともあり、自己改善を継続すると決めていた。

2 ベスト・バイでの新たな仲間に自己改善のプロセスを実際に見てもらいたいと思った。

そこで彼は、新しい職場にコーチとして一緒についてきて欲しいと私に言ってきた。彼は助けが必要だということを公にした。実際には、スタッフにこう話した。

「私にはコーチがついています。私はフィードバックを必要としている。あなたたちもフィードバックが必要でしょう」

彼のベスト・バイの戦略は、オンライン小売業者と価格競争に訴えるのではなく、よりよい「アドバイス、便利さ、サービス」を提供して戦うというものだった。客がベスト・バイの1000以上ある店舗にやってくると、フロア店員は知識豊富で、熱心で、他で買う理由がなくなってしまうようにする。言い換えれば、ユベールは、ベスト・バイの従業員に賭けることにしたのだ。

ベスト・バイをよりよく理解するようになり、ユベールと彼のこの戦略を支える戦力をどうするか2人で話し合うと、彼は本能にまったく反する戦略を思いついた。通常のトップダウンのマネジメント・アプローチで社員を助けることはしない。まったく逆だ。彼は彼らに助けを求めた。彼の弱点を公にさらし、プロセスのあらゆる段階で助けが必要だと認めた。彼は個人的な「私のことを好きですか?」という形でなく、彼の戦略に賛同し、それに全力を尽くすことに同意を求めたのだ。できる営業員がいつも客に注文をくださいよと言い、気の利く政治家が市民に忘れずに投票を頼むように、ユベールも、気後れせずに深く、頼み込んだ。彼は戦略を信じてもらうのに社員の「心」を求めた。そして社員は与えた。彼がしたのはただ頼むことだけだった。

ベスト・バイ変革の間、株価は4倍になり、アマゾンのジェフ・ベゾスは2018年に、「ユベールがベスト・バイに来てからの5年間は目を見張るばかりだった」と言っている。ユベールは自分自身も変革した。社員にとって彼は不完全で、弱いところがあり、すべてを知っているわけではないので助けてほしいと頼む普通の人間だった。彼は私がコーチングをした顧客の中で、アラン・ムラーリとフランシス・ヘッセルバインに続くもっとも成功した1人となった。アランとフランシスはほとんど変わる必要がなかった（初めて会ったときから素晴らしい人たちで、さらに素晴らしくなった）が、ユベールは最も大きな変化を示した。

自分の人生を築く確率を上げるために1つだけあなたにアドバイスをするとしたら、**「助けを求めなさい。あなたが思っている以上にあなたは助けを必要としているものだ」**と言おう。

ものすごく体が痛いときに医者に行く、台所のシンクが詰まったら排水工事の業者を呼ぶ、法的な問題が生じたら弁護士を頼む。そういったことには躊躇しないだろう。人は助けを求めることを知っているのに、助けを求めたほうが明らかによいときが毎日あるのに、それを拒んでしまう。とくに次の2つのようなときには注意してほしい。

第一は、助けを求めると自分の無知や無能をさらけ出すので恥ずかしくてできないときだ。ゴルフクラブのティーチングプロが話してくれたのだが、300人いるクラブメンバーの中で彼女のレッスンを受けるのは20%を下回るという。彼女に不完全なスイングを直してもらうのが恥ずかしくてできないのだ。「クラブで上位30人から40人のゴルファーにレッスンすることで生活しています。彼らはもっとよいスコアにしたいと思うだけ。どうやって改善したか、誰に助けてもらったかは気にしません。スコアカードだってそんなこと気にしません」

第二は、「自分でやれるはずだ」と思うときに始まる。直面する課題が自分の知識やスキルに近いときには、この罠に陥ってしまう。馴染みのある近所の場所を運転していると、スマホのGPSを使わなくても着けるはずだと思う。前にしたことがあるから、結婚式の乾杯の辞や、今年のいちばん重要な営業プレゼンを誰かに事前に聞いてもらう必要がないと思ってしまう。

この問題に関して私はもう大丈夫。だから、「私は助けを求めるために最大限の努力をしたか？」は基本的な日課の質問には入っていない。何年も前に「人の助けを求めずに自分ひとりでやったほうが収益を挙げられたり、効率的にできたりするタスクや問題は何だろう」と考えて、答えが見つからなかったときに、私はこの問題を克服して勝利宣言をした。あなたもしてみるといい。

誰か――友達、近所の人、同僚、見知らぬ人、敵であっても――あなたに助けを求めたときのことを考えてほしい。助けを求められて、次のことをしたか？

・拒絶した。
・腹を立てた。
・相手を馬鹿だと思った。
・能力を疑った。
・陰であざ笑った。

私の知る人はみな、助けようとする。助ける能力がないと思ったときにだけ躊躇する。そして能力がないのは自分の落ち度として、たぶん謝罪するだろう。すぐさまノーと言うことだけはしないと思う。

他の人に助けを求める考えを退ける前に、このことを考えてほしい。

誰かに助けを求められて相手を悪く思うことなく喜んで助けるのだったら、なぜあなたが助けを求めるときには「寛容に思いやりを示してもらえないのでは？」と心配するのか考えるように。してもらいたいと思う行為を他人にするようにという黄金律は、定義からして双方向に働く。助けを求めることが例外ということはない。

もっとわかりやすい質問をしてみよう。人の手助けをしたときどう感じたか？　すごくいい気分だっただろう？　人が同じように感じる機会をどうして取り上げるんだ？

演習

過去に助けてあげた事例を書き出すように

これは、記憶と謙虚さを取り戻す演習だ。

●こうしてみよう

とても誇りに思っている自分が達成したことを5つから10ほどリストに書き出してください。とくに賞賛に値すると思うことを。

次に、それぞれの偉業に賞を与えられることになり、親戚、同僚、友人の前で感謝のスピーチをすると想定してください。

誰に感謝しますか？

それはなぜ？

どのケースでも人の助けなしには成功しなかったことに気づくのではないか。

予想外の幸運や偶然のことを話しているのではない。

他の人の知恵や影響力がプロジェクト進行を助けたとか、誤った判断で悲惨な結果に陥るのを回避したとかいうことだ。

こうやって記憶をたどることをしないと、人生で受けた支援をいつも低く見積もるのではないかと思う。

忘れていた、あるいはきちんと評価していなかった助けをすべて正しく理解するようになってはじめて、この演習から驚くべき見返りを得ることができる。

もっと頻繁に助けを求めていたならもっと多くのことが達成できたと想像でき、自分を責め、後悔するだろう。

その想像をもう少し進めよう。

将来、どこで助けが必要だろう。

最初に助けを求めるのは誰だろう？

第12章 自分の人生を築くことが習慣になったとき

いつから自分の人生を築くようになるのか？　いつ終わるのか？　努力をちょっと休んで、このプロセスを楽しみ、再評価するのはいつだろう？　その結果、何か新しいものを勝ち得ようと考えるのはいつのことか？

第8章から第11章では、自分の人生を築くのに必要な**自制心**について考えた。そして、それは遵守、アカウンタビリティ、フォローアップ、計測、コミュニティの力を得て、身に付けるスキルであると書いてきた。また**計画通りに進める**のに役立つLPRの単純な仕組みを見てきた。そして、**人の助けが必要だと認める**と、もっとうまくできるはずだと気づかされた。

自制心。計画通りに進める。助けを求める。それに続く問題はタイミングだ。自分の人生を築くのは大変なことだし、消耗することだ。だが、私たちはみんな人間だ。私たちの持つ力——エネルギー、やる気、集中力——は枯渇する。「つねに自分の人生を切り開いていくぞ」という切迫した気持ちと、達成したことや逆にやり残していることを振り返り考えるゆとりをバランスさせながら、いつアクセルを踏み、いつ一歩下がって充電し再開すべきなのかを考える必要がある。

自分の人生を築くのは長い戦いだ。長期戦だ。自分の人生を築くことが習慣となるまでは、切迫感を保ちつつ燃え尽き症候群にならないように、自己認識と状況認識の両方に根差した戦略が必要だ。

1 次のステージを始めるときを創り出す

人生で、あるフェーズが終わり、次が始まるときのエピソードがあるだろう。現代の生活で予想できるものは、たとえば、卒業、最初の「ほんとうの」仕事、結婚、初めて買う家、親になる、離婚、キャリアでの成功や失敗、愛する人を失う、思いがけない幸運、大きな目的。その瞬間は浮き立つような思いになったり混乱したりして、麻痺してしまう（「次はどうする？」）。それはチャンスでも危機でもあり、転換点にも後退のきっかけにもなりうる。ゲール・シーヒィは１９７７年のベストセラー『パッセージ――人生の危機』の中で「パッセージ」と呼んだ。私の亡くなった友人、ウィリアム・ブリッジズは「トランジション、移行期」と呼んだ（彼が1979年にこれをテーマに書いた名著『トランジション――人生の転機を活かすために』を、私は数年ごとに読み直している。この本は強くお薦めする）。

私たちは誰もこういった旧と新の谷間を経験する。ブリッジズは、「トランジション、移行期のプロセスは、代替するものが待ち構えているかどうかには依存しない。人生の一部が終わると自動的に移行は始まる」と言っている。

もし、移行期を活動の合間の凪の時間、嵐が来る前小休止する静かな時で、次のフェーズ、すなわち「代替する現実」が始まるのを手をこまぬいて待つ時として扱ってしまうと、重大な間違いを犯してしまう。移行期は、逃げ道を探すまであてどなくさまよう隙間の期間ではない。それは生きている。フル回転して動いている他の部分と同じくらい生きている生命体だ。

アメリカの舞踊振付師トワイラ・サープは、移行期のプロだ。50年以上にわたるキャリアの中で、彼女は１６０以上のバレエとモダン・ダンスを創作してきた。１つのダンスが終わり次の新しいダンスが始まるまで１６０以上の移行期があったということだ。また１６０以上の誘惑があったということだ。少なくとも1年に3回は新しい作品に取り掛かる前、横になり小休止をする誘惑があったことだろう。サープは、餌に食らいつくことはなかった。彼女は頭の片隅からインスピレーションがパシッと出てくるのを待たない。積極的にそれを探す。彼女の言葉を借りると、「次の始まりを自分で獲得する」。過去は後に置き、作曲家を調査し、音楽を聴き、どんなアイデアも逃さないようにビデオカメラをつけっぱなしにして1人で何時間もステップを踏む。そして、こういったパーツがつなぎ合わさって1つになると、創作の準備ができあがる。こうやって彼女は次の始まりを獲得する。素人目にはプロジェクトの合間の無の状態に見えるときに、実際には、開幕前にダンサーたちが集中してリハーサルをするように汗だくになって集中している。サープにとって移行期は新たなプロセスの前の小休止ではない。そのプロセスの貴重な一部であり、他のことと同じくらい苦労して築き上げているのだ。

この点、サープは正しいと思う。私たちにはみな人生の転換点を定義するそれぞれの基準がある。それは過去の自分から別れ、新たになりたいと思う自分に適応し始める瞬間だ。トワイラ・サープのような創造的アーティストは1つひとつのダンスの合間のミクロの期間を移行と見るかもしれない。あるいはキャリアにおける大きなスタイルの変革の合間（ピカソの青の時代と薔薇色の時代の間のような）といったマクロなものかもしれない。あなたや私は異なるものを選ぶかもしれない。

たとえば、私の人生の大きな転換点となるのは**人**だ。もっと具体的に言えば、**さまざまな形で、「君ならもっと」を指摘してくれた人たち**だ。最初の記憶に残っているのは、11年生のときに担当してくれたニュートン先生だ。先生は数学でDの成績はもっての外だと言った。彼は私がもっとできると期待していた。私の人生で同様のことが10回近くあった。それぞれの人は、彼らが意図していたかどうかは別として、私に、そのときの自分に突然不満を抱き、新しい自分を作りたいという強い願望を引き出してくれた。当時はどんな自分になりたいのかわからなかったが、自分の選択肢を見て答えを見つけ、次のステージの始まりを作り出し、私を移行させるよう、背中を押してくれた。

これが自分の転換点だと人生の軌跡を分析するのに使う出来事は、極めて個人的な選択だ。あるエグゼクティブは、彼が変化した大きな転換点は、失敗を仕出かしたときだと言う。二度と繰り返したくない過ち、恥ずかしさでいっぱいの記憶を、教えの瞬間に変えたという。別の人は、さまざまな集まりで自分はもうジュニアな立場ではなく、自分に影響力がついたと悟ったときが5、6回あり、まさにそれが転換点だったと言う。彼は専門家としての地位が上昇したことを認識させられた時を移行点とした。ある工業デザイナーは彼女がデザインした製品を通じてキャリアの変更点を見ている。それぞれのデザインは、1つの製品から次へと歩んだ距離を示す里程標のようなものだ。年代順にデザインを見てみると、それぞれの製品を市場に出したときから成長した証拠が見られる。

年齢も要素の1つだ。大きな転換点の変化を見る視点は、重ねてきた年月によって変わる。2022年の今なら、私は73年間の私の人生に影響を与えてくれた10人ほどの目を通して私の人生を説明する。18歳のときだったら幼稚園から高校3年生の間の13の学年が区切りで、夏休みが1つのフェーズから次へと移る移行期間だった。年を重ねると、転換点のように感じられた若いときの移行期は影がだんだん薄くなり、そのときには価値がわからなかったことが決定的なものとして現れてくる。若い人が私のように73歳になったら、高校時代のエピソードを1つも転換点に含めることはないだろうと思う。

移行に移らないと、自分が次の始まりに向かい始めているかどうかは知ることができない。転換点を記す方法がなければ、移行期を正しく理解できない。

2 過去から決別する

人生の次のフェーズを築くためには、自分ではもう水に流したと思っている過去の古いフェーズからきっぱり決別しなければならない。過去に達成したこと（それを達成したのは今のあなたではない）を捨てるだけではなく、古いアイデンティティ、古いやり方も手放さなくてはならない。過去から学ぶことはかまわない。だが毎日過去を振り返ることはお勧めしない。

カーティス・マーティンと初めて会ったのは2018年で、彼がNFLを引退してから12年が経っていた。どうやってプロのスポーツ選手から普通の市民に移行したのか、私は興味津々だった。なくなって寂しいと思ったのは何か？　諦めるのが難しかったのは何か？　競争、チームメート、応援など試合後のインタビューで聞くようなことを期待していた。私は浅はかだった。まったく違った。

カーティスは、プロスポーツ選手としての「パターン」がなくなったことを残念に思っていた。ＮＦＬにまで上り詰める選手は、高校時代からその世代で最高のスポーツ選手であるものだ。10代の早い頃から、注目され、コーチを受け、大人たちがよかれと思って面倒を見てくれる。年上の人に指示を仰ぐ必要はない。いつも向こうからやってくる。30代で自分自身の考えを持つ裕福なスーパースターであっても同じだ。7月のサマーキャンプから1月のプレイオフまで、ＮＦＬの選手の1日は1分ごとに計画され厳しく管理されている。何を食べるか、いつ体をほぐす運動をするか、いつ映像を見て勉強し、プレーブックを頭に叩き込むか。いつ練習し、いつ怪我の治療を受けるか、チームバスや飛行機にいつ乗るか。非常に実力のあるプレイヤーの成功が、何年もの間やってきたトレーニングや訓練のパターンと相関するところがあるのは、驚くに値しない。

このカーティスの言葉で、「息をするたびパラダイム」、「人の命は一呼吸の間にある」が、まさに正しいことが証明される。最後の試合と同じ力を出すのがせいぜいで、前シーズンの統計値がよかったとしてもポジションをキープできるとは限らない。プロのアスリートのキャリアは脆弱だと彼は認識していた。ヘッドコーチのビル・パーセルは、「カーティス、試合を休もうと思ったらだめだ。君の代理に出たやつは、君を二度とフィールドに戻さないかもしれないからな」と言っていた。その言葉によるところもあったのだろう。カーティスは現在に生き、将来に目を向けている。過去はつねに後ろに置く。以前のカーティスは過去の遺産と見做す。現役時代、カーティスはひとり二役を果たしていた。1人は現役プレイヤー、もう1人のカーティスは以前プレイヤーだった人。「現役」のほうでは、与えられたパターンをきっちり守った。それが集中力をつけ成功に導くと知っていたからだ。「以前プレイヤーだった人」のほうでは、フットボールで得た知恵をその後の人生に使えるようにしようとした。33歳で現役を退いて、外部から方向性を示してもらわなくても、彼は苦労をしなかった。それに代わる方向がすでに定まっていた（そして、それは人を助けるというさらに大きな志に合致していた）。彼は、それでも生活に「パターン」を必要としたが、それは彼自身が作るものになっていた。

新たな自分を作るために過去のパターンをすべて止め、以前の自分に決別できるなら、部屋を出るときに室内灯を消すのと同じくらい、新しい自分を作り出すのは容易になる。

3 人生を築く反応をマスターする

よい習慣を作る奥義などない。今日、よく研究された行動のコンセプトに3つの連続ステップとして知られるものがある。刺激、反応、結果の3つだ。大学院で私の先生はそれをＡＢＣ順と呼んだ。Antecedent(先立って起きた出来事)、Behavior(言動)、Consequence(結果)の頭文字を取ったものだ。Cause(原因)－Action(行動)－Effect(結果)と呼ぶ人もいる。呼び方はどうであれ、この順番の真ん中の部分、反応(あるいは、行動、アクション)が重要だ。この部分は私たちがコントロールして変えることができる。

同じ刺激を与えられるたびに毎回まずい対応を取っていたら、毎回同じようながっかりする結果になるのは当然だ。やがてまずい対応が予測可能な対応となり、悪い習慣を身に付けることになる。**新たな習慣を取り除く唯一の方法は、同じ刺激に対して意識してもっとよい行動で対応するように変えることだ。**たとえば、悪い知らせを持ってきた人に八つ当たりするのではなく、穏やかにお礼を言うようにしたら？ 対応を変えれば、習慣が変わる。

極めて聡明なリーダーにこの教訓を思い出させることで、私は仕事をしてきた。部下との会議は何であれ、ものすごく非生産的な癖を出してしまう危険な刺激がいっぱいの地雷原と考えるようにと私は彼らに話す。その場でいちばん賢い人間でいたい、役に立つことを一言つけ加えようとし過ぎる、何の議論でも相手をやり込めようとする、率直な態度を不当に扱うなどだ。私の顧客は学習が早い。厳しい治療は不要だ。会議での対応にただ注意しなければいけないと思い出させるだけでいい。思い出させるものは、**勝とうとするのを止めろ。それはやる価値があるか？ 君はこのトピックの専門家か？**といった言葉が書かれた小さなカード程度でかまわない。そのカードを視野に入るところに置くだけで、イライラする刺激を与えられたときの反応を変えられる。このようにして、よい振る舞いが定型パターンとなり、繰り返され、長続きする習慣へと変わっていく。

この同じやり方は、自分の人生を築くという複雑で重要なダイナミクスに適用できるだろうか？　褒められたら「ありがとう」と自動的に言うくらい、自分の人生を築くことは習慣になるのだろうか？

私は、イエスと答えたい。刺激を与えられ、反応を外に出すまでの間、立ち止まって考える瞬間を作れれば、できる。立ち止まる一瞬は、トリガーとなった出来事の明示的あるいは暗示的メッセージを考える時間となる。この一瞬で、感情的になったり衝動的になったりせず、いちばんよい合理的な反応をするようになる。

振り返って考えると、学生時代に誰かに**「君ならもっとできるよ」**と言われることがたまにあった。それは、人生で価値ある転換点を示されたのだ、と私は直感的に感じた。古いマーシャルを捨てて新たな誰かになるチャンス。その言葉自体が刺激だった。「坊や！　へまをしているよ」と私に伝え、「変わらないと一生後悔するよ」と言外に伝えていた。

最初のケースは、ニュートン先生に君はDレベルよりもましな点が取れるはずだと言われたときだ。彼が正しいことを証明して彼から認められようと私は反応した。私は高校3年生のとき数学でオールAを取り、うちの高校で初めて数学のアチーブメントテストで800点満点を取った。私はその反応で態度を永遠に変えたと言いたいところだが、**1つだけではいい習慣を作り出せない。繰り返す必要がある。**インディアナ州テレホートのローズ・ハルマン工科大学での大学生時代は怠け者に戻っていた。

そして1970年に再びそれが起きた。このときは、イン教授の経済学の授業のときだった。イン博士は「行いを改め」たら、私の将来は有望と話してくれた。彼は私がGMATのテストを受けて、インディアナ大学のMBAプログラムを受けるように勧めてくれた。それが、奇跡的にUCLAの博士号プログラムに進む道を開いてくれた。そこで私は少なくとも2回、「君はもっとできるはずだ」と言われた。一度はボブ・タンネンバウム教授、もう1人はフレッド・ケースだった。

いずれの場合にも私は前向きに捉え、目標を引き上げた。ポール・ハーシーから転換点を与えられた頃には、「君はもっとできるはずだ」と言われて反応することを繰り返してきたから、癖になっていた。毎回私を駆り立てたのは、やらないと後悔するのではないかという不安感だった。私はもう救い難い怠け者ではなかった。後悔の痛みを回避して将来を築くために最大限の努力をしたいという願いは私の身に付いた反応になっていた。

それがあったので私は1970年代後半に「君ならもっと」を聞いたとき、熱心にそして前向きに反応したのだと思う。なぜそのセリフに聞き覚えがあるのかすぐさま悟り、そう言われる要因は何かを立ち止まって考えた。私の脳は「以前に同じことがあった。その兆候を知っている。これはターニングポイントだ」と言う。刺激は同じ。成功したときに得られるものも同じ。だから私の反応も同じはず。私の脳は急回転して調整し、私は人生の次のフェーズを始めようと決意する。すべてがそうであるように、それは自分で築かなくてはならない。私はそれでかまわない。こうして自分で築くことが習慣となる。

あなただって同じだ。私は外から多くの励ましを受けてラッキーだったが、そうでなかったとしても違いはない。実のところ、私は居心地のよい環境に安住して惰性に縛られていたので、誰かに閉じこもっていた殻から出してもらい、次のフェーズの始まりを築くようにしてもらうことに依存していた。

あなたがそうである必要はない。「君ならもっと」の一連の流れは、可能性をフルに活かせていない人だけのものではない。すでに充足感を勝ち得たがさらに高いところを目指せると思っている人のためにもなる。私のように、誰かが正しい方向を示してくれるのを待つ必要はない(とはいえ、そうなるといつも嬉しいことなのだが)。あなたはもう、自分自身でそうしているかもしれない。もっとできる、もっとするべきだと思うときには、「君ならもっと」訓練を自分で始めているのだ。自分でカツを入れたからといって効果が薄らぐことでもないし、習慣化する価値がないということもない。

4 目の前にあるボールを打つ

ゴルフは難しいゲームだから、最高のプレイヤーが最高のコンディションでプレイしても18ホールの中でミスをするのは避けられない。優れたプレイヤーは、そういうとき、よく磨かれた記憶喪失で補う。不可避のミスをしても、ちょっと怒りを爆発させたり、自己嫌悪したりして緊張をほぐして、さっさとうまく処理して忘れてしまう。フェアウエーから20ヤード以上離れ、草が高く、木の枝が低く垂れさがってグリーンの行く手を遮っている。ティーからそんな不幸なところに落ちたボールへと歩く200歩くらいの間に、気持ちをすっきりさせて目の前にあるボール、状況、ショットに気持ちを集中させることができる。彼らは現在に集中する達人だ。コースでその前に起こったことは彼らの頭に入り込むことはない。キャディーと戦略やヤードを話し、どのクラブを使うかを打ち合わせる。高い草に埋もれたボールにうまく当てられる確率を測る。グリーンに向かって大胆に打つか、ミスを潔く認めてフェアウエーにボールを戻すか。リスクとチャンスを計算する。2打めに取り組まなければならなくなるかもしれないが、その瞬間には、目の前のショットをどうするかを決めてボールを打つ。それ以外のことはどうでもよい。これを1ラウンド中60回から70回繰り返す。それは毎回ショットをする前のルーティンだ。言い換えればそれは習慣だ。

そのルーティンの中でいちばん役に立つのは、コースの前のポジションから次のショットに向けて歩くときだ。320ヤードであろうが、20フィートのパットを打ってホールの3フィート手前で止まってしまったパットであっても同じだ。その間にその前のショットから目の前のショットに考えを切り替えて、現在に集中する。ショットのたびにつねにこれをすれば、スコアカードがプレイの質を反映しなくても、そのラウンドではハッピーだろう。少なくとも、与えられた状況の中でやれることは全部やったと思い満足する。

私のような下手なゴルファー（あまりに下手で25年前にゴルフを諦めた）にとって、テレビでこの時間のかかる判断の儀式をショットのたびに見るのは、草が育つのを見ているようなものだ。なぜプロは私がしたようにさっさと歩いてボールを打たないのだろう。もちろん、プロのやり方が正しいやり方だ。彼らが優れたプレイヤーなのはルーティンを守るからということもある。それはまたなぜプロのアプローチが、現在を、以前の、そして将来の自分自身と切り離すことになぞらえる適切な例かを示してくれる。現在を生きることの知恵を強めてくれる。

ノーベル経済学賞受賞者のダニエル・カーネマンは「見たものがすべて（What You See Is All There Is）」という有名な言葉を語った。それは広くＷＹＳＩＡＴＩの略語で語られるようになったが、限られた情報で拙速な結論を導くことを指摘している。

それもまた、人間は偏見に満ちた非合理な俳優のように行動するという例だ。この場合、それはせっかちな判断を下す行動を指す。

私はこのWYSIATIをもっと前向きに見たい。私たちが目にする事実はすべて状況次第で、目の前のものをできる限りうまく扱うのは立派なことだと思わせてくれるものとして捉えたい。ゴルファーは目の前のショットをするとき、判断を曇らせる過去や将来の懸念を切り離した最高に合理的で客観的な俳優になっている。彼らは人生のつねとして、ゴルフも状況によるもので、過去や将来の瞬間は忘れ、今その瞬間だけを見るものだということを受け入れている。彼らは最高のときには、仏教の達人でマインドフルネスと現在を生きる。

現在を生きることに大きな価値があることは論を俟(ま)たない。それなのに、「目の前のショットをする」ことができないのは、一貫して見られる行動パターンだ。私たちは毎日それをしている。その日にするプレゼンを頭の中でリハーサルしていて、朝食の席で自分の子供たちを無視してしまう。10分前にかかってきた気がかりな電話を思い出して会議中注意散漫になる。人を型にはめてしまい、その人の最悪の瞬間の記憶を蘇らせ、人は変わるものだということを許したり受け入れたりしないなど。

自分の目の前にあるショットを打たないのは、移行に失敗しているということだ。私たちの世界が大なり小なり決定的に変化し、新たな現実に対応しなければならないということが見えずにいる。

コロナで2020年3月にロックダウンが始まったとき、100人のコーチのコミュニティでこれを見た。**あの頃はこうだったが今はこうだ**とスムースにギアを変えられたメンバーもいたが、ギアチェンジができずイライラした人もいた。後者にターシャ・ユーリックがいた。

ターシャにとって2020年は大ブレイクの年になりつつあった。その2年前、彼女は大手出版社から彼女の最初の本、『insight(インサイト)』――いまの自分を正しく知り、仕事と人生を劇的に変える自己認識の力』を出版し、自分自身を見る見方と他人が自分を見る見方の違いを書いた。その本は、企業の間で大好評を得た。ターシャはダイナミックな講師でとても話が上手なので、彼女に2020年1月サンディエゴで行った100人のコーチの午後のセッションの冒頭に登壇を依頼した。彼女は会場を沸き上がらせた。6週間後、みんなの大事な計画は破綻した。ターシャはショックを受けた。彼女は2020年のために2年間を費やした。そしてそれがすべてかき消されてしまった。彼女の仲間もみな同じように苦しんだことは何の慰めにもならなかった。これは終わりの見えない外因的なショックだった。

2020年5月のはじめに彼女がどうしているかチェックしたとき、彼女はまだ彼女のすべてのハードワークが不毛に終わったことから立ち直れていなかった。一歩踏み出し、現実を直視することができずにいた。世界は変わったが彼女はそれに移行することができずにいた。私は目の前のショットに集中し、変えることのできない過去は忘れるようにアドバイスした。また、世界は崩壊したが、消えてなくなったわけではないと言った。徐々に彼女の企業顧客は――空っぽのオフィス、在宅勤務、Zoomの隆盛――という新しい働く環境に慣れてきた。

そして彼女の専門性に対する需要が戻ってきた。(少なくともまだ) 当てになるほどではなかったが、徐々に彼女は過去を忘れるようになってきた。そうすれば、現在と将来しか残らない。現在のターシャと将来のターシャとを分けることは彼女にとって有意義な考え方だった。それによって彼女はもっと希望の持てる状況に逃げ込むことができた。2020年11月には、彼女のコンサルティングとコーチングの事業はフル稼働に至っていなかったために、彼女は余った時間で彼女がメンターを務めるコミュニティを作ることを決意した。私が作った100人のコーチを模倣して、彼女は短時間の自撮りビデオを投稿し、彼女のコーチングを望む志望者を募った。彼女は反応してきた数百人から10人を選び、彼らをターシャ・テンと呼ぶこととした。お金を得られるわけでもなく外部から評価されるわけでもなかったが、個人的な思いやり溢れる行動で、それは彼女の人生に目的と意義を加えた。それが何につながるかわからなかったが、何ができるか見たいと彼女は思った。

その瞬間、ターシャの移行が終了した。彼女はもはやコロナ前の世界にしがみつくことがなくなった。それは彼女にとってよい世界だったが、二度と戻ることがないもので、その代わりに意義ある何かを彼女は見出した。彼女は次の始まりを切り開いた。

私は本章を、**いつから自分の人生を築くようになるのか?** **いつ終わるのか?**という2つの質問で始めた。自分の人生を築いたと言えるのは、何か始めたことが完了したとき、あるいは世界の状況が変わったか、それまでしていたことを継続するのは不要だと自分で思ったとき。人生を築くのが始まるのは、自分は誰なのかを改めて定義するために、自分の人生を新たに作る必要があると心に決めたとき。それがたとえ誰か他の人の考える姿であってもそれを自分のものにしようと思うとき。それが簡単な答えだ。

始まりと終わりの間では——役割、アイデンティティ、過去に対する強いこだわり、期待——といった多くのものを捨てなくてはならない。そして必死で次の新しいものを探し出さなくてはならない。

こうやって私たちは人生で新しい始まりを見つけていく。**私たちは人生の1つのドアを閉めて、新たなドアを開いていかねばならない。**

演習

あなたにとって「不可能」なものは何ですか？

詩人ドナルド・ホールが友人の彫刻家ヘンリー・ムーアに人生の秘訣は何かを尋ねた。ムーアがちょうど80歳になったばかりのときだ。彼は短い実践的な回答をした。「人生の秘訣は、何か任務を持つことだ。人生のすべてを捧げるもの、生きている間1日のすべての時間を割き、すべてを充てるような何かを持つのだ。そしていちばん重要なことだが、それは君がどう頑張っても達成できないものでなければならない！」（私にとっては、これは完璧な志の例だ）

ホールはムーアの「何かどう頑張っても達成できないもの」という定義は、「今までに存在した彫刻家の中で最高の彫刻家になり、自分でそれがわかること」だと考えている。高邁な志かもしれない。だが、幸せでいたい、見識を持ちたい、現世を去ってからもよい人だったと覚えていてほしいといった多くの人が心に抱く通常の願望とそれほど変わらないように思える。

あなたにとって「どう頑張っても達成できないこと」とは何ですか？

第13章 犠牲を払ってマシュマロを食べる

だいぶ前になるが、私はスイスの銀行、ＵＢＳが主催したビジネス界の女性というカンファレンスで講師の１人となった。私の前に話したのは、テクノロジー業界の女性パイオニアで、会社を創業しＣＥＯを務めているちょっとした有名人だった。20年経った今も、彼女の見識と新鮮な率直さを覚えている。

彼女の真似をするのは難しいことだ。

彼女は、メンターリングはあまりしないと言った。なぜなら会社経営はたいへんな仕事で、彼女のもとに寄せられるメンターリングを１つ残らず受け入れたら、すべての時間が取られてしまうと言った。彼女は、時間を使うのは、人生で３つの大切なことに限っていると言った。家族と過ごす。健康とフィットネスに気を付ける。そして素晴らしい仕事をしたい。この３つで彼女の時間はすべて終わってしまう。彼女は料理をしない、家事をしない、こまごまとした仕事をしない。会議場のすべての女性の注目を集め、彼女は単刀直入なメッセージを強めた。「料理が好きでなければ料理はしない。庭いじりが好きじゃなければ庭いじりをしない。掃除が好きでなければ、誰かを雇いなさい。あなたにとってほんとうに重要なことだけをしなさい。その他のものは、すべてやめてしまいなさい」

聴衆の中から１人の女性が手を挙げて言った。「あなたにとってそうおっしゃるのは簡単です。あなたはお金持ちだから」

ＣＥＯはその言い訳を受け入れなかった。彼女はこう反論した。「この会場に呼ばれているのは最低25万ドルの年俸を得ている人だけだと私は聞いています。仕事でうまくいっていなかったなら、ここに招待されていません。自分のしたくないことをしないように誰かを雇うお金がないとおっしゃるのですか？　あなたはプロフェッショナルとして、最低賃金で働くことはないでしょう。仕事以外ではどうしてそれをよしとするのですか？　あなたはあなたの時間の価値を大きく下げています」

彼女は多くの人が受け入れるのに苦労する厳粛な事実を伝えた。それは、**「充足した生活、と**

くに自分の人生を築くためには犠牲を払う必要がある」ということだ。彼女はお金のことを話したのではない。重要なもののために最大限の努力をする、必要な犠牲を受け入れる、リスクと失敗の不安を意識してそれらを防ぐようにしなければだめだと言っていたのだ。

そういう犠牲を払うことがやぶさかではない人がいるが、そうではない人もいる。止むに止まれぬ理由からだろうが、何のかの言っても残念なことだ。

もっと一般的な言い訳は、**損失回避**というよく知られたコンセプトから来る。手に入れたいと思うよりも損失を回避したいという衝動のほうが強いということだ。努力すれば成功する確率が高いのであれば犠牲を払うが、確率が低ければ犠牲を払おうと思う気持ちは低くなる。彼らは確実に努力や犠牲が無駄にならないようにしたいのだ。すべてを目標達成に注ぎ込み、何の成果も得られないという可能性に怯えてしまう。全身全霊を注ぐことが無益なものになってはいけないと思う。

これは非常に根強い考えなので、私の1対1のコーチングでもこの点を考慮するようにしている。だが、成功を手にしている私の顧客は明らかに犠牲を払うことを気にかけない。それで彼らは今のポジションを得ている。それでも、コーチングのプロセスに全力を捧げることは無益なことではないと請け合う必要がある。「これは難しいことです」と私は言う。「1つ不手際をしただけで進歩が消え、振り出しに戻ってしまう。しかし、今後1、2年の間、フォローアップをして、頑張って続ければ、よくなります」。これが保証の言葉のギリギリのところだが、私が確実だと思うことを伝えるのはコーチングの一部だ。クライアントが犠牲を払うことに抵抗する度合いを減らすために、幸先のよいスタートが切れるようにしてあげる。

もう1つの理由は**ビジョンの欠落**だ。今日の犠牲は今日享受できるメリットを生まない。自分をコントロールすることから得られるものは、ずっと先、私たちがまだ知らない将来の私たちに与えられるものだ。そのために、私たちは、複利で運用して30年後に立派な金額になるようにと余ったお金を貯金するのではなく、自分に使ってしまうのだ。そのような犠牲を払うことのできる人もいる。将来の自分のために犠牲を払う。そんな今の自分に感謝をする将来の自分を描くことのできる人たちだ。そんな先のことを見られない人もいる。

第三の理由は、**世界をゼロサムで見る**ことだ。何かを得れば何かを失うと考える。対価は機会費用で、どれだけ犠牲を払うかで計算されると考える。これをすればあれができないというこの見方がまったく間違っているわけではない。ただ、対価を考慮するのはたんに無意味だというだけだ。対価を払うというのは、容易で確実なことの代わりに、困難でリスクのある何かをしようということなのだろうが、確実なことを犠牲にするわけではない。たいてい、困難な道を選ぶときには、自動的に確実なことを含め、その他すべての選択肢を排除している。なんといっても同時に2つの場所にいることはできないから、何かを諦めなくてはならない。それを受け入れるのが早ければ早いほど、犠牲を払うことが苦にならなくなる。何かで読んだのだが、フランスの名スキーヤー、ジャン＝クロード・キリーは彼のマネジャーにこう言ったという。「冬であればどこでも練習する。半年は北半球で、半年は南半球で。何年もの間、夏を経験したことがない」。フランスの国民的英雄で1968年の冬のオリンピックではアルペンスキーの全種目で金メダルを獲得して圧倒的な強さを見せたアスリートだ。彼は夏を過ごせないことを辛いと言ったわけではない。世界チャンピオンのために犠牲を払ったことを苦にしていないと言ったのだ。金メダルを手にした後で、彼はいくらでも夏を過ごせた。

何であれ犠牲を払うことをためらう第四の理由があることに私は最近気づいた。**居心地のよい状況から強制的に引きずり出されるのがいやなのだ。**たとえば、私は対立を好まないので十中九まで避ける。やる意味がないと思うのだ。だが、私がとても大切に思うもの（プロジェクト、家族、困っている友人）が危険にさらされたなら、私は必要だと思うことをして、誰とでも喜んで対峙する。それを楽しむわけではないが、そうして後悔することはない。

これらの理由を私は馬鹿にしているわけではない。払う犠牲のほうが期待できるものよりはるかに大きければ、こういった理由は常識のように思われる。努力して得られるものには価値がないということだ。1日訪問する国の言語を6カ月専念して学習するようなものだ。1日だけ通訳を雇うほうがいい。

犠牲を払うか、やり過ごすか。賢い選択をするためには、今すぐ満足するか後で満足するか、つねにつきものの二者択一の問題を決定しなくてはならない。私の辞書では、犠牲を払うということはご褒美を後で受け取ると同義だ（犠牲を払わない、は今すぐご褒美を受けると同義語だ）。いずれも自制心の問題だ。朝目が覚めた瞬間から、毎日、1日中直面するジレンマだ。

たとえば、仕事の前にエクササイズするために早起きをしようと思う。目覚まし時計が5時45分に鳴ると、一瞬ためらう。ベッドであと30分寝るという目の前の満足を、フィットネスで得られる効用、あるいは、意図していたことができなかった、意志と目的に失敗したというイライラした気持ちで1日を始めることの心理的な苦痛を取るか。ワークアウトが睡眠に勝つかどうかは、その日最初の、後の満足を取るか今の満足を取るかの二者択一に過ぎない。朝食でもそれは続く。健康的なオートミールとフルーツにするか、卵とベーコンにトーストを添えてダブル・ラテを飲む誘惑を取るか。次に仕事場での最初の1時間で、ToDoリストの中のいちばん大変な仕事に取り組むか、職場の仲間とおしゃべりをするか。これが続き、1日の終わりには、まともな時間に寝るか、ネットフリックスで夜更かしをするかの選択がある。それは終わるときがない。

褒美を手にするのを遅らせることは、誕生から死に至るまで、おもしろい形で変わっていく。私が思うに、すぐさま褒美を手にしなくても心が痛まないときが人生で2回ある。第一は、大人になりたてで、時間がなくなっていくことがわかっていないときだ。貯金の必要性、健康に気を付ける必要性、ついでにいえば、1つのキャリアに専念する必要性が見えていないときだ。時間を取り戻す余裕があるから、時間やリソースを無駄遣いできる。代償を払うのはいつか「後に」（それがどういう意味かは別として）引き延ばすことができる。もう1つは、人生の後半で、今の自分と将来の自分との開きが縮まるときだ。一定の年齢になると、つねにこうありたいと思っていた自分、あるいはその高いハードルを超えられなかった自分を見つめて、実際の自分を受け入れるようになる。賭け金を現金に換えるときだ。そこで高いお金を使う旅に出る。時間を自由に使って奉仕活動をする。罪の意識なしに1リットル近いアイスクリームを食べる。

その間の長い年月、つねに褒美を手にするのを遅らせるかどうか試される。だから褒美を遅らせる経験をするのは、人生を築く決定的な要因となるのだ。それは知性よりも確かな将来を占う判断材料かもしれない。

結局は、犠牲を払うもっとも説得力のある理由は、何かに犠牲を払うたびに以前にも増してそれを大切に思わざるを得ないようになるということだろう。人生に価値を加えるのは、やる価値のある目標だ。それに、英雄的な努力が報われようと報われまいと、犠牲を払うのはいい気分になるものだ。最大限努力したなら達成できなくても恥に思うことはない。

後悔することもない。**後悔は、犠牲を払わなかったために回ってくるツケだ。**

とはいうものの、人生においては、十分犠牲を払ったと胸を張って、ちょっとのんびりして息を抜いてもよい時がある。マシュマロがおいでおいでをするときだ。

1960年代後半、スタンフォード大学の心理学者、ウォルター・ミッシェルが有名な「マシュマロ実験」を大学のビング保育園に通う未就学児を対象に行った。子供たちは1つのマシュマロを見せられ、いつでも好きな時に食べていいよと言われる。最長20分マシュマロを食べずに待てば、マシュマロ2つ（クッキー、ミント、ミニ・プレッツェルなどもあった）をもらえるよと聞かされる。目の前のご褒美、後のご褒美の選択の格好の例だ。子供は1人でマシュマロが1つのったテーブルに座り、マシュマロを食べたくなったら机の上の呼び鈴を鳴らして調査員を呼びマシュマロを食べることができる。最大20分後に調査員が戻るのを待ち、マシュマロが手つかずだったら、2つのマシュマロをもらえる。ミッシェルはこう書いた。

子供たちがベルを鳴らさず我慢しているのを見ると涙が出てくる。子供たちの創造性に拍手喝采を送り、小さな子供ですら誘惑に耐えて楽しみを後回しできることに新たな希望を見出す。

後に追跡調査をしてみると、待ってマシュマロ2つを得た子供たちは、SAT（大学進学適性試験）のスコアが高く、学校でよい成績を上げ、BMI（肥満度指数）が低かった。この研究から、後にミッシェルは『マシュマロ・テスト――成功する子・しない子』という本を1994年に出版した。そのテストは数少ない人間行動の実験テストとなり、文化現象となった（たとえば、「マシュマロを食べるな」と書かれたTシャツが出回った）。*

広く定義すれば、楽しみを後に回すことは、後でもっと大きなご褒美を得るために目の前のより少ない楽しいご褒美に抵抗することだ。心理学の多くの文献は、満足を後回しにすることと「達成」を結びつけることを否定する。私たちは目の前の楽しみを犠牲にして長期的な結果を得るのはよいことだといやというほど聞かされているのだが。

マシュマロ・テストを違う角度から見ることもできる。「楽しみを後に回すことはおしなべてよいことだ」という示唆は無視するのが難しい。だが、この研究を2つ目のマシュマロから先に進めたらどうなるか想像してほしい。決まった時間待つと、2個目のマシュマロを与えられるが、「もう少し待ったら3個目のマシュマロをもらえるよ!」と言われる。そして、4個目、5個目……100個目のマシュマロ。

その論理からいけば、喜びを後回しにする究極の達人は、手を付けていない腐った何千というマシュマロに囲まれた部屋で死を目の前にした老人ということになる。年を取り間もなく死ぬというときにそのような人になりたいという人は間違いなくいないだろう。

このマシュマロの警告を私はクライアントによく話す。彼らの達成意欲、意志の力、喜びを後回しにする熟達度には畏敬の念を抱くしかない。私がコーチングをするクライアントの多くは世界で有数の成功したリーダーたちだ。多くは素晴らしい学歴を持っている。将来の達成のために忙しくて、人生を楽しむことを忘れることがしばしばある。彼らに与えるアドバイスはあなたにも当てはまる。**マシュマロを食べるべきときがある。マシュマロを食べなさい!** 今日しなさい(その場で喜びを得るワクワクする気持ちを取り戻すためにも)。人生の後半になり、いつまでも生きていられないと薄々感じるまで待ってはいけない。

ビジネス作家、ジョン・バーン（実のところ、私は彼の結婚式の司会をした）は、ジャック・ウェルチが2001年に出版した回顧録『ジャック・ウェルチ　わが経営』を共著した作家だが、1995年59歳のときに心臓発作に襲われ冠動脈バイパス手術を受けた後にウェルチが話したことを教えてくれた。ウェルチは手術に恐怖を覚え、人生のあれこれを考え直すようになった。教訓を1つあげようか？　安いワインを飲むのを止める。そのときウェルチはゼネラル・エレクトリック（GE）のCEOを14年間務めていて、裕福だった。だが、彼の家飲み用安ワインを見ると、そうとは思わないだろう。人生が短いことを十分に悟り、それ以降、彼は家のワイン・セラーにとても高価なボルドーの赤ワインだけを置くことにした。ウェルチの家で食事をするときには、このワインしか出さない。つまりラッキーな男のマシュマロを飲むわけだ。

素晴らしい人生を築くためには、長期的な達成を遂げるには短期的な犠牲が必要だという事実を受け入れるように。だが、ご褒美の先送りをやり過ぎないように。人生の旅路を楽しむために立ち止まろう。人生は永遠に続くマシュマロ・テストだ。だが、食べないマシュマロを溜

＊のちの研究は常識を働かせ、もともとのテストの健全性に疑問を投げかけた。教育レベルの低い親を持つ貧しい子供に比べて、スタンフォード大学の高等教育を受けている親を持つ裕福な子供は、楽しみを後に回すことでご褒美をもらえる環境で育てられている可能性が高い。また裕福な子供たちは、権威を持つ人（実験者）はご褒美をくれると信じる傾向が強い。

めこんでもメダルは得られない。後悔を溜めこむだけに終わってしまう。

ウォルター・ミッシェルは、彼の本の終わりのほうで、2人の対照的な兄弟の話を書いている。1人は投資銀行に勤務する真面目で裕福な男だ。長く安定した結婚生活を送り、立派に成人した子供たちがいる。もう1人のほうは、グリニッジ・ビレッジに住む作家で、5冊小説を出版したがほとんど注目されていない。だが「それにもかかわらず、彼は素晴らしい時間を過ごしていると言う。日中は執筆し、夜になると次々と行きずりの関係を持ち、独身生活を謳歌している」。作家は、マシュマロ・テストを引き合いに出し、彼の生真面目でお堅い銀行マンの兄は永遠にマシュマロを待てるだろうと言う。作家とはまったく対照的だ。作家のほうは、その場の喜びを得ることをライフスタイルとして選んだ。

驚いたことに、ミッシェルは対照的な兄弟のうち、作家の人生をよしとする。大学で創作の授業を取り、実際に5冊の小説を書き上げているからには見事な自制心を身に付けたに違いないと彼は指摘する。ミッシェルはまた、行きずりの女性と「深い関係にならずに楽しい関係を維持するために」、彼はたぶん同じような自制心を働かせる必要があるだろうとして、作家の自由気ままな女性との付き合い方をいいじゃないかとする。

すなわち、マシュマロ・テストを発明した男は、私たちみんなに、少しマシュマロを食べてほしいと言っているのだ。

演習

先延ばししている楽しみを楽しもう

これは、先延ばしにしている楽しみが人生に与える影響をもっと認識するための演習だ。

●こうしてみよう

まる1日、その日に出合う楽しみを先延ばしにする（マシュマロを食べない）か、あるいはすぐさま楽しむ（マシュマロを食べる）か二者択一のジレンマに注意を払ってみよう。

これかあれかの決断に直面したら、7秒間待つ（誰にだってこのくらい待てる）。

それから自問自答する。

今、将来さらに大きなものを得るために楽しみを先延ばしにするか？　あるいは楽なほうに流れて、今すぐ楽しむようにするか？　言い換えれば、この状況で犠牲を払うか、あるいは今、手にしてしまうか？

この演習で、楽しみを先延ばしすることに――目の前の楽しみに考えることなく屈してしまっていたときよりは――もっと注意を払うようになり、挑戦に立ち向かう能力がついたと思ったら、できる限り長くそれを続けよう。

簡単なことではない。毎日出合う誘惑のことを考えれば、ものすごく自分を監視しなくてはならない。だが、ダイエットや運動を最初の4、5日間止めずに続けていけたら習慣になるのと同じように、楽しみを先送りする確率が上がる。それがデフォルトとなり、特別なことではなくなる。それができたら、次の演習に進む準備は完了だ。

●さて、こうしてみよう

私たちはみな自分の目標に心の中でピラミッドを作っている。あるものは優先順位を高く設定し、あるものは低くする。達成が難しいものも容易なものもある。私の経験では、難しい目標は優先順位が高い傾向にある。容易なものは優先順位が低い。よく、1日の始めは容易で優先順位の低い目標をまず片付けてしまえと言われる。勝利の思いで1日を始められたらいい気分だ。そして私たちは人間だから、朝飯前の容易な目標に目がいき、一般通念に従ってしまう。そして、優先度の高い目標に取り組んで成果を手にするのを遅らせる。

1日でいい。社会通念に逆らおう。最初に優先度の高い目標に取り組もう。

一般通念に従わないものはみなそうだが、この1回限りのタスク（たった1日だ）も私たちにとって難しいことだ。優先度の高い目標はもっとも困難なものの可能性が高い。

たとえば、私はアナログであろうがデジタルであろうが、私のもとに届く通信にはすべて2日以内に回答しようと努力している。何かの依頼、招待、提案、ポジティブあるいはネガティブなコメント、などすべてだ。時間をかけて私に書いてきてくれる人を無視するのは好きではない。回答するのが当然だ。とくに緊急でもないし、とくに重要でもない。一度も会ったことのない人に1日おきに3時間かけてメモを書いたりメールを送ったりするのを楽しいとは思わない。

だが、そうやって返事を書くのは、本の1章を書く大変さとは比較にならない。そこで、もう仕事はおしまい、とせずに夕方まで働かなくちゃというときには、本を書くのに2時間費やすような高い優先順位のものよりも、手紙やメールに向かってしまう。私のＴｏＤｏリストのピラミッドでは、メールに返事をするのは容易なことで中程度の優先順位だ。本などを書くのはかなり重い、優先順位の高いタスクだ。今日はもうおしまい、とする前に返事を書くような易しいタスクを選んでも、正直なところ、楽しみを先送りにしたという気分にも、よくやったという気持ちにもなれない。返事を書くのはもう1章書き終えて得られる満足感とは比べ物にならないからだ(満足を得なければ満足を先送りしたということもできない)。となると、私はいったいどの程度犠牲を払っていると言えるだろう?

本を書くのがほんとうに優先順位の高いことだと自分で思うのなら、私は私よりも自制心に富む、成功した多くの作家がとった戦略を使うだろう。彼らは、朝いちばんに書き始める。心が休まり、何にも邪魔されないときだ。中断なしに机の前に5時間座る計画なのか、一定の文字数を書く計画なのかにかかわらず、計画通りにすれば、彼らは素晴らしい達成感を得る。毎日最高の達成感を得て最高の喜びを得て1日を始める。彼らが朝いちばんにするのは人生を築くこと。その後に続くものはみな、おまけだ。

こんなに魅力的なメリットがあるというのに、（私を含めた）私たちがこのやり方を真似しないなんて、信じられない。毎日きちんと同じことを繰り返し、朝いちばんに机に向かって書く。こういった作家は先送りの楽しみを先送りしない。彼らはマシュマロを手に、（1日の終わりには）食べている。

第14章

信頼は2回築かなくてはならない

自分で築いた人生を送る目的は何か？

私の敬愛するピーター・ドラッカーはそれに対して素晴らしい回答をしている。

「私たちの人生の使命は、何かしら有益な貢献をすることだ。自分がいかに賢いかとか正しいかとかを証明することではない」

どのように有益な貢献をするかは私たち1人ひとりが決めることだ。とてつもない犠牲と願望でする人もいる。人命を救う医師、不正を正す活動家、社会を立て直す慈善家などだ。つましい、ささやかな行為をする人もいる。無理をしてでも苦しんでいる友人を慰める努力をする、リトル・リーグのコーチをする、紹介して恋の橋渡しをする、子供が必要とする親になる。この両極の間に取り立てていうことのない普通に立派な行為が無限にあり、それが心配りと親切を積み上げていく。

成功を手にした人たちに、自分の人生を築く努力をする中で得られた充足感はどういうものか語ってもらうと、ダントツに多いのは、「人を助ける」といった類のことだった。この反応は、ピーター・ドラッカーの鋭くも温かみのある洞察を裏付ける（そんな必要はないが）。彼は、「私たちの人生の使命は、何かしら有益な貢献をすることだ」と言ったが、彼は正しいことをするようにとは言わなかった。すでにあるもの、すでに知っていることを言っただけだ。他の人のために何かをしているとき、私たちの人生はもっとも意義あるものになっている。*

人生で有益なインパクトを作り出したいのであれば、2つの深い個人的な能力に歩み寄る必要がある。最初に出てくるのは**信頼**、次は**共感**だ。世の中によい影響を与えるにはこの2つが必要だ。この章では、信頼性の重要性についてみていこう。

信頼は、人があなたを信頼し、あなたの言葉を信じれば、時の経過とともに手に入る評判の質を表す。

信頼を勝ち得るには2段階のステップがある。最初のステップは、**他の人が価値を認める何かに競争力をつけ、一貫して優れた仕事をすること**だ。そうやって信頼を得る。約束したことをきちんと果たす人だと思ってもらえる。第二のステップは、**あなたの競争力を認めてもらい受け入れてもらうこと**だ。信頼できると信用してもらうには、信頼と承認の両方が必要だ。たとえば、営業ウーマンが毎月毎月、目標を上回る成績を挙げれば、やがて人は気づく。1年か2年、続けて完璧にやっていけば、信頼を得る。一貫して競争力を見せれば、信頼を生む。信頼は影響力を生み出す。それは自ら築いた権威であり、人に正しいことをするよう説得するのに役立つ。それによって世の中によい影響を与える能力が増す。

能力を使って世の中によい影響を作り出す道筋はいたって単純明快だ。善意の人で、能力があり、それを認められていれば、信頼を得られる。それが影響力を生み出し、世の中によい影響を創り出す。私の英雄でありメンターであるポール・ハーシー、フランシス・ヘッセルバイン、ピーター・ドラッカーなどにあっては、まったくその通りだ。私が彼らに接するようにな

*もう少し自己中心的な答えでは、「プラスの影響をもたらす」といったことのほうに傾く。「家族のために働く」とか「子供を健全で前向きな市民に育てる」などのほうが、「事業を立ち上げる」とか、「50歳でリタイアするだけのお金を稼ぐ」というより多い。だが、もっと深く個人の充足の源となるものをたぐれば、世界によい影響を与えることは必ず含まれるのではないかと思う。たとえば、私のクライアント、ハリー・クレーマーは2005年に50歳でシカゴのバクスター製薬のCEOを退いた。彼は他社でCEOをする必要もする気もなかった。彼は、ノースウエスタン大学のケロッグ・スクール・オブ・ビジネスで人気抜群の教授となり、何百人という学生に影響を与えた。以前のバクスターで命を救う薬を作っていたときの仕事に匹敵するものだと彼は考えた。

るはるか前から、長年着実に成果を挙げ、影響力を及ぼし、それゆえに敬愛されてきた（つまり認められてきた）。彼らの紛う方なき並外れた能力に、私は心の奥底まで影響を受けた。彼らと携わっていたいと願うようになったのは当然だ。だが、それは最初の一歩だった。彼らが私の人生に与えた影響は非常に大きく、すぐさま私は彼らのようになりたいと思うようになった。とりわけ彼らが勝ち得た信頼を私も得られたらと思った。子供、学生、同僚、信奉者、読者など周りの人もそうなりたいと願うような人生を達成することほど、深く、嬉しい認められる形はないだろう。

私は25年前にこれを目標を掲げた。エグゼクティブ・コーチ、それも企業のトップにいる狭い範囲の顧客層にコーチングするとなれば、信頼性が不可欠だということはすでに理解していた。最高レベルの顧客ともなると、能力があるだけではなく、顧客に尊敬されなくてはならない。そのときに信頼は2回勝ち得る必要があるものだということに初めて気づいた。最初は高いレベルの能力を得たとき、そして2回目は、能力が高まったことを人が気づき、認めてくれるのを待っていたときだ。人が私の能力の伸びに気づき、それを認めてくれて、はじめて信頼につながるのだと悟った。

それから何年も経った2020年、あるLPRの会合で、サフィ・バーコールが素晴らしい体験を語ってくれた。それはまさに私が信頼を勝ち得ようと努力していたことだった。彼は、博学な物理学者であり、起業家であり、『LOONSHOTS〈ルーンショット〉クレイジーを最高のイノベーションにする』の著者である。彼は毎週LPRで自分の幸せを得るための努力をどう正確に点数にできるかで悩んでいた。そして、なぜ幸福度を測るのがそれほど彼を混乱させるのかに気づいた。彼は達成と幸せを関連づけようとしていた。目標を達成すれば幸せになり、逆に、幸せでいれば目標達成能力が改善するとしていた。だが実際には、よい人生を送ることと、世の中によい影響を作り出す道は、互いに独立した要素なのだ。関連性はあるかもしれないが、そうとは限らない。幸せを得ることはそれ自体が追求すべきものであり、達成することとはまったく別ものだ。私たちの経験からいうと、幸せだからといって達成できるわけではなく、その逆に、達成が幸せを運んでくれるわけでもない。何しろ、素晴らしい成果を出している人たちの多くは、惨めで落ち込んでいるのだ。

達成と幸福が別物であるのと同様に、能力を得てもそれが自動的に認められるとは保証できない。能力が高いこととそれを認めてもらうことは2つの独立した事象で、人がそれを結びつけるようにさせなければならない。コーチとしてさらなる信頼を獲得するためには、私の名前がよく知られる必要があった。自然と認めてもらえるということはない。「たんに仕事をこなす」快適な状況から抜け出して、「たんに仕事をこなす」ことの定義に新たに重要なタスク、つまり、もっとよく知られるようになることというタスクを加える必要があった。よい仕事をしていれば「自然にわかってもらえる」というものではもはやなくなっていた。そのような尊大な態度は、もっと世の中がシンプルだった50年前には通じたかもしれない。だが、注目されるように全身で努力しなければならない、いわゆるアテンション・エコノミーにあっては、それは不完全な戦略だ。仕事半ばで勝利宣言をしているようなものだ。よい話だと認められるだけではなく、上手に話す能力を売り込まなくてはならない。自分を売り込むのはきまりの悪いものだ。達成した仕事に注目を集めようとするにしろ、新規事業に注目をしてもらいたいと思うにしろ、急速に変化する環境のなかで成功するには、それはしなければならない新たなコストだ。自分を売り込むのは世の中によい影響を作り出すという志のためだと自分に言い聞かせれば、自分を売り込む居心地の悪さが多少軽減されるだろう。私は今ではコーチングでこのことを教えるようになっているが、最初は自分でテストをする必要があった。次の4つの質問で、私はソクラテス式対話を試みた。

1 エグゼクティブ・コーチングの専門家として広く認められたなら、私はもっと世の中によい影響を作り出すことができるだろうか？

2 認められようとして努力すると居心地の悪い思いをするだろうか？

3 その不快な思いで自分を抑えるようになったら、世の中によい影響を与えようとする私の能力は阻害されるだろうか？

4 束の間不快な思いをするのと世の中によい影響を与えようとすることのどちらが私にとって重要か？

不快なタスクをするのは、もっと素晴らしいことをするためだと自分で納得したとたん、不快な思いという犠牲を喜んで受け入れようという気持ちになった。

認めてもらうことを求めて戸惑ったことで、打ち明けることがある。本書の1ページ目から、「選択、リスク、努力を計算高くするだけで自分の人生を築くことができる」という言い方を私は避けてきた。確かにその一面もあるが、何よりもまず、私たちの人生は、高い志に資するものであるべきだ。たんに結果の問題ではない。

さてここで、話していなかった重大な罪を告白しよう。**非の打ちどころのない選択、完璧な努力をしても、欲しいものを手に入れられないことが絶対確実にある**点を指摘してこなかった。世界はつねに公平だとは限らないということを言わずにきた。もしそうであれば、誰も、無視された、不当な扱いを受けた、犠牲にさせられたと感じることはないだろう。そして、善良で気高い意図を持ち、世の中によい影響を与えることに全力を捧げたなら、それにふさわしいものを得ることだろう。

大人の私たちは、今、人も環境もつねにそんなに優しいものではないとわかっている。何か素晴らしいことをしても、周りがそれを無視した、逆に不当な扱いを受けたという経験があれば、その通りだと思うだろう。たいてい、それはあなたのせいではない。タイミングが悪かった、誰かが素晴らしい仕事をしてあなたから脚光を奪った、注目を求めて大声で叫ぶ人の陰に隠されてしまった、ということだろう。

他人にこういうことが起きたなら、この問題ははっきりわかるのだが、自分の身にふりかかってきたとき、現実を受け入れる確率はどのくらいだろう。

友達が何かの商品の販売を始め、ブランドに注目が集まるように完璧なマーケティング計画を立てたと想定しよう。広告、洗練されたソーシャル・メディア・キャンペーン、好意的なレビューをＳＮＳに書いてもらうための無料サンプル、店の棚に陳列してもらうための出費、プレスリリース、インタビュー、紹介を受けて無料でメディアに取り上げてもらう。認知してもらい、よいと評価してもらうためにこれだけのことをしても多少ブランドに信頼を得る結果にしかならない。小売業の世界では、これだけのことをしないのは愚かだというしかない。

それなのに、私たちはこのことを自動的に自分たちの仕事に置き換えて考えることはしない。自分に注目を求めようとするのは、見苦しい、自己陶酔的だと感じてしまう、優れた仕事をすれば自然とわかってもらえるはずだ、そんなことすべきではない。私はありとあらゆる言い訳を聞いたが、それに対して私はこう答える。**試合前半に全速力で臨み、後半は投げやりにして、よい結果を期待するなんてしないですよね？　であれば、多大な努力を注いだ仕事、キャリア、自分の人生が危機に瀕しているときに、なぜそれに等しいようなことをするのですか？**

だから、信頼と折り合いをつけなければならないのだ。個人として、世の中によい影響を生み出し、自分の築いた人生を過ごすことは重要なことだ。幸い、私にはプランがある。

世の中によい影響を与えることに加え、ピーター・ドラッカーは信頼を勝ち得るために応用できる5つのルールを説いている。最初、それは自明の理、いや陳腐なことのように聞こえるかもしれない。だが、私よりも賢い人たちが当初は同じ反応を示したが、今やそのことをいつも引き合いに出して私に話す。信頼を高めたいのであれば、このドラッカー主義を頭に刻むことから始めるように。

1 世界のどこでも、決定は決定権を持つ人によって決定される。それを受け入れるように。

2 世の中によい影響を与えるために誰かに影響を与える必要があれば、その人は「顧客」であり、私たちは「セールスパーソン」だ。

3 顧客は買う必要がない。私たちは売る必要がある。

4 売る側に立つとき、私たちが価値をどう考えるかは、顧客が価値をどう考えるかより、はるかに重要ではなくなる。

5 私たちは実際に世の中によい影響を生み出せるところに注意を集中すべきだ。売れるものを売る。変えられるものは変える。売れないもの、変えられないものは諦めることだ。

どのルールも、認めて受け入れてもらうには取引が必要だとする。販売や顧客のことがよく引き合いに出されていることに注目してほしい。他の人に認められ、受け入れてもらうためには、業績や能力を売り込まなくてはならない。このドラッカー主義は、認められる必要を裏書きするだけではない。信頼がかかっているときには、受け身でいるわけにはいかないということを強調している。

だが、認めてもらうのには、正しい方法と誤った方法がある。親を喜ばそうとした小さい頃から、私たちは将来に影響を与える人から認めてもらうことに人生を費やしてきた。学校では教師に認めてもらうことを求め、私たちの人生に影響を与える意思決定者が上司や顧客になると、認めてもらう努力の度合いが強まった（ルール1を参照）。上に行けば行くほど、自己アピールに熟達する。やがてそれが第二の天性となり、そうしていることに気づかなくなる。信頼性を高めるのではなく傷つける過ちを犯し始めるのはそのときだ。次のマトリクスは他人に自分の能力を示すことが価値あることかどうか、時間の無駄になるか、プラスになるより害になるほうが多いかどうかを決めるのに役立つだろう。

垂直の軸は、自分自身の能力を示そうとして努力するレベルを測る。水平の軸は、世の中によい影響を与えようとするレベルを測る。それは信頼性を示すものだ。このマトリクスはこの2つの次元のつながりを示し、自分に2つのことを問いかける。（1）私は自分の力を示す努力をしているか、そして（2）自分の力を示すことは、世の中によい影響を与えるのに役立つか？

信頼のマトリクス

高い　自分の能力を示す　低い

低い　世の中によい影響を与える　高い

自分を高く売り込もうとする

信頼を築いている

放っておく

自分を安く売り込んでいる

マトリクスの有用性は状況による。状況によって、私たちの回答は高いことも低いこともある。両方とも高いか低い場合には、よいポジションにある。

それぞれの象限では何が大事か、それが私たちの行動をどう左右するかを見ていこう。

信頼を築いている：いちばん有益なのは右上の象限だ。あなたは積極的に認められようと努力していて、それがあなた自身、あるいは他の人の人生によい影響を与えている。誰よりも上手にできるとわかっている仕事を積極的に探すのは、そのよい例だ。何年か前、私がコーチングをしていたクライアントだが、彼は自分が会社のCEOの座に選ばれないという噂を聞きつけた。噂では、外部の人が選ばれるとのことだった。私の顧客はその人をよく知っており、口先だけの何もできない人だと見ていた。私の顧客ががっかりしたのはもちろんだが、この見掛け倒しの人では会社の将来が危ぶまれると危惧した。

「もうそれは発表されたのですか？」と私は尋ねた。

ノー
「あなたは自分のほうがよい選択だと信じますか？」

イエス
「であれば、たんなる噂ですね」と私は言った。「このポジションを勝ち得る戦いを始めるときです」

彼は詳細な事業計画を28ページの提案書にまとめて、取締役会議長に送り、（彼の上司にもそのことを伝え）、話したいと面会を申し入れた。その会議の席で、取締役会議長は、事実、彼が候補から外されたことを伝えた。彼は会社をリードする「強い意欲と情熱を持っていない」と見られていたことが理由だった。次のCEOを選ぶ権限を持つ意思決定者である議長に提案書を書き、直接自分を売り込む度胸は、その意見を覆した。彼はCEOの座を手に入れた。

自分の能力に疑いを持たず、その結果があまねく世の中によい影響を与えることに不安を持たずに自分を売り込もうとするのであれば、あなたはこの象限にいるべきだ。さもなければ、後悔することになるだろう。

放っておく：「価値がない」という象限だ。自分の能力を示す努力をしても世の中によい影響を与えられず、認められる必要を感じないときだ。あなたの立場と正反対の意見を持っていてあなたが何を言っても聞く耳を持たない人と政治について話すのは、よくある例だ。「敵」に無駄骨を折るよりも、「やる価値があるか？」と自問すべきだ。答えはつねにノー。放っておくべきだ。私は1日に何度かこの象限に立つ。企業戦略、マクロ経済から料理まで、あまりよく知らないことに私の意見を求められたときだ。あまりよく知らないことに意見を言って、それが真面目に受け取られると害になるほうが多いと、私は辛い苦しい形で学んだ。これが世の中によい影響を与えることはない。今では私は、「専門家ではないので」とだけ答えるようにしている。これで関係する人みんなに敬意を示し配慮しつつ、会話を終えられる。

状況はともに否定的なのだが、この象限に入ることはいいことだ。マイナスのマイナスはプラスだし。自分の能力を示そうと思わず、世の中によい影響を与えないと思うのなら、唯一の対応は、放っておくこと。それ以外は時間の無駄だ。

自分を安く売り込んでいる：「こうするんじゃなかった」と思う象限だ。認めてもらえば信頼を高め、世の中によい影響を与えただろうに、自分の能力を示すのを潔しとしない。自尊心が過剰に強く、自分の能力は自然とわかるはずで、評判が物語るはずだと思うときによくある。そして、一歩踏み出すべきときに、引き下がってしまう。

自尊心がなさ過ぎる場合もある。自信がない、あるいは自分がペテン師のように思ってしまう（自分の強みが評価に値せず、自分はその価値がないと思う）。自信を外に向かって打ち出してしかるべきなのに、それをしない。

自分を高く売り込もうとする：ここは「調子っぱずれ」の象限だ。世の中によい影響を与える確率は低いか、まったくない。認めてもらいたいと思う気持ちは、とんでもなく強い。過大宣伝の罪を犯している。誰もいない試合で勝とうとしているようなものだ。

これも自尊心が過大あるいは過小なことに起因する。自信がないと過大宣伝をして穴埋めしようとする。経験不足の人が役員会でプレゼンをしたとき、役員からいちばんよく聞くフィードバックは、しゃべり過ぎだ、説明過剰だというものだ。それは自信過剰な人も同じだ。彼らも話し過ぎ、説明をし過ぎて、自分はすごいと見せようとする。理由はともあれ、自分を高く売り込み過ぎるのは、よい影響を与えることも信頼を高めることもほぼない。

自分を高く売り込み過ぎると、ピーター・ドラッカーのルールをすべて破ることになる。よい影響を作り出そうと努力していない、というのも、この状況ではその選択はないからだ。自分が価値あると思うものを売り込んでいるのであって、顧客が価値があると思うものを売っていない。さらに悪いことに、顧客が何に価値を求めているかを知らない。もっとひどいのは、意思決定者ではない人に売り込もうとしている。究極の無駄骨だ。その結果、状況を改善できないどころではない。今の場所に留まる代わりに、一歩、二歩後退している。

ピーター・ドラッカーのルールに注意を払わなかった昔、ここは私がいちばん陥りやすい象限だった。実にひどかったのは、アフリカの国際赤十字家族救援プログラムから戻ったばかりのときだった。私の体験は地元紙「ラホヤ・ライト」の一面で報道された。畏敬を集めるカリフォルニア大学サンディエゴ校政治科学の教授、サム・ポプキン博士は、私のためにパーティを主催してくれた。彼は乾杯の辞で、私の人道的な努力を惜しみなく賞賛してくれた。それは自分を安く売り込んだ好例となった。サムは私の貢献をすべて正しく話してくれた。それなのに、私はアフリカでどう過ごしたか、パーティに参加していた少数の近所の人に要領を得ずダラダラと話をした。私は軽率で自己中心的で、パーティにいた人たちが「客」であることを示すものはまったくないのに、熱心すぎる「営業マン」のように行動してしまった。人々が会場を去る中、1人の年配の紳士が残った。最後に一呼吸おいて私は彼にこう言った。「お名前を存じ上げないようですが」

彼は手を差し伸べて握手をした。「私はジョナス・ソークです。初めまして」

ポリオワクチンを発明したこの男性に、「何をしていらっしゃるのですか?」と尋ねる必要はなかった。彼の名前が彼の信用だった。彼の信用は彼の名前だった。

マトリクスにある4象限は、認めてもらおうとするとき、すなわち自分を売り込む時はいつか、適切でないときはいつかを教えてくれる。ドラッカーの指摘はマトリクスの中に含まれている。「過度の売り込み」は影響を与えようとするのではなく、自分が賢い、正しいということを証明しようとすることで、時間と労力の無駄だ。変えられることを変えようとし、変えられないことは放っておくというのが「放っておく」ということだ。顧客のニーズよりも自分のニーズに価値を置くのは「安く売る」ことだ。「信頼を築く」象限は最善の場所で、ドラッカー主義のすべてがそこにある。世の中によい影響を与えようとしているだけでなく、「営業」としての役割を受け入れている。顧客のニーズを自分のニーズよりも大切にする。顧客が決定する力を持つことを受け入れ、それが自分の思い通りにいかなくても疑問を投げかけない。変えられないものを変えようとしない。

信頼のマトリクスは、何年も私がフォーカスしてきた問題に触れる。能力があることとそれが認められるのは別物だ、という点だ。片方で信頼を得ても、もう一方で得られないのでは十分ではない。信頼は二度得なくてはならない。さもなければ、よい影響を与える能力を弱め、自分の人生のインパクトが減ってしまう。

演習

あなたの意外な一面は何ですか？

こういう経験をしたことがないか。家族の結婚式に、あまり近しくない親戚が出席している。結婚式に出席している招待客や親族の何人かとは親しいが、大半の招待客は良く知らない。

披露宴で、無口ないとこのエドがダンス・フロアに誘い出された。彼はフレッド・アステアとジャスティン・ティンバーレイクを掛け合わせて二で割ったように踊ることを知った。エドが素晴らしいダンサーだとわかってあなたは心底びっくりした。この才能を今までどこに隠していたんだ？

乾杯のときにも、またびっくりした。いつも真面目なエリカがブライズメイドとして花嫁に付き添っていた。彼女は化学の博士課程で学んでいる。彼女のことは幼い頃から知っている。

彼女が立ち上がり、花嫁と花婿に乾杯の辞を捧げて10分間スピーチをした。メモを見ないで話した内容はおかしくて心温まるもので、会場の人を感嘆させ、結婚式を素晴らしい雰囲気に盛り上げた。
エリカに拍手を送りながら、テーブルを見まわし、みんな同じことを考えているに違いないと思う。

エリカがこんなにおもしろい子だなんて知らなかった。

コメディーやスリラーではよくある場面だ。今までどうってことのなかった人が思いもよらない能力を持っていることを発見する。意外な一面の大発見だ。マリサ・トメイは、コメディ映画「いとこのビニー」の中でずるがしこい、能力のあるモナ・リサ・ビトを演じた。彼女は車にとても詳しい。結末がとても満足のゆくもので、何度も繰り返し見たくなる映画のシーンだ。登場人物の優れたところが明らかにされるのを見て、特別な能力がついに人の知るところになるのを羨みつつ、幸せな気分になる。多くの人がこう感じると思う。私たちの特別なところも人に知られるようになるといいのだが。
だがまず、人が知らない特別なスキルや性格は何かをはっきりさせる必要がある。

● こうしてみよう

初めて人に話したときに、人が驚き、「知らなかったなあ」と思うようなことがあるだろうか？　アーツ・アンド・クラフツの世界的な陶器のコレクション、毎週日曜日にボランティアとしてホームレスの炊き出しをしている、一流の雑誌に詩が掲載された、コンピュータ・プログラムが書ける、年齢別水泳選手権で優勝したとか。エドやエリカのように結婚式があって初めて、ダンスが上手だとか、プロの司会者のようにスピーチできることが公になるというケースもあるだろう。

私が言いたいのは、いったん「知らなかったなあ」ということを知らしめると相手は目から鱗の思いをするということだ。

あなたのことを知っていると思っていた人が、あなたには秘めた情熱、コミットメント、才能があって、それまで考えていた以上の能力があると察するようになる。彼らの目から見たあなたの信頼度は高まる。それは理想的な結果だ。あなたは信頼を勝ち得たのだ。

さて、この演習を仕事に広げてみよう。「知らなかったなあ」と思われるような、同僚や上司の信頼を高める意外な一面は何だろう？

もしみんながそれを知ったなら、人生にどのようなよい影響があるだろう？

なぜそれを隠すのだ？

第15章 超弩級の共感

共感は、よい影響を与える能力を生み出す第二の極めて個人的な資質だ。

共感とは、人が感じていることや思っていることを経験することだ。ドイツの哲学者が1873年にこの言葉を作り出した。ドイツ語のEinfühlung（アインフュールング）は「～に対して感じる、感情移入」と言った意味合いで、今日では、他人の感情や状況を自分なりに感じることとして使う。

自分の人生を生きるのにとても重要なことは、ポジティブな関係を築くことだ（そこで、「私は前向きな人間関係を維持・構築するのに最大限の努力をしたか?」の質問がLPRに出てくるわけだ)。共感は、人間関係構築にもっとも重要な要素の1つだと誰もが認めると思う。重要なことはみなそうだが、それは学んで身に付ける自制心だ。信頼は、人に影響力を持つのに役立つが、共感は、よい人間関係を構築するのに役立つ。両方とも、影響力を作り出すという同じ目的のために役立つ。

共感はいいことだと思う傾向がある。誰かが苦しんでいるのを見て気に掛けるのは悪いことではないだろう。だが、共感は人の痛みを覚えるのにとどまらない。それよりももっと複雑だ。共感は状況に応じて変わる、とても適応性の高い人間の反応だ。頭の中で感じるときもある。心の奥底から表すこともある。身体的に圧倒され、無力になることもある。何かをしてあげたいという衝動に駆られて共感を示すこともある。状況が変わると共感の形も変わる。

コーチである私にとても役立つので私のお気に入りなのは、人がなぜそう考え、そのように感じるのかを理解することで共感を示すことだ。認知的共感と呼ばれるのを聞いたことがある。他の人と同じ考えが頭の中に生まれるということを意味する。人の動機を理解する。決められたことにどう反応するかを予測できる。結婚した夫婦や長く付き合っているパートナーが、相手の言葉を引き取って文章を終わらせることが互いにできるのは、認知的共感のためだ。有能な営業員がコツとするスキルは、顧客のニーズを満足させようとすることだ。だから優秀な営業員は「私は顧客のことをよく知っている」というセリフで自慢することがよくある。市場調査や商品テストからきっちり理解して、できる広告代理店は私たちが気づかないうちに買いたくなるようなメッセージをひねり出す。この操作が行き過ぎると、理解の共感の負の部分が浮かびあがってくる。腹黒い政治活動家は市民のバイアスや怒りを理解して、社会政治的混乱や革命を作り出すように人を動かすことができる。それを見ると、私たち人間はさまざまな形で、共感の力を過小評価してきたことを思い知らされる。それも何世紀も。

私たちには、人がどう感じるかを思って共感する力もある。「辛かっただろうね」とか「よかったね」といった言い方で、人と同じ思いを反復して感情的共感を表すのだが、これは私たちにとても強い力を及ぼす。感情的な出来事に人がどう反応するか脳を研究してみると、アメリカの熱狂的なスポーツファンは、ひいきのチームがタッチダウンをすると、実際にタッチダウンした選手と同じくらい有頂天になって喜ぶことがわかる。俳優の演技だとわかっていても、私たちは映画を見て泣いたり笑ったりするのもそのせいだ。映画で俳優が興奮したり、怯えたりすると、私たちも興奮したり怯えたりする。医者がベッドに寝ている患者に、彼らの感じていることを繰り返し話すのが慰めになるのもそのためだ。不安や苦しみを感じているのは自分だけではないとわかるからだ。親は子供にこのような共感をもっとも強く感じるが、それがつねにプラスの効果をもたらすとは限らない。5人の子供を持つ近所のジムはいつも落ち込んだように見えるので、なぜか尋ねたことがある。「父親として、ハッピーじゃない子供がいると、その子と同じ気持ちになってしまうんだよ」と彼は答えた。これは感情の共感がもたらすリスクだ。あまり感情を入れ込んでしまうと、人の苦しみに我を忘れ、相手や自分の助けになるのではなく、痛めてしまう。このリスクは軽減できると、フランスの共感専門家、オルテンス・ル・ジャンティは言う。好意的にちょっと立ち寄ってすぐ帰る戦略を使うのだ。「ぜひ他の人と感情を共有してください。でもパーティに長居しないこと。ちょっと寄って、すぐに帰ること」と彼女は話す。

何かが起きたとき、どう思うだろうと心配するもう少しささやかな形の共感もある。この思いやりの共感は、感情の共感と大きな違いが1つある。**その出来事をどう思うだろうと思いやるのであって、その出来事そのものではない点だ。**たとえば、娘のサッカーチームで、父親はチームがスコアを入れると、自分の娘がゴールを決めた（ハッピーなイベントだ）かどうかにかかわらず喜ぶ。だが、ゴールで自分の娘がハッピーになった（ゴールというイベントではなく、娘がハッピーなイベントに反応した）のを見たときにだけ喜びを感じるのだ。思いやりの共感では、ハッピーか悲しい状況が起きたからではなく、人がハッピーか悲しいかで自分もハッピーになったり悲しくなったりする。家族の間では思いやりの共感はしょっちゅう起こる。自分は、パーティですごく楽しんでいるのだが、配偶者がパーティの何かで気分を害すると、自分の楽しみは配偶者の不快な思いですぐさまかき消されてしまう。配偶者のいやな気分に当然私たちは共感する。共感しないような夫、妻、パートナーなんて誰も欲しくない。接客サービスの仕事をしている人は、思いやりの共感に巧みだ。不運な出来事そのものではなく、顧客が不運なことに不快な思いをしていることに気をかける。顧客は共感のジェスチャーに感謝する。どんなミスをしても、その事態を直そうとしているのを見れば、たいていのことは許す。

いちばん効果のある共感のジェスチャーは、行動の共感だ。理解し、感じ、思いやりを示し、状況をよくしてあげようと実際に行動するにとどまらない。そのもう一歩踏み込むことは、つねに何らかの犠牲を払うことになり、ほとんどの人はしようとしない。感情の共感に基づいて実際に行動したとしても、よかれと思ってした行動が状況をよくするというよりも過剰になってしまうことがある。私の顧客でジョアンという裕福な東部の資産家がいる。彼女はその一家の家長で、彼女の住むコミュニティに驚くほど大きな貢献をしているが、それについてまったく話すことがない。共感の行動を示す素晴らしいロールモデルとしていかに尊敬しているかを彼女に話すと、彼女は優雅に異を唱えた。「注意しないと、私が状況を正す役目を果たしてしまいます。気にかけ過ぎると、やり過ぎてしまうのね。自分の過ちに気づいて自分で直そうとさせるのではなく、彼らの問題を私が解決しようとしてしまうのよ。彼らの松葉杖になり、彼らがもっと私に依存するようにさせてしまうのです」

いやというほどこういう類の共感を経験する。社会の不遇な人に心をかけるあまり精神的に打ちのめされてしまう。自分の経験から他人が誤った選択をしようとしているのに気づいて心配してしまう。自分の邪魔をする人に理解をしようとする。身体に出る不快な症状を真似してしまう。たとえば、痒いところを掻きむしったり、口ごもったりすると真似してしまう。自分の身に起こったときのことを思い出して人の苦しみの感情を心から理解するなど。1日のうちに共感を示すことが何十回とある。そのたびに共感を上手に、あるいはまずい形で示したりする。同僚の問題を聞かされて共感するあまり、帰宅後に家族を無視してしまった経験があれば、共感し過ぎる危険、うまく取り扱わないと生じる危険を知っているだろう。

これは、イェール大学の心理学教授ポール・ブルームが2016年に出版した挑発的な著書『反共感論』の中で強く論じた問題だ。ブルームはこう書いている。「人間の能力には何でもよい点と悪い点がある」。そして彼は共感の多くのマイナス点を強調した。たとえば、共感には偏見が入っている。「自分と同類のような人、見た目がよい人、脅威を与えない、身近な人」に共感する傾向がある。ブルームは同情、懸念、親切、愛情、倫理といったことに反対するものではないと強く述べる。もしそれを共感と定義するのなら、彼はもろ手を挙げて賛同する。ブルームがよしとしないのは、理由も、きっちりとした考えもなく、近視眼的に感情的に動かされた反応の場合だ。

私はどちらかといえばブルーム教授に賛同する。他人の立場に立って考えることを「他人の靴で1マイル歩く」という言い方を英語ではする。共感が「他人の靴で1マイル歩く」能力だとしたら、「どうして1マイルで止めるのだ？　なぜ2マイルじゃないのか？　なぜ永遠にではないのか？」と言う人もいるかもしれない。これが共感で一言言いたくなるポイントだ。これほど素晴らしい善意に満ちた個人の姿勢なのに、共感には、いやな気分にさせてしまうところがある。ちょっと重荷に過ぎるのだ。誰かが苦しんでいるのを見て共感を持てないと罪の意識を感じる。共感の対象が離れて見えなくなると感じたことを忘れてしまう。すると、共感の演技をしたような、自分が偽者のような気持ちになる。共感の重荷からいつ私たちは解放されるのだろう。

だが、自分の人生を築くのには共感が必要であるという私の主張を、そのような批判で曇らせたくない。優しい、倫理的な、あるいは思いやりがあるからという理由で必要だと私は説いているのではない。もちろん、それらはどれも賞賛すべきものではあるが。

私が言わんとしているのは、第1章で紹介した「息をするたびパラダイム」を共感ほど強めてくれるものは他に比肩するものがないという点だ。共感は、私たちがエンドレスに昔の自分と今の自分がつながっていることを思い出させてくれる。共感のもっとも素晴らしい効用は、私たちにつねに今を生きるべきだと思い出させてくれる点だ。

何年か前に著名政治家のスピーチライターと会ったことがある。彼は本名でも小説やノンフィクションを出版している。しかし彼がその政治家のために文章を書くときには、「プロの共感者」になりきると言う。私は彼が「プロの」と言ったところに感心した。原稿を代筆しているときに感じる共感が彼の考えや感じ方を動かし、それは完全に独立したスキルで、仕事が終わると容易に振り払うことができる。彼は完璧なプロで、仕事のためにすべきことをやって、終われば次に移る。彼はその政治家を尊敬し、政策や過去の行動に賛同している。それは当然のことだ。彼は、別の人の声で書くことを、「まったく出し惜しみせずにすること」と話してくれた。彼は自分のパーソナリティをクライアントの中に組み込んでしまい、クライアントの声と話し方で書く。「勤務時間中に出てくるアイデア、いい表現はすべてクライアントのものにします。いいフレーズが出てきても、自分が書くものに使おうとして取っておくことはしません。それはスピーチに使わなくてはなりません」。スピーチの草案を政治家に渡し、政治家が手を入れてスピーチをした後、彼は「催眠状態でタイプしたみたいに、書いたことはすべて忘れます。そしてパッと気分を変えて、自分のものに取り掛かれるようにします」。

ライターは、彼の人生を築くのに共感をとても役立つものとして話してくれた。クライアントの頭に組み込まれ仕事をしている間は、理解と感情の共感を示す。その後、共感の感情をすっかり忘れ去ることができる。彼の次の仕事にそれが入り込むことを許さない。その感情は過去の彼に属する。新たな彼は新しい何かを得ようとする。言いかえれば、彼は私たちがもっとしばしば達成したいと願う状態を達成しているのだ。彼は現在に生きている。

俳優で歌手のテリー・レオンは、共感と現在を生きることを切り離すメンタルなプロセスを完璧に述べている。テリーはブロードウェイでヒットしたロングラン、アラジンで2年間続けて主役を演じた。2年間にわたり週に8回も、肉体的に厳しい主役を演じるモチベーションとエネルギーをどのように維持したのか聞かれて、彼は彼の共感を2つの部分に分けて話した。

第一に、彼の演技を見る聴衆との感情的共感がある。テリーはこう言う。「生まれて初めてショーを見たのは僕が8歳のときでした。僕は音楽、歌、ダンスそしてその楽しさに魅了されました。その経験の記憶とともにパフォーマンスをしています。ブロードウェイのステージに立つと、「テリー坊や」のことを思い、その夜観客席に座る8歳の男の子や女の子を想像します。若い子たちに僕が感じたように感じてほしい。毎晩、僕は「このショーは君のためのものだよ」と言い聞かせています。

第二は、テリーが「真摯な共感」と呼ぶもので、共演する仲間に対する敬意だ。集中し、パフォーマンスのどの瞬間も「役になりきること」はプロ意識の表れだ。舞台で最高の演技をしようとする俳優は1秒たりとも、頭も心も、役から離れることはできない。

「アラジンの役で舞台に立つ2時間、ものすごくたくさんの異なる感情を表現しなければなりませんでした。幸せ、悲しい、心を奪われる、拒絶される、真面目に、愉快に、怒り、ユーモアたっぷり。他の俳優と感情がつながっていなければならない。舞台に立っている間ずっと彼らへの共感を示さなくてはなりません。ジャスミン王女と毎晩恋に落ちなくてはなりません。私は毎晩恋しましたよ！　カーテンの幕がおりると、次のショーまでその感情をストップさせます。家に帰ると私は愛する夫になります」

テリーの「真摯な共感」の定義をこれ以上磨き上げることはできない。彼は、「今一緒にいる人のために最高の自分であろうと最大限の努力をすること」と言う。

「プロ意識」であろうと「真摯」であろうと言葉はどうであれ、スピーチライターも俳優も同じことを私たちに問いかける。良い影響を作り出せるとき、つまり大切な瞬間に、共感を表し、感じているだろうか?

私は**唯一の共感**という言い方を好む。関心を1人、あるいは1つの状況にフォーカスするという理由だけではない。共感を見せる機会は1つひとつがユニークで格別なものだということを思い出させてくれるからだ。唯一の共感はその瞬間に固有のものだ。状況によってそれは変わる。ときには理解の共感に類似する。感情、思いやり、行動への共感のときもある。唯一の共感でただ1つ変わらないのは、1つの瞬間に意識を集中し、関係する人すべてにとって唯一のものとするという点だけだ。唯一の共感を表すとき、真摯でないことはありえない。ほんの少し前、あるいは遠い昔に会った人を軽視しているわけではない。共感を有難く感じてくれる人、すなわち、今あなたと一緒にいる人に共感を示しているのだ。

1日のうちにいつも見て、自分の人生を築くように行動することを思い出させてくれるメモ・カードを1枚だけ残りの人生ずっと持つのなら、私は次のメッセージを書いたカードを持ち歩く。*

*このアイデアはすべて、100人のコーチのメンバーで友人のキャロル・カウフマンのおかげだ。ありがとう、キャロル。

私は今、なりたい自分になっているだろうか？

この問いにイエスと答えたなら、その瞬間を自分のために正しく生きていることがわかる。これを習慣として継続させよう。そうすれば、毎日、毎月、毎年、正しく生きている瞬間を次々とつないでいける。それがやがて自分の人生を築き上げる。

おわりに　ウイニングランの締めくくり

友人のレオの家に週末滞在すると、素晴らしい食事にありつける。レオは事前に、何を飲みたいか、好みではない料理はあるかを尋ねる。高級レストランでメニューを渡しながら好みを尋ね、アレルギーがないかどうかを確認するヘッドウエイターのようだ。

妻のロビンが経理の仕事に戻ったとき、30代始めだったレオは3人の幼い娘の世話をするために仕事を辞めて家に入った。そのとき料理を覚えた。5年間自宅で父親業を務めた後、レオは昔の同僚が始めたプライベート・エクイティの会社に入り、30年間COOを務めた。彼はよく働き、よい仕事をした。だが家族の料理長の役割は辞めずに続けた。彼から、僕は「食通だ」と聞いたことはない。レオの自宅で食事を共にした友人と家族だけが、料理は彼の意外な一面であることを知っている。

レオの友人は、今ではもう彼がキッチンで素晴らしい腕を振るうことを当然に思っているが、レオがそれに気づいているかどうかは疑わしい。レオとロビンの家に何日か滞在する幸運に恵まれれば、彼が静かに、熱心に、みんなの食事を用意する様子を見ることができるだろう。彼は、「料理の鉄人」に挑戦してくるシェフのように雑多な食材から素晴らしい食事を創り出す本能的な料理人ではない。彼は何だったらうまくできるか、料理本を徹底的に調べ、きっちりレシピに従い、自分で適当にすることはない。好評だったレシピはファイルに保管し、レオは食事の前にチェックする。1週間の夕食の献立を計画し、すべての食材を買い、空き時間にできるだけ準備をすすめる。なぜか、いつも以前よりもおいしく作られているように思える。年月をかけてキッチンに立った分、レオの腕前は上がってきている。

レオのすごいところは、家を離れているときと会食のとき以外は、これを毎日することだ。ロビンと彼のための簡単な食事であろうと、家族全員集まる感謝祭のディナーであろうと、彼は毎日料理する。

レオが時間があればしたいと思っていることのリストには、料理は含まれていない。レオは仕事をしていないときに料理を始め、仕事に復帰してからも継続し、国際投資のポートフォリオを管理し、40人の部下を管理して多忙を極めたときにも止めなかった。

料理人レオは、自分の人生を築くことを象徴するものではない。料理人レオは、日常の素晴らしい人生のエッセンスだ。

朝起きるとレオは料理人になる。彼は見事な料理をする。客に振る舞う。人は喜び、時には大喜びする。レオは空っぽのお皿を見て、テーブルの笑顔を見て、うまくできたと確認する。翌朝目覚めたときにも彼は料理人だ。同じことを繰り返す。

すべてを終えた後、ロビンと食事を振り返ることがある。「うまくできたね」と2人が思うときもある。だが、レオのウイニングランはそこでおしまいだ。その満足はつかの間のことだと彼は思っている。次の食事でまた同じ思いを得る機会があると知っている。

この点レオは、仕事にしろ私生活にしろ趣味にしろ、自分にぴったりのものを見つけた人と何ら違いはない。情熱を注ぎ、明確な目的意識をもって、毎日繰り返したいと思う。1日30人の患者を治療し痛みを緩和しようと励み、翌日もまた別の30人の患者を診る医者と変わりがない。4時半に起きて毎朝牛の乳しぼりをする酪農農家の人と変わりがない（乳牛には休日がない）。近所の人が毎朝焼きたての食パンを食べられるように焼くパン職人、大きくなって子供たちが家を出た後も、いつも子供のことが心にあり、母親であることを止めることのない母親。医者、酪農家、パン職人、母親。彼らにはウイニングランはない。毎日できる限りの能力を使い、そうできることを感謝し、満足感を得るだけだ。

私たちもみな、そのようにラッキーだといいのだが。

いろいろなアドバイスや演習の勧めを本書に書いたが、繰り返し出てきた5つのテーマを強調しておこう。明確に述べたときもあるが、たいていは暗示にとどまっている。しかし、人生を築くための守護天使のように、どのページにも飛び交っている。5つのテーマはどれも、私たちが容易にコントロールできるものだ（人生でコントロールできるものはさほど多くない）。

最初は、**パーパス、目的**だ。明確に示されたパーパスをもって行えば、私たちが行うすべてのことはより高尚な、よりエキサイティングなものになり、もっとなりたい自分に結びついていく(「示された」の部分が大きな違いを作り出す)。

第二は、**そばにいること**。無茶な要求だろうが、人生にかかわる人々のそばにいること。消息不明になってしまってはいけない。つねに共にいるという目標は、達成できない高い目標かもしれないが、挑戦を諦めてはいけない。

第三は、**コミュニティ**だ。何かを達成するのに、適切なコミュニティを選び助けを借りれば、互いに大きく共鳴しあい、もっと多くの人に影響を与えることができる。多くの人が貢献をしてくれるから、1人でするよりももっと改善できるだろう。あなたはソロで歌うほうがいいか、それともバック・コーラスを控えて歌うほうがいいと思うか?

第四は、**無常**だ。大きなスケールで考えれば、地上にある私たちは、つかの間の存在でしかない。「私たちは生まれ、老い、病気になり、死ぬ(生老病死)」と仏陀は言った。何も永遠に続くものはない。幸せも、1日も、何も永遠に続かない。すべては無常だ。それは落ち込むような考え方ではない。現在に生きるよう、すべての瞬間にパーパスを見つけるように、私たちを奮い立たせてくれるものだ。

第五は、**結果**だ。これはいやなテーマだが、ポジティブなコンセプトを掘り出してくれる。本書での目的は、結果をうまく達成するお手伝いをすることではない。目標達成のために最大限の努力をするお手伝いをすることだ。ベストを尽くせば、結果はともあれ、失敗にはならない。

最終的に、自分の人生を築いてもトロフィー授与のセレモニーはない。長くウイニングランを続けることも許されない。人生を築くご褒美は、たえずそのような人生を築こうとするプロセスに夢中になることだ。

謝辞

「自分の人生を築く」とはどのようなものかを理解するうえで、助けとなってくれた100人のコーチ・コミュニティのメンバーに感謝したい。エイドリアン・ゴスティック、アイシャ・エバンス、アライナ・ラブ、アラン・ムラーリ、アレックス・オスターワルダー、アレックス・パスカル、アリサ・コーン、アンドリュー・ノワック、アントニオ・ニエト・ロドリゲス、アート・クライナー、アシャ・ケディ、アシーシュ・アドバニ、アチャラー・ジュイチャーレン、アイシェ・バーセル、ベン・マクスウェル、ベン・ソエマルトポ、バーニー・バンクス、ベッツィ・ウィルズ、ベブ・ライト、ビバリー・ケイ、ビル・キャリアー、ボブ・ネルソン、ボニータ・トンプソン、ブライアン・アンダーヒル、キャロル・カウフマン、キャロライン・サンティアゴ、CB・ボウマン、チャリティ・ルンパ、シャーリーン・リー、チェスター・エルトン、チントゥ・パテル、チラグ・パテル、クリス・カッピー、クリス・コフィー、クレア・ディアス・オルティス、クラーク・キャラハン、コニー・ディーケン、カーティス・マーティン、ダーシー・ヴァーハン、デイブ・チャン、デビッド・アレン、デビッド・バークス、デビッド・コーエン、デビッド・ガリモア、デビッド・コーンバーグ、デビッド・リヒテンシュタイン、デビッド・ピーターソン、ディアナ・ムリガン、ディーン・キッシンジャー、デボラ・ボルグ、ディーパ・プラハラード、ダイアン・ライアン、ドナ・オレンダー、ドニー・ディロン、ドンタ・ウィルソン、ドリー・クラーク、ダグ・ウィニー、エディ・ターナー、エディ・グリーンブラット、エリオット・マジー、エリック・シュレンバーグ、エリカ・ダワン、エリン・メイヤー、ユージーン・フレイザー、イブリン・ロドステイン、ファブリツィオ・パリーニ、フェイジ・ファテヒ、フィオナ・マコーリー、フランシス・ヘッセルバイン、フランク・ワグナー、フレッド・リンチ、ガブリエラ・ティーズデール、ゲイル・ミラー、ギャリー・リッジ、ギフォード・ピンショー、グレッグ・ジョーンズ、ハリー・クレーマー、ヒース・ディーケルト、ハーミニア・イバーラ、ヒマンス・サクセナ、オルタンス・ル・ジャンティル、ハワード・モーガン、ハワード・プラガー、ユベール・ジョリー、ジャクリーン・レーン、ヤン・カールソン、ジャスミン・トムソン、ジェフリー・フェファー、ジェフ・スロヴィン、ジェニファー・マッコラム、ジェニファー・ペイラー、ジム・シトリン、ジム・ダウニング、ジム・ヨン・キム、ヨハネス・フレッカー、ジョン・バルドーニ、ジョン・ディッカーソン、ジョン・ノーズワーシー、ファン・マルティン、ジュリー・キャリア、ケイト・クラーク、キャスリーン・ウィルソン・トンプソン、ケン・ブランチャード、クリステン・コッホ・パテル、レイン・コーエン、リッツバ・ピンショー、リンダ・シャーキー、リズ・スミス、リズ・ワイズマン、ルー・カーター、ルクレシア・イルエラ、ルーク・ジョエガー、マカレナ・イバラ、マグダレーナ・ムーク、マギー・ハルス、マヘシュ・タクール、マーゴ・ジョージアディス、マルグリット・マリスカル、マリリン・ジスト、マーク・ゴールストン、マーク・ターセック、マーク・トンプソン、マーティン・リンドストローム、メリッサ・スミス、マイケル・カニック、マイケル・ハンフリーズ、マイケル・バンゲイ・スタニエ、ミシェル・クリパラーニ、ミシェル・ジョンストン、ミシェル・セイツ、マイク・カウフマン、マイク・サーソック、ミタリ・チョプラ、モジェデ・プールマラム、モリー・チャン、モーラグ・バレット、ナン・ウィン・アウン、ナンコンデ・ヴァン・デン・ブローク、ニコール・ハイマン、オレグ・コノヴァロフ、オムラン・マター、パマイ・バッセイ、パトリシア・ゴートン、パトリック・フリアス、パウ・ガソル、ポール・アルジェンティ、パベル・モティル、パヤル・サーニ・ベッカー、ピーター・ブレグマン、ピーター・チー、フィル・クイスト、フィリップ・グラル、プーネ・モハジェル、プラカシュ・ラマン、プラナイ・アグラワル、プラビーン・コパレ、プライス・プリッチェット、ラファエル・パスター、ラジ・シャー、リタ・マグレイス、リタ・ナズワニ、ロブ・ネイル、ルース・ゴティアン、サフィ・バカル、サリー・ヘルゲセン、サンディ・オッグ、サニン・シアン、サラ・ヒルシュランド、サラ・マッカーサー、スコット・エブリン、スコット・オスマン、セルゲイ・シロテンコ、シャロン・メルニック、スーン・ルー、スリカント・ベラマカンニ、スリクマー・ラオ、ステファニー・ジョンソン、スティーブ・バーグラス、スティーブ・ロジャース、スビル・チョウドリー、ターヴォ・ゴドフレドセン、井上多恵子、ターシャ・ユーリック、テリサ・

ヤンシー、テリー・ルング、テレサ・レッセル、テリー・コールセン、テリー・ジャクソン、テレサ・パーク、トム・コルディッツ、トニー・マルクス、トゥシャー・パテル、ウェンディ・グリーソン、ホイットニー・ジョンソン、ザザ・パチュリア。

● 著者紹介

マーシャル・ゴールドスミス　Marshall Goldsmith

世界で最も有名なコーチの1人。

「最も影響力のあるビジネス思想家」に14年連続で選出され、「Thinkers50」ランキングで「リーダシップ思想家」第1位に2度選出されて殿堂入りした「世界一のエグゼクティブ・コーチ」（Inc誌、ファスト・カンパニー誌）。

著書『コーチングの神様が教える「できる人」の法則』『トリガー 6つの質問で理想の行動習慣をつくる』『コーチングの神様が教える「前向き思考」の見つけ方』の3作はニューヨーク・タイムズ紙とウォール・ストリート・ジャーナル紙のベストセラーランキング1位を獲得。また『コーチングの神様が教える「できる人」の法則』『トリガー 6つの質問で理想の行動習慣をつくる』の2作は、「リーダーシップ本トップ100 冊」としてAmazonに選出されている。

UCLAアンダーソン・スクール・オブ・マネジメントにて博士号取得。テネシー州ナッシュビル在住。

マーク・ライター　Mark Reiter

リテラリーエージェント兼ライター

● 訳者紹介

斎藤聖美　さいとう・きよみ

1950年生まれ。慶應義塾大学経済学部卒。日本経済新聞社、ソニー勤務の後、ハーバード・ビジネス・スクールでMBA取得。モルガン・スタンレー投資銀行のエグゼクティブ・ディレクターなどを経て独立。

2000 年にジェイ・ボンド株式会社（現・ジェイ・ボンド東短証券株式会社）を設立、債券レポ電子取引システムを日本で独占的に運営している。多数の上場企業の社外取締役、社外監査役を務める。

マーシャル・ゴールドスミス＆マーク・ライター『コーチングの神様が教える「できる人」の法則』『トリガー 6つの質問で理想の行動習慣をつくる』『コーチングの神様が教える「前向き思考」の見つけ方』、サリー・ヘルゲセン＆マーシャル・ゴールドスミス『コーチングの神様が教える「できる女」の法則』など訳書多数。

よい人生は「結果」ではない

世界最高のアドバイザーが贈る後悔しない人生の法則

2024年10月23日 1版1刷

著者　マーシャル・ゴールドスミス
　　　マーク・ライター
訳者　斎藤聖美
発行者　中川ヒロミ
発行　株式会社日経BP
　　　日本経済新聞出版
発売　株式会社日経BPマーケティング
　　　〒105-8308
　　　東京都港区虎ノ門4-3-12

カバー・本文デザイン　小口翔平＋畑中茜＋神田つぐみ（tobufune）
本文DTP　アーティザンカンパニー
印刷・製本　中央精版印刷株式会社

ISBN978-4-296-11860-1

本書籍に関するお問い合わせ、ご連絡は下記にて承ります。
https://nkbp.jp/booksQA
Printed in Japan